2024

W0217042

Mittlerer Schulabschluss

Original-Prüfungsaufgaben und Training

Nordrhein-Westfalen

Deutsch 10. Klasse

STARK

Bildnachweis

Shutterstock:
Deckblatt 1: © EkaterinaN (oben), © Delpixel (Mitte), © Stanislav Salamanov (unten); S. 1: © aurielaki; S. 3: © iadams; S. 6: © ShutterStockStudio (links oben), ymgerman (links unten), Delpixel (rechts); S. 7: © inrainbows; S. 14: © Delpixel; S. 17: © Piyaset; S. 22: © breakermaximus; S. 23: © cigdem; S. 25: © Stanislav Salamanov (links), © Klever LeveL (rechts); S. 36: © Kalenik Hanna; S. 44: © Lightspring; S. 45: © AtlasbyAtlas Studio; S. 47: © oneinchpunch; S. 53: © Matveev Aleksandr; S. 55: © Viacheslav Rubel (links), © Fercast (rechts); S. 56: © microstock3D; S. 58: © etorres; S. 61: © Darko 1981; S. 64: © Irina Strelnikova; S. 79: © EkaterinaN (links), © Antonio Guillem (rechts); S. 82: © Naeblys; S. 83: © PHOTOCREO Michal Bednarek; S. 87: © Tithi Luadthong (links und rechts); S. 93: © kirill_makarov; Deckblatt 2: © Antonio Guillem (oben), © oneinchpunch (Mitte), © Klever LeveL (unten); S. 112: © Alessio Furlan; S. 114: © Susan Stevenson; S. 117: © Ociacia

Sonstige:
S. 15: Passivhaus Institut/Wikipedia, CC BY-SA 3.0; S. 49: © Marty Kropp/Fotolia.com; S. 115: © Constantin Opris/ Dreamstime.com; S. 118: © picture-alliance/dpa; Deckblatt 3: © Bilderbox.com (oben), © Zoonar/Photographer: B-D-S (Mitte), © Zoonar/Polylooks (unten)

20. neu bearbeitete und ergänzte Auflage
www.stark-verlag.de

Inhalt

Zentrale Prüfung 2020

Aufgrund der Corona-Pandemie wurden 2020 die Zentralen Prüfungen in Klasse 10 durch Prüfungsarbeiten ersetzt, die dezentral von den Lehrkräften erstellt wurden. Für 2020 können daher keine Original-Aufgaben abgedruckt werden.

Zentrale Prüfung 2021

Zentrale Prüfung 2022

Zentrale Prüfung 2023

Sobald die Original-Prüfungsaufgaben 2023 freigegeben sind, können sie als PDF auf der Plattform MyStark heruntergeladen werden (Zugangscode vgl. Umschlaginnenseite).

Autorin:
Marion von der Kammer
(Training Prüfungswissen, Übungsaufgabe im Stil der zentralen Prüfung)

Interaktives Prüfungstraining

Dieses Buch umfasst auch ein interaktives Training fürs Lernen am Computer oder Tablet, auf das du über die Online-Plattform *MyStark* zugreifen kannst. Du findest deinen Zugangscode auf der Innenseite des Umschlags vorne im Buch.

Die folgenden Symbole sind auch im Buch immer wieder abgebildet. Sie zeigen dir, zu welchen Kompetenzbereichen es auf MyStark **digitale Zusätze** gibt.

Interaktive Aufgaben

Aufgaben mit Tipps und sofortiger Auswertung zu allen Bereichen der Prüfung:

Leseverstehen

1 *Sachtext:* Mehr als nur ein Handwerk

2 *Sachtext:* Bargeld für alle

Schreiben

3 *Einen Romanauszug analysieren und interpretieren:*
Que Du Luu: Im Jahr des Affen

4 *Ein Gedicht analysieren und interpretieren:*
Ulla Hahn: Wartende

5 *Einen informierenden Text verfassen:*
Thema: Lebensmittelverschwendung

6 *Informationen ermitteln, vergleichen und bewerten:*
Thema: Fast Fashion

Aufsatzhilfe

7 Rechtschreibung und Zeichensetzung

8 Ausdruck und Stil

MindCards

Interaktive Lernkarten zu wichtigen Fragen und Fehlerschwerpunkten

Um die MindCards zu öffnen, kannst du auch nebenstehenden QR-Code nutzen.

Digitales Glossar

Einfaches und schnelles Nachschlagen von Fachbegriffen, wie z. B. Textsorten, Stilmittel, Grammatikwissen

Lernvideos

Lernvideos mit verständlichen Erläuterungen wichtiger Rechtschreibregeln zu folgenden Themen:

- Großschreibung
- Nominalisierung
- Kommaregeln bei Haupt- und Nebensätzen
- Kommasetzung bei Infinitivgruppen
- Rechtschreibstrategien

Um die Videos abzurufen, kannst du auch nebenstehenden QR-Code scannen oder diesen Link eingeben:
https://www.stark-verlag.de/qrcode/rechtschreibung-deutsch

Vorwort

Liebe Schülerin, lieber Schüler,

dieses Buch hilft dir bei der selbstständigen Vorbereitung auf die **zentrale Prüfung** am Ende der Klasse 10 im Fach **Deutsch**, mit der du den **Mittleren Schulabschluss** in NRW erwerben kannst. Wenn du **frühzeitig** mit deinem Training beginnst und die einzelnen Kapitel gewissenhaft durcharbeitest, bist du für alle Anforderungen der Prüfung gut gerüstet.

- Anhand der folgenden **zehn Fragen und Antworten** kannst du dir zuerst einmal einen Überblick über den Ablauf und die Besonderheiten der Prüfung verschaffen.
- Im **Training Prüfungswissen** werden alle prüfungsrelevanten Aufgabentypen ausführlich wiederholt und anhand zahlreicher **Übungen** gefestigt. Einprägsame **Tipps**, zahlreiche **Hinweise** sowie Übersichten, in denen alles **auf einen Blick** zusammengefasst wird, helfen dir, deine Fähigkeiten gezielt auf Prüfungsniveau zu trainieren. Du erfährst, wie die einzelnen Aufgaben aussehen können und wie du sie **Schritt für Schritt** bearbeitest.
- Die **Übungsaufgabe im Stil der Prüfung** entspricht dem Aufbau der offiziellen Prüfung und verschafft dir einen ersten Eindruck davon, was dich dort erwartet. Am besten testest du zu Hause schon einmal den Ernstfall und führst deine „eigene" Prüfung durch. So lernst du, dir die Prüfungszeit sinnvoll einzuteilen.
- Mit den anschließenden **Original-Prüfungsaufgaben** aus den Jahren **2018 bis 2022** kannst du dann noch einmal intensiv die zielsichere und erfolgreiche Bearbeitung der Prüfungsaufgaben trainieren.
- Auf der Online-Plattform **MyStark** stehen dir die **digitalen Inhalte** zum Buch zur Verfügung. Hier findest du die **Original-Prüfungsaufgaben 2023** sowie das **interaktive Prüfungstraining**, mit dem du am Computer oder Tablet zusätzlich üben kannst. Der Link zur Plattform und dein Zugangscode befinden sich auf der Umschlaginnenseite.

Zu diesem Buch gibt es einen separaten **Lösungsband** (Best.-Nr. D05140L). Er enthält ausführliche Lösungen zu allen Aufgaben sowie hilfreiche Hinweise und Tipps zur Bearbeitung der Prüfungsaufgaben.

Sollten nach Erscheinen dieses Bandes noch wichtige Änderungen zur zentralen Prüfung 2024 bekannt gegeben werden, findest du **aktuelle Informationen** dazu ebenfalls bei *MyStark*.

Viel Spaß beim Üben und vor allem viel Erfolg in der Prüfung!

Die zentrale Prüfung – 10 wichtige Fragen und Antworten

Wann und in welchen Fächern findet die zentrale Prüfung statt?

1 In Nordrhein-Westfalen kannst du **am Ende der 10. Klasse** an der zentralen Prüfung zum Erwerb des **Mittleren Schulabschlusses** (Fachoberschulreife) teilnehmen. Die Prüfung umfasst je eine schriftliche Arbeit in Deutsch und Mathematik sowie in einer Fremdsprache. Die schriftliche Prüfung im Fach Deutsch ist am **14. Mai 2024**.

Wie ist die Prüfung im Fach Deutsch aufgebaut?

2 Die Prüfung im Fach Deutsch besteht aus zwei Teilen. **Teil I** ist für alle Prüflinge gleich. In **Teil II** der Prüfung hast du die Wahl zwischen zwei Aufgabenvorschlägen. Von den beiden **Wahlthemen** musst du dich für eines entscheiden.

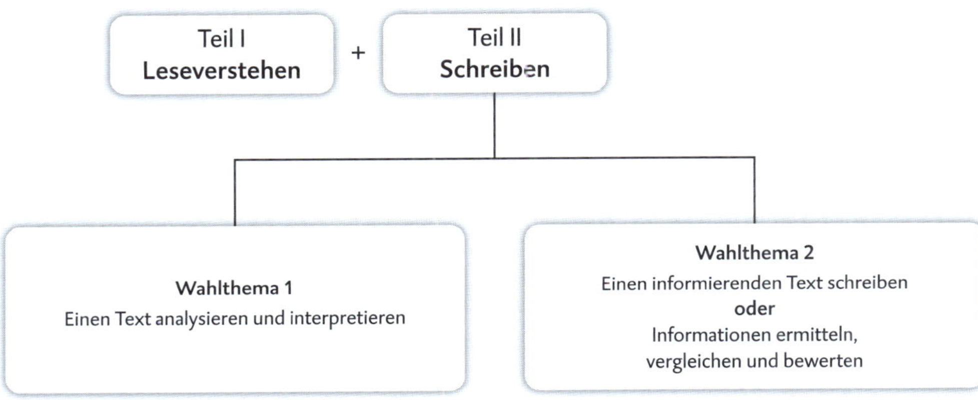

- Im **ersten Prüfungsteil** werden deine Kompetenzen im **Leseverstehen** getestet. Du erhältst einen Text, zu dem du mehrere Aufgaben lösen musst. Manchmal bekommst du zusätzlich eine Tabelle, eine Grafik oder ein Diagramm, die thematisch zum Text passen.
- Im **zweiten Prüfungsteil** stehen dir zwei **Schreibaufgaben** zur Wahl.
  Wenn du dich für Wahlthema 1 entscheidest, musst du einen **literarischen Text analysieren und interpretieren**.
  Bei Wahlthema 2 kommen **zwei Aufgabentypen** infrage: Entweder wird von dir verlangt, einen **informierenden Text** zu schreiben, oder du musst **Informationen** aus vorgegebenen Materialien **ermitteln, vergleichen und bewerten**.

Wie viel Zeit steht dir zur Verfügung?

3 Zur Bearbeitung der zwei Prüfungsteile hast du insgesamt **150 Minuten** Zeit. Zusätzlich bekommst du **10 Minuten** Einlesezeit sowie weitere **10 Minuten**, um dich für eines der beiden **Wahlthemen** zu entscheiden. Für die Bearbeitung des ersten Prüfungsteils sind **30 Minuten** vorgesehen. Solltest du schon früher damit fertig sein, kannst du deine Lösungen auch eher abgeben und mit der Bearbeitung des zweiten Prüfungsteils beginnen.

Welche Aufgaben kommen vor?

4 Es gibt verschiedene Arten von Aufgaben: Im ersten Teil der Prüfung musst du geschlossene und halboffene Aufgaben zum Leseverstehen bearbeiten, der anschließende zweite Prüfungsteil besteht aus offenen Schreibaufgaben.

- Bei **geschlossenen Aufgaben** gibt es in der Regel keinen Spielraum, es ist nur genau eine Antwort richtig. Meist handelt es sich um Multiple-Choice-Aufgaben, bei denen du aus einer Reihe von Aussagen die richtige auswählen musst.
- Bei **halboffenen Aufgaben** sollst du kurz und treffend eine Antwort formulieren. Wenn nicht ausdrücklich gesagt wird, dass Stichworte genügen, werden immer vollständige Sätze erwartet.
- Bei **offenen Aufgaben** musst du ausführliche Antworten formulieren. In der Regel bekommst du dazu mehrere Teilaufgaben, die du nach und nach bearbeitest, um so einen zusammenhängenden Aufsatz zu schreiben. Meistens stützt sich die Aufgabenstellung auf eine Text- bzw. Materialgrundlage.

Wie gehst du während der Prüfung am besten vor?

5 Verschaffe dir zuerst einen **Überblick**. Dazu überfliegst du die Texte und die zugehörigen Aufgaben. Lies dann die Texte noch einmal genau durch und stelle **Überlegungen** zu den einzelnen Aufgaben an. Am besten nimmst du schon **Markierungen** vor und notierst **Stichworte**. Danach bearbeitest du die Aufgaben, möglichst in der vorgegebenen **Reihenfolge:** Fange mit den geschlossenen und halboffenen Aufgaben an, bearbeite dann die offenen Aufgaben.

Wird auch die Rechtschreibung gewertet?

6 Ja, die Sprachrichtigkeit fließt in die Benotung ein. Bemühe dich daher, deine Texte möglichst **fehlerfrei** (Rechtschreibung und Zeichensetzung) sowie **grammatisch korrekt** zu schreiben. Außerdem spielt auch die **Darstellungsleistung** eine Rolle bei der Bewertung. Du solltest deshalb deinen Aufsatz gut strukturieren, Wiederholungen vermeiden und dich präzise und angemessen ausdrücken.

Welche Hilfsmittel sind erlaubt?

7 Du darfst ein **Wörterbuch** zur deutschen Rechtschreibung benutzen. Es hilft dir, wenn du nicht genau weißt, wie ein Wort geschrieben wird oder welche Bedeutung ein Wort hat.

Wie kannst du dich auf die zentrale Prüfung vorbereiten?

8 Beginne deine Vorbereitung möglichst **frühzeitig** und übe **kontinuierlich**. Mit dem vorliegenden Buch kannst du deine Fertigkeiten im Fach Deutsch schon **ab Klasse 9** gezielt trainieren und somit selbstständig und effektiv auf **Klassenarbeiten** und die **zentrale Prüfung** am Ende der Klasse 10 hinarbeiten.
Wenn du dieses Buch durchgearbeitet hast, bist du bestimmt sehr gut vorbereitet! Allerdings genügt es nicht, die einzelnen Kapitel nur rasch zu überfliegen. Du solltest **aktiv** mit dem Buch arbeiten.

Wie wird die Prüfung benotet?

9 Deine **Abschlussnote** setzt sich aus der Note der zentralen Prüfung und deiner Vornote zusammen. Die Vornote beruht auf deinen Leistungen seit Beginn des Schuljahres. Auch Hausaufgaben und mündliche Leistungen zählen dazu.

- Sind Vornote und Prüfungsnote gleich, gilt die Vornote als **Abschlussnote**.
- Weichen Vornote und Prüfungsnote um eine Note voneinander ab, legt **deine Lehrkraft** die Note in Abstimmung mit dem/der Zweitkorrektor*in fest.
- Unterscheiden sich Vornote und Prüfungsnote um zwei Noten, kannst du dich einer **freiwilligen mündlichen Prüfung** unterziehen. Falls du das nicht willst, wird der **Mittelwert** aus Vornote und Prüfungsnote gebildet.
- Sollte deine Prüfungsnote um mehr als zwei Notenstufen von der Vornote abweichen, ist die **mündliche Prüfung** für dich **verpflichtend**.

Wie läuft die mündliche Prüfung ab?

10 Die Aufgaben der mündlichen Prüfung werden nicht zentral vom Kultusministerium, sondern von deiner Deutschlehrerin oder deinem Deutschlehrer gestellt. Dir werden **drei Themenbereiche aus Klasse 10** genannt, auf die du dich vorbereiten musst. Zwei davon sind Gegenstand der Prüfung. Die Aufgabenstellungen bekommst du schriftlich. Danach hast du **10 Minuten** Zeit, dich mit den Aufgaben vertraut zu machen. Die eigentliche mündliche Prüfung dauert dann ca. **15 Minuten**. In dieser Zeit sollst du deine Überlegungen möglichst selbstständig darlegen. Deine Lehrkraft kann aber Zwischenfragen stellen, wenn sie etwas genauer von dir wissen möchte oder wenn dir zu einem Thema nicht so viel einfällt.

Training Prüfungswissen

Erster Prüfungsteil: Leseverstehen

Was muss man können? Was wird geprüft?

Im ersten Teil der Prüfung wird dir ein **Sachtext** vorgelegt, zu dem du ungefähr **10 bis 15 Aufgaben** bearbeiten musst. Zur Bearbeitung des ersten Teils sind **30 Minuten** vorgesehen. Bevor du mit den Aufgaben beginnen kannst, musst du den Text gründlich lesen und verstehen.

Ein Text (lat. *textus*: Gewebe) ist ein komplexes Geflecht, dessen Botschaften gar nicht so leicht zu verstehen sind. Um einen Text zu lesen, musst du Folgendes können:

- **Wörter erlesen:** Du musst Buchstabenfolgen zu dem entsprechenden Wort zusammenfügen (z. B. *B – a – u – m* zu *Baum*).
- **Bedeutungen kennen:** Du musst dein Erfahrungswissen mit den Wörtern im Text verknüpfen (also z. B. wissen, was ein Baum ist).
- **Zusammenhänge herstellen:** Die Wörter in einem Text beziehen sich aufeinander und bilden Sinnzusammenhänge. Diese Zusammenhänge musst du erkennen und verstehen.
- **Leerstellen füllen:** Ein Sachverhalt kann nie lückenlos dargestellt werden – und oft will der Verfasser bzw. die Verfasserin das auch gar nicht. Deshalb musst du das, was „zwischen den Zeilen" steht, ergänzen. Du musst also **Schlussfolgerungen ziehen** und ableiten können, was **nicht** ausdrücklich gesagt wird.

Die ersten beiden Punkte werden normalerweise vorausgesetzt. **Geprüft** wird vor allem, ob du Zusammenhänge herstellen kannst, und zwar:

- **textinterne Zusammenhänge** zwischen Wörtern und Sätzen sowie
- **textübergreifende Zusammenhänge** zwischen Textinformationen und deinem Erfahrungswissen.

In den folgenden Kapiteln lernst du, was du beim Lesen eines Textes beachten musst. Alle Aufgabenarten, die im ersten Prüfungsteil vorkommen können, werden eingeübt. Außerdem lernst du, Sachtexte zu unterscheiden und besser zu verstehen.

1 Den Leseprozess steuern

Gewöhne dir an, einen Text **dreimal zu lesen**, ehe du anfängst, die Aufgaben zu bearbeiten. Keine Angst: Was dir wie Zeitverschwendung erscheinen mag, ist in Wirklichkeit Zeitersparnis! Denn diese Zeit sparst du später beim Lösen der Aufgaben.

Schritt für Schritt

Richtig lesen

Arbeitsschritt **1** **Überfliege** den Text. Lies ihn zügig durch. Es macht nichts, wenn du noch nicht alles verstehst. Finde zunächst nur Antworten auf diese Fragen und notiere sie:

- Um was für eine Art von Text handelt es sich? Bestimme die **Textsorte**.
- Worum geht es in dem Text? Bestimme das **Thema**.
- Was ist die **Absicht des Verfassers/der Verfasserin:** sachlich informieren, die Lesenden unterhalten oder einen Sachverhalt kommentieren? (vgl. S. 16f.)

Arbeitsschritt **2** **Lies** den Text **ganz genau**. Markiere Stellen, die dir bedeutsam erscheinen, und kennzeichne sie mit **!**. Bei Textstellen, deren Sinn dir noch unklar ist, notierst du **?**.

Arbeitsschritt **3** Danach stellst du folgende Überlegungen an:

- Welche **Schlüsselwörter** gibt es in dem Text?
- Was ist die **Kernaussage** (die „Botschaft")?
- In wie viele **Sinnabschnitte** lässt sich der Text untergliedern? Markiere Stellen, an denen ein neuer Gedanke oder Inhalt auftaucht, mit ⌜. Notiere am Rand, mit welchem (Unter-)Thema sich jeder Abschnitt befasst. *Achtung:* Nicht immer entspricht ein Sinnabschnitt einem Absatz im Text.
- Wie lauten wichtige **allgemeine Aussagen**?
- Wo wird die Darstellung durch **Beispiele** veranschaulicht?

Arbeitsschritt **4** **Lies** den Text **selektiv**. Wirf noch einmal gezielt einen Blick auf die Textstellen, die du mit **?** gekennzeichnet hast. Versuche, ihren Sinn jetzt zu klären.

Übung 1 Lies den Text „Ruhelos im Großraumbüro" einmal überfliegend, einmal genau und einmal selektiv. Löse dann die Aufgaben auf der nächsten Seite.

Ruhelos im Großraumbüro

In modernen Großraumbüros ist Lärmschutz angesagt. Die Störungen am Arbeitsplatz nehmen dadurch allerdings nur zu – weil nun die Gespräche der Kollegen besser zu hören sind.

70 Prozent aller befragten Büroangestellten sind „oft bis immer" durch Geräusche und Gespräche abgelenkt. Das ergab eine Studie der Hochschule Luzern. Dabei wird eine Unterhaltung von Kollegen störender empfunden als mechanischer Lärm. Besonders gravierend ist die Situation in modernen Großraumbüros. Hier hat die verbesserte Dämpfung des Geräuschpegels durch leisere Geräte und Schallschlucker zu einer paradoxen Situation geführt: Stimmen treten noch deutlicher hervor.

Am wenigsten geschätzt werden trendige „Multi-Space-Büros" mit einer Aufteilung in Zonen wie „Arbeiten", „Nachdenken", „Kommunizieren": Das stete Nomadisieren zwischen den Zonen erschwert es den Beschäftigten, wirklich zur Ruhe zu kommen. Beliebt ist hingegen das klassische Kombi-Büro: zwei separate Arbeitsräume mit dazwischen liegender Kommunikationszone.

Quelle: Gruner + Jahr, Geo; www.presseportal.de/pm/7861/1581681

Tipp

Achte beim Lesen eines **Sachtextes** auf diese fast immer vorhandenen Elemente:

- **Schlüsselwörter:** Sie fallen besonders auf – entweder weil sie mehrmals wiederholt werden oder weil sie einem anderen Sprachgebrauch angehören als die übrigen Wörter im Text (z. B. Umgangssprache statt Standardsprache, Fachbegriffe statt Alltagswörter).
- **Allgemeine Aussagen:** Sie vermitteln die wesentlichen Informationen und beziehen sich auf Sachverhalte, die grundsätzlich gelten oder als Verallgemeinerungen zu verstehen sind. Oft stehen sie im Plural oder enthalten verallgemeinernde Wörter (z. B. *man*).
- **Erläuterungen:** Sie führen allgemeine Aussagen genauer aus, oft mithilfe eines Beispiels.
- **Beispiele:** Beispiele sind konkrete Einzelfälle. Sie veranschaulichen allgemeine Aussagen, liefern aber keine neuen Informationen.

Aufgaben

1. Nach dem **überfliegenden Lesen:** Bestimme …

   Textsorte: ____________________

   Thema: ____________________

   Absicht des Verfassers/der Verfasserin: ____________________

2. Nach dem **genauen Lesen:** Gib das jeweils Geforderte an.

   Schlüsselwörter: ____________________

   ____

   Kernaussage: ____________________

   ____

   Anzahl der Sinnabschnitte: ____________________

   Unterthemen: ____________________

   ____

   ____

   Allgemeine Aussagen: ____________________

   ____

   Beispiele: ____________________

   ____

3. Nach dem **selektiven Lesen**: Erkläre den Sinn dieser Wörter.

   mechanischer Lärm (Z. 12): ____________________

   Multi-Space-Büro (Z. 20): ____________________

   Nomadisieren (Z. 23): ____________________

   Kombi-Büro (Z. 26): ____________________

   Kommunikationszone (Z. 28): ____________________

Interaktive Aufgaben: Leseverstehen üben

2 Leseaufgaben lösen

In der Prüfung werden dir **verschiedene Arten von Aufgaben** zum Leseverstehen vorgelegt, um festzustellen, ob du die Sinnzusammenhänge in einem Text verstanden hast: **geschlossene** und **halboffene** Aufgaben. Löse die geschlossenen Aufgaben möglichst zuerst. In der Regel kostet es nämlich mehr Zeit, die halboffenen Aufgaben zu lösen.

2.1 Geschlossene Aufgaben lösen

Geschlossene Aufgaben sind so gestellt, dass es für die richtigen Antworten praktisch keinen Spielraum gibt. Das Prinzip ist immer gleich: Auf eine Frage ist jeweils nur **eine einzige Antwort** möglich und richtig.

Schritt für Schritt

Geschlossene Aufgaben lösen

Arbeitsschritt 1 Zur Vorbereitung:
- **Lies** den Text zweimal durch: einmal überfliegend und einmal genau.
- Wirf einen Blick auf die **Aufgaben**, damit du weißt, worauf du beim Lesen achten musst. Lies den Text dann selektiv.

Arbeitsschritt 2 Bearbeite die **Aufgaben:**
- Halte dich an die gegebene **Reihenfolge**, denn das Bearbeiten der ersten Fragen bereitet dich auf die schwierigeren Aufgaben am Schluss vor.
- **Lies** jede Aufgabe **ganz genau** durch. Erst wenn du hundertprozentig verstanden hast, wonach gefragt wird, kannst du die passende Antwort finden.

Arbeitsschritt 3 Arbeite **mit dem Text:**
- Orientiere dich immer **am Text**, spekuliere nicht! Stelle dir bei jeder Aussage, die du ankreuzt, die Frage: *Wo steht das im Text?*
- Aber nicht jede Antwort steht wortwörtlich im Text. Suche dann nach einer Aussage, die **sinngemäß** zur Frage passt.
- Manchmal musst du auch **mehrere Informationen** im Text miteinander kombinieren, um die richtige Antwort zu finden.

Arbeitsschritt 4 Sollte **am Schluss** noch eine ungelöste Aufgabe übrig bleiben, dann **sei mutig:** Kreuze die Aussage an, die dir am wahrscheinlichsten vorkommt. Vielleicht kommt dir der Zufall zu Hilfe und du landest einen Treffer.

Auf den folgenden Seiten lernst du verschiedene Arten von **geschlossenen Aufgaben** kennen, die dir gestellt werden können.

Multiple-Choice-Aufgaben

Es wird eine Frage gestellt; dazu gibt es mehrere Auswahlantworten (meist vier), von denen die richtige angekreuzt werden muss. Multiple-Choice-Aufgaben (= Mehrfachwahlaufgaben) können sich auf einzelne Inhalte, aber auch auf die Textsorte, sprachliche Besonderheiten oder die Absicht des Verfassers/der Verfasserin beziehen. Auch nach Falschaussagen (welche Aussage *nicht* zutrifft) kann gefragt werden.

Beispiel

Warum solltest du mutig sein, wenn eine Aufgabe am Schluss noch ungelöst geblieben ist?
Kreuze die passende Aussage an.

- ☐ Man darf keine Aufgabe ungelöst lassen.
- ☐ Es ist egal, ob die Lösung stimmt oder nicht.
- ☒ Vielleicht kreuzt man zufällig die richtige Aussage an.
- ☐ Ungelöste Aufgaben machen einen schlechten Eindruck.

Tipp

Gehe nach dem **Ausschlussverfahren** vor, wenn du beim Lösen einer Multiple-Choice-Aufgabe unsicher bist: Überlege, welche Antworten auf keinen Fall infrage kommen, und sondere sie aus. Von den verbliebenen Auswahlantworten kreuzt du die an, die dir am plausibelsten erscheint.

Richtig-/Falsch-Aufgaben

Zu einem Text werden mehrere Aussagen präsentiert. Jede Aussage ist auf ihre Richtigkeit hin zu überprüfen: Passt sie zum Text – oder nicht? Entsprechend muss jeweils angekreuzt werden.

Beispiel

Wie sollte man beim Lösen von geschlossenen Aufgaben vorgehen?
Kreuze an.

Man sollte …	trifft zu	trifft nicht zu
jede Aufgabe ganz genau lesen.	☒	☐
im Text nach der passenden Information suchen.	☒	☐
sich vor allem an seinem Erfahrungswissen orientieren.	☐	☒
nur Aussagen ankreuzen, die wortwörtlich im Text stehen.	☐	☒
sich möglichst an die gegebene Reihenfolge halten.	☒	☐

Tipp

Deine Antworten sollten **eindeutig** sein. Falls du einmal etwas falsch angekreuzt hast, streichst du es durch. Die richtige Lösung kannst du dann z. B. so kennzeichnen: *richtige Lösung* → ☒

Geschlossene Fragen

Es werden Fragen gestellt, auf die es nur eine bestimmte Antwort gibt. Die richtige Antwort muss jeweils aufgeschrieben werden. Manchmal ist sie auch in eine Lücke einzutragen. In der Regel genügen dabei Stichworte.

Beispiel

Nenne den deutschen Begriff, den man anstelle des Wortes *Multiple-Choice-Aufgabe* verwenden könnte.

Mehrfachwahlaufgabe

Zuordnungsaufgaben

Es werden bestimmte Aussagen zu einem Text gemacht. Zugleich werden einige Bezugsgrößen genannt, z. B. Namen von Personen oder Überschriften von Abschnitten. Bei jeder Aussage ist zu prüfen, auf was oder wen sie sich bezieht.

Beispiel

Worauf beziehen sich die folgenden Aussagen?
Trage den passenden Buchstaben in die Tabelle ein.

A Multiple-Choice-Aufgaben
B Richtig-/Falsch-Aufgaben
C Geschlossene Fragen
D Zuordnungsaufgaben

Buchstabe	Aussage
B	Man prüft bei jeder Aussage, ob sie zum Text passt oder nicht.
C	Man bekommt eine Frage, die man kurz und knapp beantwortet.
A	Man kreuzt von mehreren Auswahlantworten die passende an.
D	Man bestimmt, worauf sich verschiedene Aussagen zum Text beziehen.

Auf einen Blick

Was du bei geschlossenen Aufgaben beachten solltest	
Multiple-Choice-Aufgaben	Es darf nur eine Aussage angekreuzt werden.
Richtig-/Falsch-Aufgaben	Mache in jeder Zeile ein Kreuz.
Geschlossene Fragen	Die Antworten findest du in der Regel wortwörtlich im Text.
Zuordnungsaufgaben	Suche Textstellen, in denen die Bezugsgrößen (z. B. Namen, Überschriften) genannt werden. Im Umfeld dieser Textstellen findest du meist die passende Aussage – allerdings ist der Wortlaut oft etwas anders.

Lies den Text „Aus dem Häuschen“ und bearbeite dann die Aufgaben.

Übung 2

Aus dem Häuschen

Wie wir künftig wohnen werden, hat große Auswirkungen auf den Klimaschutz – und die Frage, wie viel Platz wir wirklich brauchen, ist ziemlich entscheidend.

(1) „Das hier ist mein kleines Reich.“ Madeleine Krenzlin zeigt stolz auf ein schlichtes Holzhaus mit grauem Dach. Das Auffällige daran: Es steht auf Rädern und ist deutlich kleiner als die anderen Häuser auf dem Wochenendplatz[1], der etwa 20 Kilometer südlich von Bonn liegt. Krenzlins Haus ist ein sogenanntes Tiny House, auf Deutsch: ein „winziges Haus“.

(2) Auf insgesamt 25 Quadratmetern hat die 36-Jährige alles, was sie braucht: eine Küche, ein Bad, eine Schlafecke und einen Wohnbereich mit Sofa und Tisch. Für das Leben auf engstem Raum hat sie sich bewusst entschieden. Vor zweieinhalb Jahren kündigte die Energiemanagerin dafür ihren Job und fing an, sich selbst – ohne jegliche Vorkenntnisse – ein eigenes Tiny House zu bauen. Über ein Jahr hat sie dafür gebraucht. Inzwischen berät Krenzlin andere, die ein Tiny House bauen oder kaufen möchten. Ursprünglich stammt das alternative Wohnkonzept aus den USA. Mittlerweile sind die kleinen Häuser auch in Deutschland im Trend. Besonders junge Menschen sehen darin die Möglichkeit, einen minimalistischeren Lebensstil pflegen zu können.

(3) Diese Erfahrung hat auch Krenzlin gemacht: „Bei dem wenigen Stauraum bin ich gezwungen, mich einzuschränken. Ich habe nur drei Hosen, mehr brauche ich nicht, und für mehr ist kein Platz.“ Für viele, die ein Tiny House besitzen, bedeutet der Minimalismus gleichzeitig auch ökologische Nachhaltigkeit. Wer wenig Raum bewohnt, verbraucht nicht nur weniger Rohstoffe beim Bauen, sondern muss auch weniger heizen und benötigt weniger Strom. In Deutschland entfallen etwa 35 Prozent des Energieverbrauchs der privaten Haushalte auf den Lebensbereich Wohnen. Beinahe gleich stark ist der Prozentsatz an CO_2-Emissionen – der Großteil davon entsteht beim Heizen.

(4) Sind Tiny Houses also die Lösung für umweltbewusstes Wohnen? Dieser Frage ist die US-Forscherin Maria Saxton nachgegangen und hat dafür 80 Personen befragt, die seit mindestens zwölf Monaten ein Tiny House bewohnen. Das Ergebnis: Das Leben im kleinen Haus verringerte den ökologischen Fußabdruck der Befragten im Durchschnitt um 45 Prozent. „Ich habe festgestellt, dass die Menschen nach der Verkleinerung dazu neigen, weniger energieintensive Nahrungsmittel zu essen und umweltbewusstere Essgewohnheiten anzunehmen“, so die Wissenschaftlerin. Zudem fuhren die Teilnehmenden weniger Auto und produzierten weniger Müll.

(5) Trotzdem sind nicht zwangsläufig alle kleinen Häuser nachhaltig. Werden sie etwa mit schlechter Dämmung gebaut, können auch sie viel Energie verbrauchen. Und dennoch regen Tiny Houses zum Nachdenken über umweltfreundliches Wohnen an. „Die kritische Auseinandersetzung damit, wie viel Fläche zum Wohnen überhaupt notwendig ist, ist wichtig und richtig“, sagt Christine Lemaitre von der Deutschen Gesellschaft für Nachhaltiges Bauen (DGNB).

(6) Für Familien oder Menschen in Rente ist das Leben auf engstem Raum

1 *Wochenendplatz: ein Platz, der zum Aufstellen oder Errichten von Wochenendhäusern dient, in denen man nur an Wochenenden und in den Ferien wohnen darf*

eher keine Option. Tiny Houses seien somit nur ein Baustein von vielen, um nachhaltiges Wohnen zu gestalten. „Sie eignen sich zur Aufstockung oder in Bereichen, wo aktuell keine Wohnungen existieren“, ergänzt Lemaitre. Derzeit erschweren baurechtliche Regelungen, dass jemand dauerhaft in einem Tiny House leben darf. Auch Madeleine Krenzlin darf nicht permanent in ihrem Haus wohnen. Für sie eine unbefriedigende Situation.

(7) In erster Linie bedeutet nachhaltig wohnen Energie einzusparen. Diesem Grundsatz haben sich „Passivhäuser“ verschrieben, die so gebaut und ausgerichtet sind, dass neben einer guten Dämmung passive Quellen wie Sonneneinstrahlung, Abwärme von Haushaltsgeräten und Körperwärme ausreichen, um eine angenehme Temperatur zu erzeugen, und somit keine klassische Heizung benötigt wird.

(8) Viele basieren zusätzlich auf dem „Low-Tech“-Prinzip, also der Beschränkung auf unbedingt notwendige Komponenten der Gebäudetechnik, die sich einfach warten und unterhalten lassen und beispielsweise Klimaanlagen überflüssig machen. Als Vorbild gilt etwa die neue Firmenzentrale einer Biolebensmittelkette in Darmstadt: Das Gebäude ist fast vollständig aus Lehm und Holz errichtet worden, Wärmespiralen in der Lehmfassade dienen als Heizung. Zur Stromgewinnung ist auf dem Dach eine Fotovoltaikanlage installiert worden, und eine Pumpe reguliert die aus der Erde gewonnene Wärme und somit die Temperatur.

(9) Laut Lemaitre sei nachhaltige Stadtentwicklung immer auch eine Mischung von Baustilen und Technologien. In der Zukunft bräuchte es zudem Wohnformen, die relativ schnell umgenutzt werden könnten: die man also ohne viel Aufwand verkleinern oder vergrößern könne. Madeleine Krenzlin hat es nicht bereut, sich ihren Traum vom Tiny House ermöglicht zu haben: „Für mich bedeutet wenig Wohnraum auch die Freiheit, mehr Zeit und Geld für Menschen und Erlebnisse zu haben, die mir wichtiger sind als Wohnfläche.“ Als Nächstes plant sie, eine Terrasse für ihr Zuhause zu bauen.

Quelle: Lisa Santos und Mirjam Ratmann: Aus dem Häuschen, Fluter vom 23. 03. 2020, https://www.fluter.de/tiny-houses-wie-viel-platz-brauchen-wir-zum-wohnen

Aufgaben

1. **Multiple-Choice-Aufgaben**

a) Kreuze die richtige Antwort an.

Madeleine Krenzlins Tiny House fällt auf, weil es (Abschnitt 1) …

- ☐ aus Holz gebaut ist.
- ☐ ein Schieferdach hat.
- ☐ nicht immer bewohnt ist.
- ☐ auf Rädern steht.

b) Kreuze die richtige Antwort an.

Um ihr Tiny House bauen zu können, hat Madeleine Krenzlin (Abschnitt 2) …

- ☐ ihren Job gekündigt.
- ☐ sich Vorkenntnisse aneignen müssen.
- ☐ vorher viel Geld angespart.
- ☐ viel Hilfe gebraucht.

c) Kreuze die richtige Antwort an.

Madeleine Krenzlin besitzt nur drei Hosen, weil (Abschnitt 3) …

- ☐ ihr andere Dinge inzwischen wichtiger sind.
- ☐ es in ihrem Tiny House nur wenig Stauraum gibt.
- ☐ sie nicht mehr viel Geld für Kleidung ausgeben kann.
- ☐ sie in dieser Umgebung nicht auf ihr Aussehen achtet.

d) Kreuze die richtige Antwort an.

Das Wohnen in einem Tiny House verringert oft den Energieverbrauch, weil die Bewohnenden (Abschnitt 3) …

- ☐ weniger Kleidung kaufen.
- ☐ nicht ständig dort wohnen.
- ☐ nur wenig Wohnraum beheizen.
- ☐ dort nicht duschen oder baden.

e) Kreuze die richtige Antwort an.

Nachhaltiges Wohnen zeichnet sich vor allem dadurch aus, dass (Abschnitt 7) …

- ☐ wenig Müll erzeugt wird.
- ☐ keine klassische Heizung benötigt wird.
- ☐ wenig Wohnraum beansprucht wird.
- ☐ wenig Energie verbraucht wird.

f) Kreuze die richtige Antwort an.

Viele „Passivhäuser“ basieren auf dem „Low-Tech“-Prinzip. Das bedeutet, dass (Abschnitt 8) …

- ☐ es in den Häusern nur so viel Technik gibt, wie unbedingt nötig ist.
- ☐ „Passivhäuser“ ausschließlich aus natürlichen Materialien bestehen, z. B. aus Lehm.
- ☐ die Technik, die eingebaut wurde, nicht regelmäßig gewartet werden muss.
- ☐ alle Geräte mit erneuerbaren Energien betrieben werden.

g) Kreuze die richtige Antwort an.

Für die Stadtentwicklung hält Christine Lemaitre neben Nachhaltigkeit noch etwas anderes für wichtig (Abschnitt 9):

- ☐ Die Mieten müssen bezahlbar bleiben.
- ☐ Es müssen genügend Wohnungen gebaut werden.
- ☐ Man muss Wohnformen leicht umbauen können.
- ☐ In den Städten muss es unterschiedliche Wohnungen geben.

h) Kreuze die richtige Antwort an.

Madeleine Krenzlin hat es nie bereut, sich ein Tiny House gebaut zu haben, weil sie (Abschnitt 9) …

- ☐ damit viel Geld gespart hat.
- ☐ die Umwelt schützen will.
- ☐ sich dort freier fühlt.
- ☐ sich gern handwerklich betätigt.

2. **Richtig-/Falsch-Aufgabe**

Welche Aussagen lassen sich aus dem Text ableiten und welche nicht? Kreuze entsprechend an.

	trifft zu	trifft nicht zu
a) Madeleine Krenzlins Tiny House steht in Bonn.	☐	☐
b) Die Bauzeit für Madeleine Krenzlins Tiny House betrug mehr als zwölf Monate.	☐	☐
c) Baurechtliche Regelungen verbieten es, dass man am Wochenende in einem Tiny House wohnen darf.	☐	☐
d) Madeleine Krenzlin will ihr Tiny House um eine Terrasse erweitern.	☐	☐

3. **Geschlossene Frage**

Wie groß ist die Wohnfläche von Madeleine Krenzlins Tiny House?

____

4. **Zuordnungsaufgabe**

Ordne die folgenden Überschriften den richtigen Abschnitten 2–5 zu.

Überschrift	Textabschnitt
a) Ökologischer Fußabdruck der Menschen in Tiny Houses	
b) Bewusste Entscheidung für ein Leben auf engem Raum	
c) Minimalismus und Nachhaltigkeit	
d) Nachdenken über umweltfreundliches Wohnen	

Tipp

Verharre nicht bei Aufgaben, deren Lösungen dir Kopfzerbrechen bereiten, sondern **überspringe** sie erst einmal. Bearbeite zügig alle Aufgaben, die du sicher lösen kannst, damit du nicht unnötig Zeit verlierst. **Am Schluss** kehrst du noch einmal zu den **ungelösten Aufgaben** zurück und versuchst, sie doch noch zu lösen.

2.2 Halboffene Aufgaben lösen

Bei halboffenen Aufgaben sollst du die **Antwort** auf eine Frage mit **eigenen Worten** zum Ausdruck bringen. Auswahlantworten werden nicht vorgegeben. Du hast beim Lösen der Aufgaben deshalb einen gewissen **Spielraum:** Ganz bestimmte Formulierungen werden nicht von dir erwartet.

Schritt für Schritt

Halboffene Aufgaben lösen

Arbeitsschritt 1 Lies jede Aufgabe **genau durch**, um zu verstehen, wonach gefragt wird. Auch bei halboffenen Aufgaben müssen die Antworten sowohl zur Aufgabenstellung als auch zum Text passen.

Arbeitsschritt 2 Arbeite mit dem **Text**. Beziehe dich bei deinen Antworten auf passende Textstellen, um nachzuweisen, dass deine Lösungen richtig sind.

Arbeitsschritt 3 Zur **Form** der Antworten:

- Antworte immer in **vollständigen Sätzen** – selbst wenn du nicht dazu aufgefordert wirst. Das macht einen besseren Eindruck und du vermeidest Unklarheiten und Missverständnisse. Stichwortartige Antworten schreibst du nur, wenn das ausdrücklich verlangt wird.
- Bezüglich der **Länge** der Antworten orientierst du dich an der Anzahl der vorgegebenen Linien. Gehe davon aus, dass du die Linien möglichst füllen sollst. Wenn nur eine Linie vorgegeben ist, genügen wenige Wörter. Bei fünf Linien schreibst du ca. 40 bis 50 Wörter.

Es gibt verschiedene Arten von halboffenen Aufgaben:

Textstellen deuten

Hier sollst du erklären, was eine bestimmte Textstelle bedeutet. Es kann sich um ein einzelnes Wort, eine Wortgruppe oder eine komplette Aussage handeln.

Beispiel

Es heißt, beim Lösen von halboffenen Aufgaben gebe es einen gewissen **Spielraum**. Erkläre, was das bedeutet.

Es wird nicht erwartet, dass man ganz bestimmte Formulierungen verwendet.
Die Antwort muss nur sinngemäß stimmen.

Offene Fragen zum Text beantworten

In diesem Fall wird dir eine Frage zum Text gestellt, die du mit eigenen Worten beantworten sollst. Belege deine Aussagen anhand des Textes.
Es können dir zwei Arten von offenen Fragen zu einem Text gestellt werden:

- **Inhaltsfragen** fragen gezielt nach bestimmten Textinhalten. Du erkennst sie daran, dass sie mit einem Fragepronomen beginnen (z. B.: *Wie ...? Warum ...?*).
- **Entscheidungsfragen** verlangen von dir eine Entscheidung: Zustimmung oder Ablehnung. Solche Fragen beginnen in der Regel nicht mit einem Fragepronomen. Ein „Ja“ oder „Nein“ als Antwort genügt hier nicht, du musst deine Entscheidung immer auch begründen.

Beispiel

Warum ist es wichtig, dass du dir die Formulierungen der einzelnen Aufgaben sehr genau durchliest?

Man kann eine Aufgabe nur dann richtig lösen, wenn man verstanden hat, wonach gefragt wird. Frage und Antwort müssen nämlich genau zusammenpassen.

Tipp

> Offene Fragen können auch **indirekt gestellt** sein. Typische Formulierungen sind z. B.:
> *Erläutere …, Erkläre …, Begründe …, Beurteile …,* Nimm Stellung …
> Diese Arbeitsaufträge nennt man auch **Operatoren** (vgl. S. 60).

Grafische Darstellungen beurteilen

Manchmal werden Textinhalte auch in Form einer Grafik dargestellt. Es geht dann darum, den Zusammenhang, der in der Grafik dargestellt ist, entweder zu erklären (Welcher Zusammenhang ist gemeint?) oder zu bewerten (Passt die Darstellung zum Text?). Beziehe dich bei deiner Antwort wieder auf den Text.

Beispiel

Diese Grafik fasst die Erläuterungen zum Lösen von halboffenen Aufgaben zusammen. Ist die Darstellung gelungen? Entscheide dich. Begründe deine Meinung.

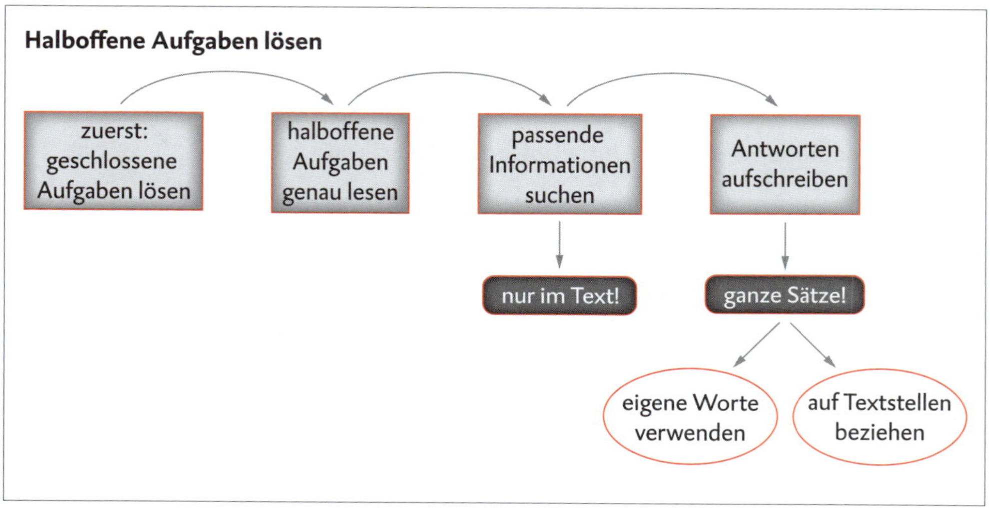

Ja, die Darstellung ist gelungen, denn sie beinhaltet alle entscheidenden Arbeitsschritte, die beim Lösen von halboffenen Aufgaben zu beachten sind. Sie sind sinnvoll angeordnet und in der richtigen Reihenfolge dargestellt. Dank der knappen Stichworte ist die Grafik sehr übersichtlich. So kann man sich leicht an dem Schema orientieren.

Aussagen zum Text bewerten

Meist erhältst du zu einem Text einen Kommentar, zu dem du Stellung nehmen sollst. Deine Aufgabe ist es dann, zu sagen, ob du der Meinung dieser Person (z. B. einer Schülerin/eines Schülers) zustimmst oder nicht. Deine Einschätzung musst du ausreichend begründen. Beziehe dich dabei auf den Text.

Beispiel

Nachdem eine Schülerin die Erläuterungen zu den halboffenen Aufgaben gelesen hat, äußert sie sich so:

„Was sollen diese ganzen Erklärungen und Hinweise? Man könnte uns doch gleich einen richtigen Text geben und dazu ein paar passende Aufgaben stellen!"

Nimm Stellung zur Äußerung der Schülerin. Begründe deine Meinung.

Ich stimme der Schülerin nicht zu. Es stimmt zwar: Man könnte tatsächlich gleich ein paar Aufgaben zu einem Text bekommen und sie bearbeiten. Allerdings erhält man durch die Erläuterungen gute Hinweise und auch nützliche Tipps. So kann man beim Lesen des Textes und beim Lösen der Aufgaben gezielter vorgehen. Ich glaube daher, dass die Erklärungen für uns Schülerinnen und Schüler doch sehr hilfreich sind.

Auf einen Blick

Was du bei halboffenen Aufgaben beachten solltest	
Textstellen deuten	Verwende unbedingt eigene Worte, schreibe nicht vom Text ab! Ausnahme: Du kennzeichnest ein Wort als Zitat, um anschließend zu erklären, was es bedeutet.
Offene Fragen zum Text beantworten	Wenn in der Frage auf eine Textstelle Bezug genommen wird, solltest du noch einmal den Abschnitt lesen, der diese Textstelle enthält. Meist findest du dort Informationen für deine Antwort.
Grafische Darstellungen beurteilen	Oft wird in der Aufgabenstellung auf einen Textabschnitt Bezug genommen. Lies diesen Abschnitt noch einmal und suche gezielt nach einem Zusammenhang mit der Grafik.
Aussagen zum Text bewerten	Hier sollst du meistens sagen, was du von einer Äußerung oder einer Behauptung hältst: Stimmst du ihr zu – oder hältst du sie für falsch? Begründe deine Meinung immer.

Übung 3

Lies noch einmal den Text „Aus dem Häuschen" (S. 7 f.) und bearbeite anschließend die Aufgaben.

Aufgaben

1. Textstellen deuten

a) Erläutere die folgende Aussage im Textzusammenhang:
„Für viele, die ein Tiny House besitzen, bedeutet der Minimalismus gleichzeitig auch ökologische Nachhaltigkeit." (Z. 36–39)

b) Erläutere die folgende Aussage im Textzusammenhang:
„Trotzdem sind nicht zwangsläufig alle kleinen Häuser nachhaltig." (Z. 67 f.)

c) Erläutere die *„unbefriedigende Situation"* (Z. 92 f.), in der sich Madeleine Krenzlin befindet. Beziehe dich auf den Textzusammenhang.

2. **Offene Frage zum Text beantworten**

Warum ist das Wohnen in einem „Passivhaus" besonders nachhaltig (Abschnitte 7 und 8)? Erkläre.

3. **Eine grafische Darstellung beurteilen**

Erläutere den Zusammenhang zwischen der Grafik und dem Text (Abschnitt 7).

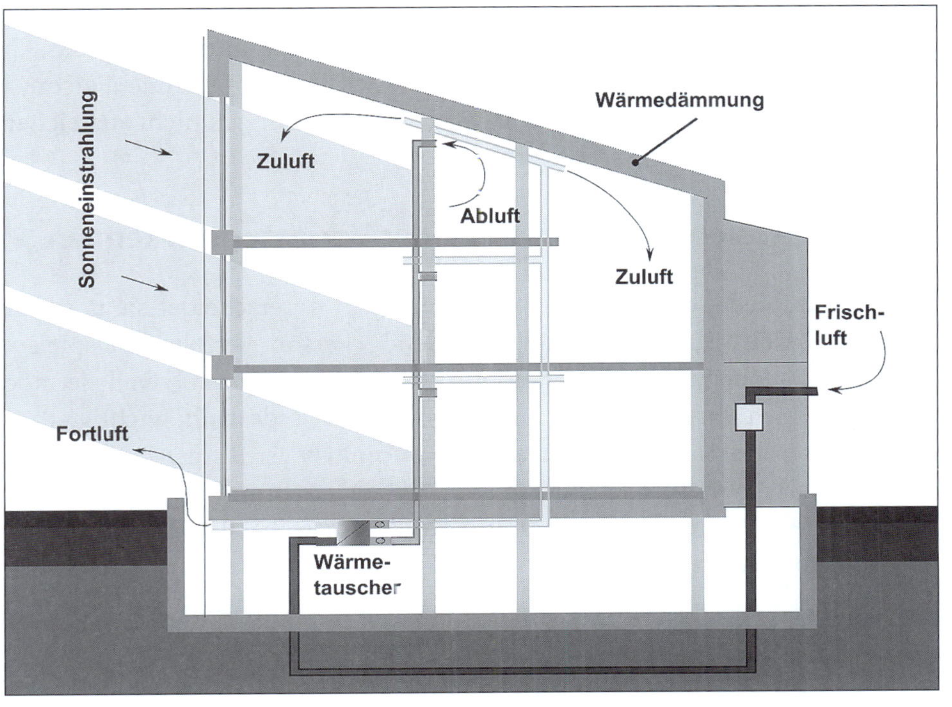

4. **Eine Aussage zum Text bewerten**

Ein Schüler sagt nach dem Lesen des Textes:

„Ich frage mich, wie Madeleine in einem Tiny House ihre Freundschaften pflegen will. Das geht doch gar nicht!"

Schreibe eine kurze Stellungnahme zu dieser Aussage.
Du kannst der Auffassung zustimmen oder nicht. Wichtig ist, dass du deine Meinung begründest. Beziehe dich dabei auf den Text.

3 Sachtexte verstehen

Interaktive Aufgaben: Leseverstehen üben

Sachtexte befassen sich mit Dingen, die es tatsächlich gibt, gab oder geben wird. Sie teilen vor allem **Fakten** mit. Das heißt aber nicht automatisch, dass Sachtexte immer wahr sind. Schließlich kann sich die verfassende Person auch einmal irren, z. B. weil ihre Kenntnisse oder Beobachtungen nicht ausreichen.

3.1 Die Absicht des Verfassers/der Verfasserin erkennen

MindCards: Wichtiges wiederholen

Es gibt verschiedene Arten von Sachtexten. Man unterscheidet sie u. a. danach, welche **Absicht** (Intention) die verfassende Person verfolgt: Beispielsweise kann sie versuchen, die Leserinnen und Leser zu beeinflussen, weil sie möchte, dass diese sich ihrer Meinung anschließen. Es ist deshalb wichtig, dass du erkennst, ob ein Sachtext **neutral** oder **subjektiv** ist. Ihre Absicht kann die verfassende Person allerdings auch „verstecken", z. B. indem sie sie nur **indirekt** zum Ausdruck bringt, etwa durch die Wortwahl. Berücksichtige deshalb auch die **Ausdrucksweise**.

Nach der Absicht des Verfassers/der Verfasserin unterscheidet man diese Sachtexte:

Informierende Texte

Den Leserinnen und Lesern werden Tatsachen mitgeteilt, um sie über einen Sachverhalt zu **informieren**.

Beispiele: ein Bericht *über* ein Ereignis, ein wissenschaftlicher Aufsatz

Kommentierende Texte

Ein Sachverhalt wird **kommentiert**, indem der Verfasser/die Verfasserin eine eigene Meinung zu einem Ereignis oder einer Entwicklung äußert.

Beispiele: *ein Kommentar zu einem strittigen Thema, eine Buchrezension, ein Leserbrief*

Appellierende Texte

Es wird ein **Appell** (= eine Aufforderung) an die Leserinnen und Leser gerichtet. Sie sollen dazu bewegt werden, etwas Bestimmtes zu denken oder zu tun.

Beispiele: *Werbetexte, Reden über politische Programme*

Instruierende Texte

Die Leserinnen und Leser sollen **instruiert** (= belehrt) werden. Im Text werden Anweisungen erteilt, die ihnen helfen sollen, eine bestimmte Handlung auszuführen.

Beispiele: *eine Bedienungsanleitung, Kochrezepte*

Ein häufiges Ziel ist es außerdem, die Leserschaft mit einem Text zu **unterhalten**. Der Verfasser/die Verfasserin will also erreichen, dass man beim Lesen auch Vergnügen empfindet. Bei einem Sachtext ist die Unterhaltungsfunktion allerdings zweitrangig.

Tipp

Ein Autor oder eine Autorin kann mit einem Text auch **mehrere Absichten** verfolgen.
Wenn du unsicher bist, dann überlege, worum es ihm/ihr **hauptsächlich** geht.
Frage dich z. B.:
Will die verfassende Person in erster Linie, dass ich ihre Meinung verstehe und sie übernehme?
Dann wäre es ein kommentierender Text.
Will sie mich dazu bewegen, ihren Vorschlägen zu folgen?
Dann wäre der Text appellierend.

Übung 4

Lies die folgenden Textauszüge und bestimme jeweils die Absicht des Verfassers/der Verfasserin.
Trage die passende Bezeichnung (appellierend, instruierend etc.) in die Tabelle ein.

Text A
Landwirt Reimer kann es nicht fassen. Der Ackerboden ist so trocken, dass er ihm wie Sand durch die Finger rieselt. Schon wieder ist seine Ernte durch Trockenheit und Dürre bedroht. Er wird erneut viel wässern müssen, um überhaupt einen Ertrag zu erwirtschaften. Das geht ordentlich ins Geld und schmälert seine Einnahmen. Anderen Landwirten geht es ähnlich. Allmählich ist die Wasserknappheit auch in Deutschland angekommen.

Text B
Dürre und Wasserknappheit sind inzwischen auch bei uns zum Problem geworden. Da ist jeder Einzelne gefragt, der Wasserverschwendung den Kampf anzusagen. Das fängt im Haushalt an: Geschirr sollte niemals unter fließendem Wasser gespült werden und die Spülmaschine erst dann benutzt werden, wenn sie wirklich voll ist. So kann nicht nur Wasser, sondern auch Strom gespart werden. Gleiches gilt fürs Wäschewaschen.

Text C
Die Politik muss endlich handeln. Es darf nicht sein, dass Gartenbesitzer im Sommer nach wie vor ihre Pools volllaufen lassen, um sich an heißen Tagen die gewünschte Abkühlung zu verschaffen. Auch das üppige Bewässern von Rasenflächen sollte untersagt werden. Es wird Zeit, dass die unnötige Verschwendung von Wasser gestoppt wird. Da helfen nur klare Regeln – und die Androhung von Bußgeldern. Das ist allerdings Ländersache.

Text D
Es gibt viele Möglichkeiten, im Alltag Wasser zu sparen. Das beginnt schon beim morgendlichen Duschen: Wer einen wassersparenden Duschkopf benutzt, verbraucht nicht nur weniger Energie, sondern auch weniger Wasser – und das Tag für Tag. Aufs Jahr gesehen rechnet sich das. Ebenso sollte man darauf verzichten, ein Vollbad zu nehmen. Baden verbraucht dreimal so viel Wasser wie Duschen.

	Absicht des Verfassers/der Verfasserin
Text A	
Text B	
Text C	
Text D	

Digitales Glossar: Begriffe nachschlagen

3.2 Arten von Sachtexten unterscheiden

Bei vielen Sachtexten, die uns im Alltag begegnen, handelt es sich um **Zeitungstexte**. Sie informieren über wichtige Ereignisse, die passiert sind, und veranlassen den Leser bzw. die Leserin, sich zu den Geschehnissen eine eigene Meinung zu bilden.
Es erleichtert dir das Verständnis, wenn du die **Merkmale** der einzelnen Textsorten kennst. Am häufigsten kommen diese Zeitungstexte vor:

Bericht

Er informiert **sachlich und neutral** über wichtige aktuelle Ereignisse. Berichte sind in der Regel so aufgebaut: Zuerst werden die **W-Fragen** beantwortet: Was ist geschehen? Wer ist betroffen? Wo ist es geschehen? Wann ist es geschehen? Evtl. wird auch gleich am Anfang etwas über die Folgen gesagt. Erst danach folgen genauere Ausführungen zum Ablauf: Wie ist es geschehen? Warum ist es passiert? Berichte sind in der Regel im Präteritum verfasst.

Kommentar

Er ist eine Art Stellungnahme: Der Verfasser/die Verfasserin äußert die eigene **Meinung** über ein aktuelles Ereignis oder eine aktuelle Entwicklung. Zuerst nimmt die verfassende Person Bezug auf das Thema, zu dem sie sich kommentierend äußern will. Danach sagt sie, was sie davon hält. Die Meinung des Verfassers/der Verfasserin kann **positiv** (befürwortend) oder **negativ** (kritisch) ausfallen. Kommentare sind überwiegend im Präsens verfasst. Die Darstellung ist meist sachlich, aber nicht neutral (denn es wird ja eine bestimmte Meinung vertreten!).
Eine besondere Art von Kommentar ist die **Rezension**, also die Besprechung und Beurteilung eines Buches, eines Films oder einer Theaterinszenierung.

Reportage

Sie informiert **ausführlich, anschaulich und unterhaltsam** über ein Thema. Der Einstieg erfolgt oft über eine „Nahaufnahme", also eine konkrete Situation; davon ausgehend wird Grundlegendes zum Thema dargestellt. In einer Reportage gibt es sowohl **anschauliche Beispiele** als auch **allgemeine Informationen** und **Hintergrundwissen** zu einem Sachverhalt. Typisch ist auch die Befragung von Augenzeugen oder Experten. Reportagen sind in der Regel im Präsens verfasst, damit sie lebendig wirken.

Tipp

Im ersten Teil der zentralen Prüfung wird dir in der Regel eine **Reportage** zur Bearbeitung vorgelegt.

Interview

Es gibt den **Ablauf eines Gesprächs** in Form eines Dialogs wieder: Ein Vertreter/eine Vertreterin einer Zeitung oder Zeitschrift stellt einer Person Fragen und diese antwortet darauf. Sowohl die Fragen als auch die Antworten werden abgedruckt. Das Interview lebt davon, dass die Äußerungen der befragten Person **spontan** und echt wirken, umgangssprachliche Äußerungen werden daher nicht „geglättet".

Glosse

Sie ist eine Art **humorvoller Kommentar**. Darin wird **Kritik** an einem Ereignis oder einer Entwicklung geübt, das aber auf äußerst lässige und witzige Art. Eine Glosse lebt von der **ironischen Darstellung**. Häufig wird darin auch Umgangssprache verwendet. Glossen sind – wie Kommentare – meist im Präsens und (bei Vorzeitigkeit) im Perfekt verfasst.

Übung 5

Lies noch einmal die Reportage „Aus dem Häuschen" (S. 7 f.). Trage drei Merkmale der Textsorte in die Tabelle ein und belege sie jeweils anhand einer Textstelle.

Merkmal	Textbeleg

Auf einen Blick

Sachtexte verstehen und untersuchen	
Thema und Textsorte	Bestimme möglichst zu Anfang, worum es geht und in welcher Form die Informationen präsentiert werden (sachlicher Bericht, wertender Kommentar, anschauliche Reportage …).
Absicht des Verfassers/der Verfasserin	Beurteile, welche Absicht die verfassende Person verfolgt: Will sie über einen Sachverhalt informieren, von ihrer Meinung überzeugen oder an die Leserinnen und Leser appellieren?
Kernaussage	Überlege, welche Hauptaussage der Text vermittelt.
Detail-Informationen	Unterscheide allgemeine Aussagen und Beispiele.

Zweiter Prüfungsteil: Schreiben

Was muss man können? Was wird geprüft?

Im zweiten Teil der Prüfung werden dir **zwei Wahlthemen** vorgelegt, von denen du **eines auswählst** und bearbeitest. Zu diesem Thema sollst du einen **längeren zusammenhängenden Text** verfassen, dessen Aufbau dir durch die Aufgabenstellung vorgegeben wird. Zur Bearbeitung des zweiten Teils sind **120 Minuten** (also zwei volle Stunden) vorgesehen.

Folgende Aufgabentypen können im zweiten Prüfungsteil vorkommen:

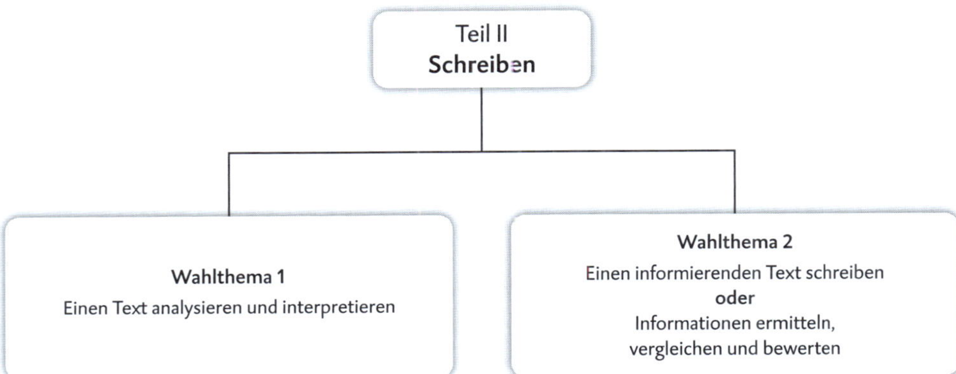

- In **Wahlthema 1** musst du einen **literarischen Text untersuchen**. Meist handelt es sich um einen Romanauszug, es sind aber auch andere Textsorten möglich (z. B. ein Gedicht). Dieser Aufgabentyp steht in jeder Prüfung zur Wahl. Bereite dich daher gut darauf vor.
- Bei **Wahlthema 2** kommen **zwei Aufgabentypen** infrage: Entweder wird von dir verlangt, auf der Grundlage von mehreren Sachtexten einen **informierenden Text** zu schreiben, oder du musst **Informationen** aus vorgegebenen Materialien **ermitteln, vergleichen und bewerten**. In der Prüfung steht immer nur einer dieser beiden Aufgabentypen als zweite Schreibaufgabe zur Wahl. Da du im Vorfeld nicht weißt, welcher Aufgabentyp in der Prüfung drankommt, solltest du dich mit beiden vertraut machen.

Wie du einen längeren zusammenhängenden Text zu einem literarischen Text oder zu einer Materialsammlung schreibst, erfährst du in den folgenden Kapiteln. Dort kannst du die einzelnen Aufgabentypen mit allen möglichen Teilaufgaben einüben.

4 Einen Text analysieren und interpretieren

Textgrundlage ist bei diesem Aufgabentyp ein **literarischer Text**. Man unterscheidet **drei Gattungen** von literarischen Texten: **Epik** (Erzählungen), **Lyrik** (Gedichte) und **Dramatik** (Theaterstücke).
In der Prüfung kommen meist **epische Texte** vor. In der Regel wird dir ein **Auszug aus einem Jugendroman** vorgelegt. Deine Aufgabe besteht darin, diesen Auszug zu **analysieren** und zu **interpretieren**. Dabei orientierst du dich an den Teilaufgaben, die vorgegeben sind.

Folgendes wird in der Regel von dir verlangt:

- Als Erstes schreibst du eine Einleitung, in der du die **Textsorte**, den **Titel** des Textes, den **Namen des Verfassers oder der Verfasserin** und das **Erscheinungsjahr** nennst. Außerdem bestimmst du das **Thema** des Textes.
- Danach fasst du den **Inhalt** des Textes zusammen.
- Nun gehst du **genauer** auf **Einzelheiten** des Textes ein. Damit **interpretierst** du den Text. Dir werden bestimmte Aspekte vorgegeben, zu denen du dich ausführlich äußern sollst, z. B. …
  wie das Verhalten einer Figur zu erklären ist,
  wie sich das Verhalten einer Figur verändert,
  wie eine Figur das Geschehen wahrnimmt,
  wie eine Figur auf das Geschehen reagiert,
  in welchem Verhältnis zwei Figuren zueinander stehen.
- In einem Absatz untersuchst du den Text in Bezug auf **sprachliche Besonderheiten**. Hier beschreibst du auffällige sprachliche Mittel und äußerst dich zu deren Wirkung.
- Am Schluss **rundest** du deine Darstellung **ab:** Entweder nimmst du die **Sicht einer Figur** ein und stellst deren **Gedanken und Gefühle** dar.
- Oder du erhältst eine Aussage zum Text und schreibst dazu eine kurze **Stellungnahme**, in der du deine Meinung mit Textbelegen begründest.

Lies dir den Romanauszug und die zugehörige Musterprüfung sorgfältig durch.

Sarah Jäger: Schnabeltier Deluxe (Textauszug)

Kim, die 15-jährige Ich-Erzählerin des Romans „Schnabeltier Deluxe", lebt alleine mit ihrer Mutter. Sie hat regelmäßig Schwierigkeiten mit anderen Menschen – vor allem in der Schule, aber auch zu Hause. Das führt dazu, dass sie immer wieder Ärger bekommt.

Ich schaue aus dem Fenster des Lehrerzimmers, schaue auf die fliegende Kaffeemaschine und denke, dass ich mir die Sache mit dem Urknall genau so vorgestellt habe. Ich denke, dass es vor zig Milliarden Jahren diesen Urknall gegeben hat und deshalb jetzt gerade eine Kaffeemaschine durch das Fenster fliegt, auf den Asphalt des Schulhofs kracht und sich in tausend Einzelteile zerlegt.

Die Klassenlehrerin hat uns vor einer halben Stunde den Physiktest zurückgegeben. Sie hat einen Mundwinkel nach unten gezogen und den Kopf geschüttelt – als ob die Zahl auf dem Papier nicht ausgereicht hätte. Außer der Sechs und den zehn Fragen zu den Urknalltheorien gab es da nicht mehr viel zu sehen.

Eine Explosion, hatte ich geschrieben. *Alles ist auseinandergeflogen, und dann ist daraus was Neues entstanden. Schätzungsweise unser Universum. Ist aber nur eine Theorie.*

Krach, Lärm, Zerstörung. Genau so muss das damals gewesen sein.

Nach der Kaffeemaschine werfe ich Untertassen aus dem Fenster, einfach nur, weil ich den Gedanken an fliegende Untertassen so lustig finde. Das Problem ist allerdings, dass ich damit alleine bin. Niemand lacht, weder die Sekretärin noch der Schuldirektor, die als Erste in das Lehrerzimmer gestürmt sind, und wenn man einen Witz erklären muss, dann ist er nicht mehr gut. Statt mit mir am Fenster zu stehen und die fliegenden Untertassen zu bewundern, fasst mich der Schuldirektor grob am Arm.

Ich sehe den Arm, ich sehe seine Hand – und ich weiß, dass ich das nicht vergessen werde.

Ich lasse mich ohne große Gegenwehr in sein Büro zerren.

Als ich auf dem Stuhl vor seinem Schreibtisch sitze, fragt er wütend: „Was fällt dir ein?!", und seine Augen wirken müde.

„Das war ein Experiment", antworte ich. „Urknalltheorie." Ich schaue mich in seinem Büro um. Aktenordner stehen im Regal, viele Aktenordner, weil Aktenordner immer nach Arbeit aussehen, und in der Ecke des Raums steht eine Zimmerpflanze, die wahrscheinlich vom Hausmeister am Leben gehalten wird, denn der Hausmeister ist der einzige Erwachsene in diesem Gebäude, der noch ein Herz hat. Es gibt nichts Neues in diesem Zimmer, all das kenne ich schon. Ich bemerke nur, dass ein Foto weniger auf dem Schreibtisch steht als beim letzten Mal. Vielleicht gibt es gerade eine Ehekrise im Hause des Schuldirektors. Das würde auch seine müden Augen erklären, schließlich kann ich nicht für alles verantwortlich sein.

„Und Ihrer Frau, wie geht es der so?", frage ich, aber der Schuldirektor bleibt mir eine Antwort schuldig, die Tür zu seinem Büro öffnet sich, und die Klassenlehrerin betritt den Raum. Ihr Gesicht verrät sofort, dass ich sie genau da getroffen habe, wo ich wollte, ohne sie auch nur berühren zu müssen. Es ist ihre Kaffeemaschine gewesen, die ich aus dem Fenster geworfen habe. Vor zwei Monaten wurde die Maschine geliefert, und die Klassenlehrerin ist durch die Schulflure getänzelt, immer dem unterbezahlten Paketboten hinterher. „Ist sie das?", haben die anderen Lehrer aufgeregt gefragt und den unterbezahlten Paketboten dabei fast aus dem Gleichgewicht gebracht. Die Klassenlehrerin hat stolz genickt und „Wir müssen uns doch auch mal was Gutes tun" gesagt. „Das gibt garantiert Pluspunkte für die Beförderung", hat der

Schulsprecher geflüstert.

Die Kaffeemaschine habe ich heute zum ersten Mal zu Gesicht bekommen, denn was Gutes haben sich natürlich nur die Lehrer verdient, für uns Schüler gibt es Kakao aus dem Getränkeautomaten in der Pausenhalle, und für den unterbezahlten Paketboten gab es noch nicht mal ein Trinkgeld.

Die Klassenlehrerin steht neben dem Stuhl, schüttelt fassungslos den Kopf und zischt: „Was fällt dir eigentlich ein?“ Mir fällt gar nichts mehr ein, deshalb wiederhole ich nur: „Experiment. Urknalltheorie“, fühle mich wie die Zimmerpflanze, in die Ecke gedrängt und doch irgendwie egal. Ich kann noch nicht mal auf ein nettes Wort vom Hausmeister hoffen, weil er mich seit der Sache mit der Theater-AG keines Blickes mehr würdigt. Das mit dem Bühnenbild hat er wirklich persönlich genommen, obwohl es dabei gar nicht um ihn gegangen war. Auch der Schuldirektor hat das nicht vergessen. „Viel Lärm um nichts“, sagt er gerade. Die Klassenlehrerin sagt überhaupt nichts mehr, denkt wahrscheinlich immer noch an ihre zerstörte Kaffeemaschine. Ich werde nun endgültig zur Zimmerpflanze, bewege mich nicht mehr, lasse den Kopf hängen und starre auf den Boden. Gleich werden sie mich nach Hause schicken, auch das kenne ich schon. Die Kaffeemaschine kann nicht schlimmer sein als das Bühnenbild, denke ich. Eine Woche Suspendierung, schließe ich mit mir selbst eine Wette ab.

Quelle: Sarah Jäger: Schnabeltier Deluxe, Rowohlt Taschenbuch Verlag, Hamburg, Oktober 2022, S. 7–10

Musterprüfung

Analysiere den Textauszug aus dem Roman „Schnabeltier Deluxe“ von Sarah Jäger.

Gehe dabei so vor:

- Schreibe eine Einleitung, in der du Textsorte, Titel, Autorin und Erscheinungsjahr nennst sowie das Thema formulierst.
- Fasse den Inhalt des Textes zusammen.
- Beschreibe das Verhalten der Ich-Erzählerin genauer. Berücksichtige dabei auch ihre Beweggründe.
- Stelle dar, was die Ich-Erzählerin von verschiedenen Figuren hält. Gehe auf den Schuldirektor, die Klassenlehrerin und den Hausmeister ein.
- Untersuche, wie durch sprachliche Mittel die Stimmung der Ich-Erzählerin zum Ausdruck kommt *(mögliche Aspekte: Wortwahl, Satzbau, stilistische Mittel)*.
- Schreibe einen kurzen Text aus der Sicht der Ich-Erzählerin. Beschreibe darin die Gedanken und Gefühle, die ihr durch den Kopf gehen, nachdem sie das Büro des Schuldirektors verlassen hat. Gehe auf diese Fragen ein:
  - Wie beurteilt Kim im Rückblick ihr Verhalten?
  - Was denkt sie über die Strafe, die sie zu erwarten hat?

Schreibe in der Ich-Form. Berücksichtige die Informationen, die der Textauszug gibt.

Wenn du alle Teilaufgaben der Reihe nach beantwortest, entsteht ein längerer zusammenhängender Aufsatz. Nur der letzte Abschnitt fällt etwas aus dem Rahmen. Er ist wie eine hinzugefügte Schlussbetrachtung – meist aus Sicht einer bestimmten Figur.

Wie du bei der Bearbeitung der einzelnen Teilaufgaben vorgehen kannst und worauf du achten solltest, erfährst du in den folgenden Abschnitten.

4.1 Literarische Texte lesen und verstehen

Interaktive Aufgaben: Einen Romanauszug analysieren

Bevor du mit den Vorarbeiten beginnst, solltest du den Text gründlich lesen und verstehen. Anschließend bearbeitest du die Teilaufgaben in der vorgegebenen Reihenfolge.

Anders als Sachtexte beziehen sich **literarische Texte** nicht auf Tatsachen, sondern sie sind **fiktional**, also erfunden. Dabei gestaltet die Autorin oder der Autor die Inhalte stets auf eine besondere Weise. Literarische Texte sind nämlich **Kunstwerke**.
Eine Besonderheit, die literarische Texte auszeichnet, sind die „versteckten Botschaften". Vieles steht „zwischen den Zeilen", sodass man immer wieder auf **Lücken** stößt, die man **mithilfe der eigenen Gedanken schließen** muss.

Beispiel

Wenn es im Text heißt: „Lisa hat mit Karim Schluss gemacht", dann bedeutet das zugleich: „Die beiden waren vorher ein Paar."

Tipp

Überlege bei literarischen Texten immer, ob sich hinter einer Formulierung noch eine **Zusatzbotschaft** verbirgt. Wenn es im Text heißt: *sonst immer*, bedeutet das zugleich: *diesmal nicht*. Wenn es heißt: *Es hat aufgehört zu regnen*, drückt das aus, dass es vorher geregnet haben muss.

Romanauszüge untersuchen

Romane zählen wie z. B. auch Kurzgeschichten und Fabeln zu den epischen Texten. Epische Texte sind Texte, in denen **eine Geschichte erzählt** wird. Diese kann kurz oder lang sein. In der Regel sind epische Texte im Präteritum verfasst, denn die Leserinnen und Leser sollen sich vorstellen, es handle sich um Geschichten, die wirklich einmal passiert sind.

Tipp

Macht man eine Aussage über eine Person aus einem Text, verwendet man den Begriff „**Figur**". Damit wird deutlich, dass es sich um eine ausgedachte Person handelt. Man sagt also nicht: *Katniss Everdeen ist die Hauptperson in „Die Tribute von Panem"*, sondern: *Sie ist die Hauptfigur.*

Ein Roman ist eine längere Erzählung, die in Buchform veröffentlicht wird. In der Regel geht es um die Erlebnisse einer **Hauptfigur** (Fachbegriff: **Protagonist/Protagonistin**). Manchmal gibt es auch zwei Figuren, die gleichermaßen wichtig sind. Oft kommt es zu einem **Konflikt** zwischen der Hauptfigur und anderen Figuren. Die Handlung ist in der Regel vielschichtig und weit verzweigt und sie erstreckt sich meist über einen längeren Zeitraum. Deshalb kann man beim Lesen verfolgen, welche Entwicklung die Hauptfigur durchmacht. Es gibt viele unterschiedliche Arten von Romanen, z. B. Liebes-, Kriminal- oder Jugendromane.

Tipp

Versuche nach dem Lesen des Textes als Erstes, diese fünf **W-Fragen** zu beantworten: *Wer? Wo? Wann? Was? Welche Folgen?* Auf diese Weise hast du die zugrunde liegende Situation und die Handlung im Wesentlichen erfasst.
Danach stellst du dir die **Wie-Frage:** *Wie ist es dazu gekommen?* Die Antwort auf die *Wie*-Frage hilft dir, wichtige Einzelheiten zu erfassen und Zusammenhänge zu verstehen.

Übung 6 Lies noch einmal den Auszug aus dem Roman „Schnabeltier Deluxe“ von Sarah Jäger auf S. 23 f. Bearbeite dann die Aufgaben.

Aufgaben

1. Beantworte die folgenden W-Fragen in Stichworten.

   Wer? ______________________________

   Wo? ______________________________

   Was? ______________________________

   ____

   Wann? ______________________________

   Welche Folgen? ______________________________

   ____

2. Beantworte nun ausführlich die Wie-Frage: *Wie ist es dazu gekommen?*

   Hinweis: Du musst keinen zusammenhängenden Text schreiben. Es genügt, wenn du die Handlungsschritte aufzählst. Schreibe aber vollständige Sätze.

   ____

   ____

   ____

   ____

   ____

   ____

   ____

   ____

   ____

Die Erzählperspektive bestimmen

MindCards: Wichtiges wiederholen

Eine Handlung lässt sich aus unterschiedlichen Perspektiven erzählen. Grundsätzlich unterscheidet man zwei Erzählperspektiven: die **Ich-Perspektive** und die **Er-/Sie-Perspektive**. Die Er-/Sie-Perspektive lässt sich noch genauer bestimmen: entweder als **auktoriale** oder als **personale Erzählperspektive**.

Auf einen Blick

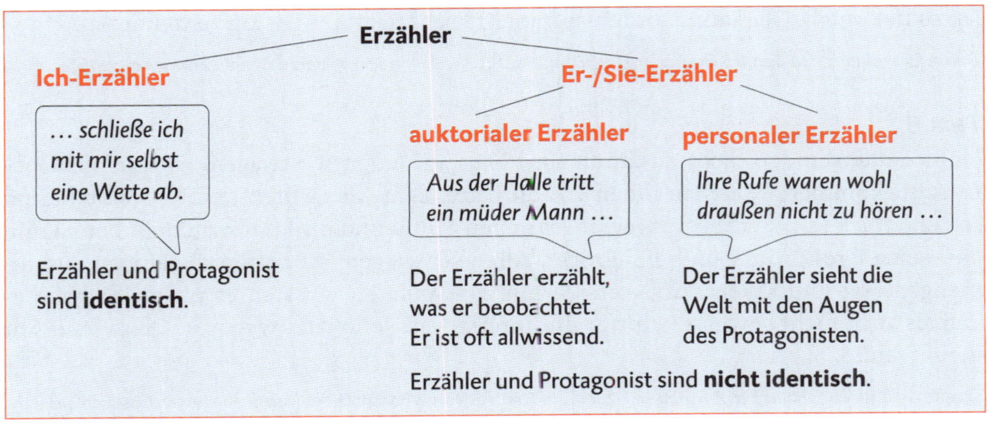

Die verschiedenen **Erzählperspektiven** haben folgende Merkmale:

- **Ich-Perspektive:** Die Handlung wird aus der **Sicht der Hauptfigur** erzählt. Das bedeutet: Hauptfigur und Erzähler sind identisch.

  Beispiel: *Eine Woche Suspendierung, schließe ich mit mir selbst eine Wette ab.* (Schnabeltier Deluxe, Z. 129–131)

- In der **Er-/Sie-Perspektive** kann die Handlung aus einer **beobachtenden Sicht** dargestellt werden. Der Erzähler kann der Hauptfigur sehr **nah** sein – er kann aber auch **distanziert** wirken wie jemand, der ganz neutral über ein Geschehen berichtet.
  - Hat man den Eindruck, dass die Handlung aus der Sicht der **Hauptfigur** erzählt wird (oder einer anderen Figur aus dem Text), handelt es sich um eine **personale Erzählperspektive**.

    Beispiel: *Ihre Rufe waren wohl draußen nicht zu hören, denn niemand kam, um sie aus ihrer misslichen Lage zu befreien.*
  - Erweckt die Darstellung den Eindruck, dass sie aus der Sicht einer **unbeteiligten Person** erzählt wird, die das Geschehen von außen beobachtet, so handelt es sich um eine **auktoriale Erzählperspektive**.

    Beispiel: *Aus der Halle tritt ein müder Mann. Seinem Gesicht sieht man die lange Nachtschicht an.*

Tipp

Du erkennst die **auktoriale** Erzählperspektive daran, dass der Erzähler **allwissend** ist, jedenfalls in Bezug auf das Geschehen. Oft kennt er sogar die Gedanken und Gefühle aller Figuren. Dagegen wirkt die **personale** Erzählperspektive **begrenzt:** Sie beschreibt nur die Gedanken der Hauptfigur.

Beachte auch: Autor*in und Erzähler sind **nicht** identisch. Die Autorin/Der Autor hat sich eine Person ausgedacht, die die Geschichte erzählt.

Übung 7 Lies die drei Textauszüge und bestimme jeweils die Erzählperspektive.

Text A

Die Frau lehnte am Fenster und sah hinüber. Der Wind trieb in leichten Stößen vom Fluss herauf und brachte nichts Neues. Die Frau hatte den starren Blick neugieriger Leute, die unersättlich sind. Es hatte ihr noch niemand den Gefallen getan, vor ihrem Haus niedergefahren zu werden. Außerdem wohnte sie im vorletzten Stock, die Straße lag zu tief unten. Der Lärm rauschte nur mehr leicht herauf. Alles lag zu tief unten.

Quelle: Ilse Aichinger: Das Fenster-Theater. In: Dies.: Der Gefesselte. Erzählungen. Frankfurt am Main: Fischer Verlag 1955

Text B

Jenös Leute standen dicht zusammengedrängt auf einem Lastwagen. Es war nicht herauszubekommen, was man ihnen erzählt hatte, denn sie lachten und schwatzten, und als Jenö mich sah, steckte er zwei Finger in den Mund und pfiff und winkte rüber zu mir. Nur seine Großmutter und die übrigen Alten schwiegen; sie hatten die Lippen zusammengepresst und sahen starr vor sich hin. Die anderen wussten es nicht. Ich habe es damals auch nicht gewusst; ich war nur traurig, dass Jenö jetzt weg war. Denn Jenö war mein Freund.

Quelle: Wolfdietrich Schnurre: Jenö war mein Freund. In: Ders.: Als Vaters Bart noch rot war. Ein Roman in Geschichten. Frankfurt/Main, Berlin, Wien: Ullstein Verlag 1985, S. 152

Text C

Leute starrten nach oben. Sie warteten. Ihre Gesichter waren feindlich. Trotzdem fühlte er sich ihnen verpflichtet. Er musste springen, damit sie ihre Sensation bekamen. Er fühlte, dass er es nicht schaffen würde. Er war noch nicht so weit. Aber er musste beweisen, dass er ein Mann war. Lieber tot sein, als sich vor diesen Gesichtern blamieren. Nur noch ein paar Sekunden atmen, dachte er, mehr verlange ich gar nicht.

Quelle: Annette Rauert: Der Schritt zurück. In: Dies.: Geschichten zum Nachdenken. Christian Kaiser Verlag 1977

Erzählperspektive	Text A	Text B	Text C
a) Ich-Erzählperspektive	☐	☐	☐
b) Er-/Sie-Erzählperspektive			
personal	☐	☐	☐
auktorial	☐	☐	☐

Auf einen Blick

Romanauszüge verstehen und untersuchen	
Basisinformationen	Nenne Titel, Autor/Autorin und Erscheinungsjahr des Textes. Bestimme die Textsorte und das Thema.
Figuren	Überlege, wer der Protagonist oder die Protagonistin ist und welche Nebenfiguren eventuell wichtig für die Handlung sind.
Handlung	Rekonstruiere das Geschehen/den Handlungsverlauf. Orientiere dich dabei an den W-Fragen.
Erzählperspektive	Beurteile die Darstellung: Wird das Geschehen auktorial, personal oder aus der Ich-Perspektive erzählt?
Kernaussage	Frage dich, welche Botschaft der Text den Lesenden vermitteln soll.

4.2 Den Inhalt eines Romanauszugs zusammenfassen

In einem epischen Text stellt der Verfasser oder die Verfasserin auf kunstvolle Weise ein **fiktionales Geschehen** dar, also eine Handlung, die ausgedacht ist. Der Inhalt, den du wiedergeben sollst, ist die Geschichte, die erzählt wird.

Schritt für Schritt

Eine Inhaltsangabe zu einem Erzähltext schreiben

Arbeitsschritt **1** Informiere in der Einleitung über die **Textsorte**, den **Titel** des Textes, den **Autor**/die **Autorin**, das **Erscheinungsjahr** und das **Thema**.
Bei einem epischen Text ist das Thema meist der Kern der Handlung bzw. das, was die vordergründige Handlung zeigt oder aussagt. Dabei gehst du aber noch nicht auf Einzelheiten ein, sondern bleibst allgemein, z. B.: *Es geht um einen Konflikt zwischen zwei Brüdern.* Ein bis zwei Sätze genügen.

Arbeitsschritt **2** Anschließend rekonstruierst du die Handlung. Nenne nur die entscheidenden **Handlungsschritte** und wesentliche **Einzelheiten**, keine ausschmückenden Details und nichts Nebensächliches. Bringe die einzelnen Handlungsschritte auch in einen Zusammenhang. Frage dich also jeweils: *Wie kommt es dazu?*

Arbeitsschritt **3** Am Schluss stellst du knapp und präzise den **Ausgang des Geschehens** dar.

Tipp

Bereite das Verfassen einer Inhaltsangabe mithilfe der **W-Fragen** vor (vgl. S. 26):
- Zuerst beantwortest du diese W-Fragen: *Wer? Wo? Wann? Was?*
- Anschließend beantwortest du die *Wie*-Frage.
- Zum Schluss gibst du Auskunft über die Frage: *Welche Folgen …?*

Übung 8

Lies noch einmal den Auszug aus dem Roman „Schnabeltier Deluxe“ von Sarah Jäger auf S. 23 f. Bearbeite dann die Aufgaben.

Aufgaben

1. Wie ist der zeitliche Ablauf des Geschehens? Bringe die folgenden Textabschnitte in die richtige zeitliche Reihenfolge. Trage die Nummern 1–10 ein.

Nr.	Textabschnitt
	a) Kim wirft die Kaffeemaschine zum Fenster hinaus. (Z. 1–11)
	b) Kim erhält den Physiktest mit der Note 6 zurück. (Z. 12–20)
	c) Kim vergleicht das, was sie im Physiktest über den Urknall geschrieben hat, mit der Zerstörung der Kaffeemaschine. (Z. 21–27)
	d) Kim wirft auch Untertassen aus dem Fenster. (Z. 28–33)
	e) Die Sekretärin und der Schuldirektor kommen ins Lehrerzimmer; der Schuldirektor zerrt Kim in sein Büro. (Z. 33–46)
	f) Der Schuldirektor fragt Kim nach dem Grund für ihr Verhalten. Kim antwortet ihm darauf, sie habe ein Experiment zur Urknalltheorie durchgeführt. Ihre Erklärung macht den Schuldirektor sprachlos. (Z. 47–52)

	g)	Kim fällt auf, dass der Schuldirektor müde aussieht und dass auf seinem Schreibtisch ein Bild fehlt. Sie fragt sich, ob er eine Ehekrise hat, und fragt ihn nach dem Befinden seiner Frau, bekommt darauf aber keine Antwort. (Z. 52–73)
	h)	Die Klassenlehrerin betritt den Raum; Kim erkennt an deren Mimik, dass ihr die Rache gelungen ist. (Z. 73–80)
1	i)	Die Kaffeemaschine wird geliefert. (Z. 80–101)
	j)	Kim erwartet für ihr Vergehen eine ähnliche Strafe wie bei einem früheren Vorfall mit dem Bühnenbild der Theater-AG: eine Woche Suspendierung. (Z. 102–131)

2. Fülle als Vorbereitung für die Textzusammenfassung den Schreibplan aus. Sieh dir vorab noch einmal deine Antworten auf die W-Fragen in Übung 6 (S. 26) an.

Einleitung
Textsorte, Titel, Autor*in, Erscheinungsjahr, Thema

Zusammenfassung
Die einzelnen Handlungsschritte

1.
2.
3.

Ergebnis/Ausgang des Geschehens

Achte bei der Gestaltung deiner Inhaltsangabe auf diese Punkte:

Auf einen Blick

Inhaltsangabe/Textzusammenfassung richtig gestalten	
Sprachstil	Drücke dich sachlich aus. Verwende keine Umgangssprache. Kommentiere die Inhalte nicht. Meide Wörter, die Spannung erzeugen (wie z. B. *plötzlich*) oder Gefühle ausdrücken (wie z. B. *leider*).
Zeitform	Schreibe im Präsens. Bei Vorzeitigkeit verwendest du das Perfekt.
Eigene Worte	Benutze eigene Worte. „Klebe" nicht an den Formulierungen im Text. Solltest du doch einmal eine Formulierung übernehmen, kennzeichnest du sie durch Anführungszeichen als Zitat (vgl. S. 96 f.).
Zusammenhänge	Achte darauf, dass du die einzelnen Gedanken oder Handlungsschritte nicht einfach nur aufzählst. Zeige durch geeignete Konjunktionen (*obwohl, denn …*) oder Adverbien (*vorher, deshalb …*) Zusammenhänge auf.
Indirekte Rede	Verzichte auf direkte Rede. Wenn du Äußerungen oder Gedanken einer Person wiedergibst, überträgst du sie in die indirekte Rede. Dabei verwendest du den Konjunktiv I (vgl. S. 98 f.).
Absätze	Untergliedere den Text in Absätze. Grenze auch immer Einleitung und Zusammenfassung voneinander ab.

Bearbeite die ersten beiden Teilaufgaben der Musterprüfung. (→ Heft)

Übung 9

Musterprüfung

Analysiere den Textauszug aus dem Roman „Schnabeltier Deluxe" von Sarah Jäger.

Gehe dabei so vor:

- Schreibe eine Einleitung, in der du Textsorte, Titel, Autorin und Erscheinungsjahr nennst sowie das Thema formulierst.
- Fasse den Inhalt des Textes zusammen.

…

4.3 Textstellen interpretieren

Während du bei der Zusammenfassung des Inhalts nur wiedergibst, was im Text steht, sollst du bei der Textinterpretation auch erklären, **was der Textinhalt bedeutet**.

Im Unterschied zur Inhaltsangabe beziehen sich die Teilaufgaben zur Interpretation nicht auf den ganzen Text, sondern nur auf **bestimmte Aspekte**, zu denen du dich äußern sollst. Häufig musst du herausfinden, **warum** die Figuren ein bestimmtes Verhalten zeigen und was sich daraus ableiten lässt.

Zeige, dass du den **Sinn** der betreffenden Textstellen **verstanden** hast, indem du deutende Aussagen formulierst und Zusammenhänge zwischen ihnen herstellst.

Tipp

Um **deutende Aussagen** zu formulieren, solltest du dir möglichst oft die **Warum**-Frage stellen. Eine Warum-Frage zielt häufig auf das **Handlungsmotiv** einer literarischen Figur ab. Das bedeutet: Es wird danach gefragt, was diese Figur dazu bringt, ein **bestimmtes Verhalten** zu zeigen.
Im Text steht aber in der Regel nur, was die Figur tut. (Dazu gehört auch das, was sie denkt oder sagt.) Um herauszufinden, was das Motiv ist, das sie zu diesem Verhalten bewegt, stellst du dir am besten drei Fragen. Du kannst dich an dieser Schema-Zeichnung orientieren:

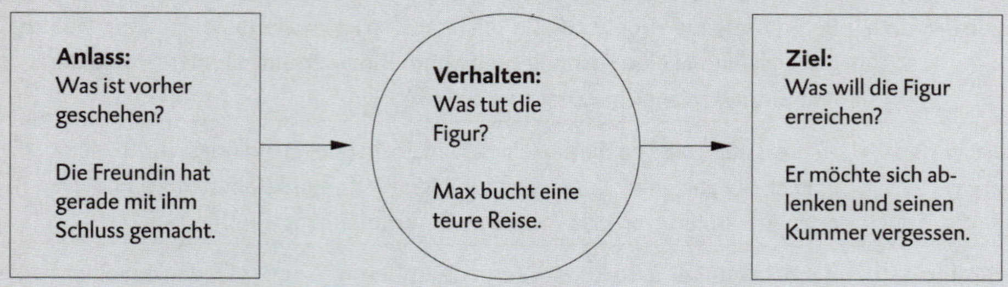

Die Antwort auf die Frage nach dem **Ziel** ist das Handlungsmotiv.

Übung 10 Bearbeite die Aufgaben zum Text „Schnabeltier Deluxe“ (S. 23 f.).

Aufgaben

1. Vervollständige die Schema-Zeichnung: Trage Anlass, Verhalten und Ziel in die leeren Felder ein. Stichworte genügen.

2. Formuliere drei *Warum*-Fragen zum Verhalten der Ich-Erzählerin und beantworte sie anschließend. Beziehe dich dabei auf geeignete Textstellen.

Schritt für Schritt

Eine Interpretation vorbereiten und schreiben

Arbeitsschritt **1** Lies dir die **Aufgabenstellungen**, die eine Textinterpretation erfordern, genau durch. Überlege, worauf du im Text eine Antwort finden sollst.

Arbeitsschritt **2** Markiere **auffällige Textstellen**, die sich als Erklärung für die Fragestellungen eignen. Mache dir auch **Randnotizen** zum Sinn der markierten Textstellen.

Arbeitsschritt **3** Formuliere mithilfe deiner Randkommentare **deutende Aussagen** und bringe sie in eine sinnvolle **Reihenfolge**. Überlege, welche Aussagen sich aufeinander beziehen, sodass sich gut **Überleitungen** herstellen lassen.

Beispiel

So könnten deine Notizen zum Textausschnitt (Z. 12–50) aussehen:

Sarah Jäger: Schnabeltier Deluxe

Die Klassenlehrerin hat uns vor einer halben Stunde den Physiktest zurückgegeben. Sie hat einen Mundwinkel nach unten gezogen und den Kopf geschüttelt – als ob die Zahl auf dem Papier nicht ausgereicht hätte. Außer der Sechs und den zehn Fragen zu den Urknalltheorien gab es da nicht mehr viel zu sehen.	Lehrerin zeigt Missfallen über Kims Leistung Kim wütend, hält Note 6 für schlimm genug
Eine Explosion, hatte ich geschrieben. *Alles ist auseinandergeflogen, und dann ist daraus was Neues entstanden. Schätzungsweise unser Universum. Ist aber nur eine Theorie.*	Kims Darstellung einer Urknalltheorie: sehr verkürzt
Krach, Lärm, Zerstörung. Genau so muss das damals gewesen sein.	Ausdruck von Kims Wut
Nach der Kaffeemaschine werfe ich Untertassen aus dem Fenster, einfach nur, weil ich den Gedanken an fliegende Untertassen so lustig finde. Das Problem ist allerdings, dass ich damit alleine bin. Niemand lacht, weder die Sekretärin noch der Schuldirektor, die als Erste in das Lehrerzimmer gestürmt sind, und wenn man einen Witz erklären muss, dann ist er nicht mehr gut. Statt mit mir am Fenster zu stehen und die fliegenden Untertassen zu bewundern, fasst mich der Schuldirektor grob am Arm.	Kim will Urknall nachspielen → Rache an der Lehrerin überspielt ihre Wut löst damit Empörung aus Schuldirektor reagiert derb, fast brutal
Ich sehe den Arm, ich sehe seine Hand – und ich weiß, dass ich das nicht vergessen werde.	
Ich lasse mich ohne große Gegenwehr in sein Büro zerren.	Kim gibt Widerstand auf
Als ich auf dem Stuhl vor seinem Schreibtisch sitze, fragt er wütend: „Was fällt dir ein?!", und seine Augen wirken müde.	Kim ist aufmerksam, einfühlsam

Quelle: Sarah Jäger: Schnabeltier Deluxe, Rowohlt Taschenbuch Verlag, Hamburg, Oktober 2022, S. 7–10

Übung 11 Bearbeite die Aufgaben zum Text „Schnabeltier Deluxe“ (S. 23 f.).

Aufgaben

1. Lies folgende Textstellen. Notiere jeweils daneben deutende Aussagen.

Textstelle	Deutung
a) Es gibt nichts Neues in diesem Zimmer. All das kenne ich schon. Ich bemerke nur, dass ein Foto weniger auf dem Schreibtisch steht als beim letzten Mal. Vielleicht gibt es gerade eine Ehekrise im Hause des Schuldirektors. Das würde auch seine müden Augen erklären [. . .]. (Z. 61–68)	
b) Die Kaffeemaschine habe ich heute zum ersten Mal zu Gesicht bekommen, denn was Gutes haben sich natürlich nur die Lehrer verdient. Für uns Schüler gibt es Kakao aus dem Getränkeautomaten in der Pausenhalle, und für den unterbezahlten Paketboten gab es noch nicht mal ein Trinkgeld. (Z. 94–101)	
c) Gleich werden sie mich nach Hause schicken, auch das kenne ich schon. Die Kaffeemaschine kann nicht schlimmer sein als das Bühnenbild, denke ich. Eine Woche Suspendierung, schließe ich mit mir selbst eine Wette ab. (Z. 125–131)	

Quelle: Sarah Jäger: Schnabeltier Deluxe, Rowohlt Taschenbuch Verlag, Hamburg, Oktober 2022, S. 7–10

2. Beschreibe das Verhalten der Klassenlehrerin und des Schuldirektors. Stichworte genügen.

   Klassenlehrerin: ______________________________

   ____

   ____

   ____

   Schuldirektor: ______________________________

   ____

   ____

   ____

3. Im letzten Satz dieses Kapitels schließt die Ich-Erzählerin eine Wette mit sich ab. Erkläre, worauf sie wettet, und ziehe daraus Schlussfolgerungen über das, was sie bisher an der Schule erlebt hat.

   ____

   ____

   ____

Auf einen Blick

Worauf du beim Verfassen einer Interpretation achten solltest

- Gib nicht einfach das wieder, was im Text steht, sondern **deute es**. Wenn du erklärst, wie eine Textstelle zu verstehen ist, solltest du dich von der Formulierung im Text lösen. Versuche mit **eigenen Worten** auszudrücken, wie die Aussage zu verstehen ist. Formuliere im **Präsens**.
- Fasse **Inhalte, die zueinanderpassen**, als Gruppe zusammen, um dazu deutende Aussagen zu machen. Es kann sein, dass Sinnzusammenhänge erst hergestellt werden können, wenn du dich auf **mehrere Textstellen** beziehst, und die können über den ganzen Text verstreut sein.
- Außerdem musst du dich in deiner Antwort immer **auf den Text beziehen**, um nachzuweisen, dass deine Aussage richtig ist. **Belege deine Aussagen** daher anhand des Textes. Bloße Verweise auf Textstellen reichen aber nicht aus. Erläutere stets deren Sinn.

Hinweis: Über den richtigen Umgang mit Textbelegen kannst du dich ausführlich ab S. 96 informieren.

Beispiel

So könntest du die ersten deutenden Aussagen, die im Text „Schnabeltier Deluxe" (S. 33) unterstrichen sind, ausführen und anhand des Textes belegen:

Kim hat gerade ihren Physiktest zurückbekommen – mit der Note Sechs (vgl. Z. 18). Darüber ist sie wütend. Sie ärgert sich nicht nur über das Ungenügend („als ob die Zahl auf dem Papier nicht ausgereicht hätte", Z. 16 f.), sondern auch über das Verhalten der Lehrerin: Die zeigt deutlich, dass ihr Kims schlechte Leistungen missfallen: Sie hat „einen Mundwinkel nach unten gezogen und den Kopf geschüttelt" (Z. 14–16). Voller Wut wirft Kim als Erstes die Kaffeemaschine aus dem Fenster und danach noch Untertassen (vgl. Z. 28 f.) Dabei stellt sie sich vor, so den Urknall nachzuspielen. Das zeigen ihre Gedanken über „fliegende Untertassen" (Z. 30 f.). In Wirklichkeit will sie sich aber an ihrer Lehrerin rächen.

Übung 12

Bearbeite die Teilaufgaben 3 und 4 der Musterprüfung (→ Heft).

Musterprüfung

Analysiere den Textauszug aus dem Roman „Schnabeltier Deluxe" von Sarah Jäger. Gehe dabei so vor:

…

- Beschreibe das Verhalten der Ich-Erzählerin genauer. Berücksichtige dabei auch ihre Beweggründe.
- Stelle dar, was die Ich-Erzählerin von verschiedenen Figuren hält. Gehe auf den Schuldirektor, die Klassenlehrerin und den Hausmeister ein.

…

MindCards: Wichtiges wiederholen

4.4 Sprachliche Mittel analysieren

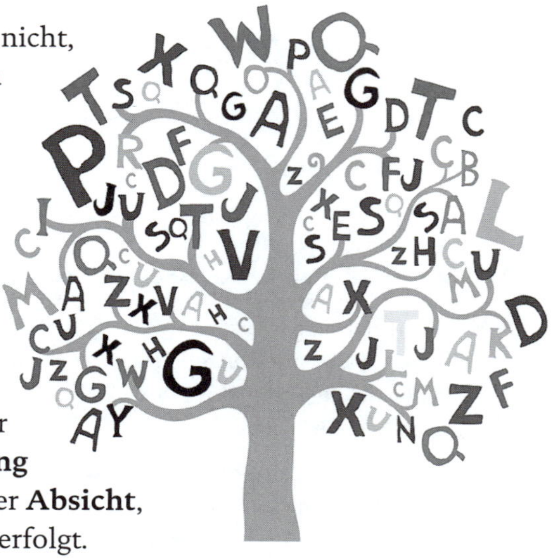

Bei der Analyse eines Textes genügt es nicht, nur auf die (oberflächlichen) Inhalte zu achten, sondern du musst auch auf die **sprachliche Darstellung** eingehen, denn der Inhalt und die sprachliche Gestaltung sind eng miteinander verwoben. Sprachliche Besonderheiten sind meist bewusst eingesetzt, um eine bestimmte Wirkung zu erreichen und die inhaltliche Aussage zu untermauern. Deshalb musst du bei der Sprachanalyse immer nach der **Wirkung** einer Formulierung fragen oder nach der **Absicht**, die der Autor oder die Autorin damit verfolgt.

Wortwahl

Für den Sinn eines Textes spielt die Wortwahl eine entscheidende Rolle. Mit manchen Wörtern verbindet man beim Lesen von vornherein eine bestimmte Vorstellung. Ein Begriff kann neutrale, positive oder negative Gefühle wecken. Dabei muss man stets auch beachten, auf wen oder was sich bestimmte Wörter beziehen. Daraus lassen sich Rückschlüsse über eine Person, eine Sache oder eine Situation ziehen.

Beispiel

neutral	positiv	negativ
Hund Haus	vierbeiniger Freund Villa	Köter Bruchbude

Von besonderer Bedeutung sind diese Wortarten:

- **Nomen:** Achte auf die genauen Bezeichnungen von Personen oder Dingen. Einem *Schelm* kann man z. B. nicht böse sein, vor einem *Gauner* wird man sich dagegen in Acht nehmen.
- **Verben:** Sie geben zu verstehen, ob ein Geschehen aktiv und lebendig wirkt – oder eher statisch und leblos. Von Verben wie *springen, klatschen* oder *stürmen* geht z. B. eine andere Wirkung aus als von Verben wie *stehen, schweigen* oder *sitzen*.
- **Adjektive:** Sie beeinflussen erheblich die Stimmung, die in einem Text zum Ausdruck kommt. Adjektive wie *fröhlich, warm* oder *bunt* erzeugen z. B. eine angenehme, schöne Atmosphäre, dagegen lassen Adjektive wie *trüb, hart* oder *kühl* eine Situation eher unangenehm erscheinen. Wenn ein Text nur wenige oder keine Adjektive enthält, wirkt die Darstellung farblos – so, als hätten die Personen oder Gegenstände gar keine besonderen Eigenschaften.

Tipp

Achte auch auf **Wiederholungen**. Kommt ein Wort in einem Text mehrmals vor, wird es besonders hervorgehoben – vermutlich, weil es eine wichtige Funktion für die Textaussage hat.

Übung 13

Lies den Textausschnitt (Z. 74–105) und bearbeite die Aufgaben.

[…] die Klassenlehrerin betritt den Raum. Ihr Gesicht verrät sofort, dass ich sie genau da getroffen habe, wo ich wollte, ohne sie auch nur berühren zu müssen. Es ist ihre Kaffeemaschine gewesen, die ich aus dem Fenster geworfen habe. Vor zwei Monaten wurde die Maschine geliefert, und die Klassenlehrerin ist durch die Schulflure getänzelt, immer dem unterbezahlten Paketboten hinterher. „Ist sie das?“, haben die anderen Lehrer aufgeregt gefragt und den unterbezahlten Paketboten dabei fast aus dem Gleichgewicht gebracht. Die Klassenlehrerin hat stolz genickt und „Wir müssen uns doch auch mal was Gutes tun“, gesagt. „Das gibt garantiert Pluspunkte für die Beförderung“, hat der Schulsprecher geflüstert.

Die Kaffeemaschine habe ich heute zum ersten Mal zu Gesicht bekommen, denn was Gutes haben sich natürlich nur die Lehrer verdient, für uns Schüler gibt es Kakao aus dem Getränkeautomaten in der Pausenhalle, und für den unterbezahlten Paketboten gab es noch nicht mal ein Trinkgeld.

Die Klassenlehrerin steht neben dem Stuhl, schüttelt fassungslos den Kopf und zischt: „Was fällt dir eigentlich ein?“ Mir fällt gar nichts mehr ein […]

Quelle: Sarah Jäger: Schnabeltier Deluxe, Rowohlt Taschenbuch Verlag, Hamburg, Oktober 2022, S. 7–10

Aufgaben

1. a) Suche im Textauszug oben nach Nomen, Verben und Adjektiven, mit denen die Ich-Erzählerin die Klassenlehrerin beschreibt. Trage diese Wörter in der Grundform in die linke Spalte der Tabelle ein.

   b) Vervollständige anschießend die Tabelle: Suche im ganzen Text (S. 23 f.) nach Wörtern, die sich auf den Schulleiter und den Hausmeister beziehen, und trage sie in die passende Spalte ein.

	Klassenlehrerin	Schuldirektor	Hausmeister
Nomen			
Verben			
Adjektive			

2. Erläutere, wie die Ich-Erzählerin mit der Wortwahl ihre Meinung über einzelne Personen verrät.
   a) Kims Meinung über die Klassenlehrerin:

   b) Kims Meinung über den Schuldirektor:

   b) Kims Meinung über den Hausmeister:

3. Suche im ganzen Romanauszug nach Wörtern, die wiederholt werden. Schreibe sie heraus und ergänze jeweils die Zeilennummern. Erkläre dann, was durch die Wiederholungen hervorgehoben wird.
   Wiederholt werden diese Wörter:

   Hervorgehoben wird dadurch Folgendes:

Satzbau

Auch der Satzbau beeinflusst die Wirkung eines Textes auf die Lesenden:

- **Satzreihen** (aufeinanderfolgende Hauptsätze) sind meist leicht verständlich und sprechen damit ein breites Publikum an. Zugleich klingen sie in der Regel sachlich und nüchtern. Satzreihen ähneln dem mündlichen Sprachgebrauch.

Hinweis: An der Zeichensetzung kannst du nicht unbedingt erkennen, ob es sich bei aufeinanderfolgenden Sätzen um eine Satzreihe handelt. Hauptsätze müssen nämlich nicht durch Punkte beendet werden; sie können auch durch Kommas voneinander getrennt werden. Das wirkt dann wie eine Aufzählung.

- **Satzgefüge** (Verknüpfungen von Haupt- und Nebensätzen) zeigen Zusammenhänge zwischen Teilsätzen an. Sie klingen meist flüssiger als Satzreihen, wirken aber manchmal auch lang und verschachtelt. So können komplizierte Gedanken ausgedrückt werden. Satzgefüge werden überwiegend im schriftlichen Sprachgebrauch verwendet.
- Besonders kühl und distanziert wirkt der Satzbau dann, wenn **kurze Sätze** ohne verbindende Worte aneinandergereiht werden.
- **Ellipsen** (unvollständige Sätze) bringen oft Gefühle zum Ausdruck, wie z. B. Freude oder Schrecken, oder sie spiegeln eine spontane Reaktion der sprechenden Person wider. Häufig kommen Ellipsen im mündlichen Sprachgebrauch vor (Umgangssprache), sie können aber auch in schriftlichen Texten gezielt eingesetzt werden.
- **Ausrufe-** und **Fragesätze** bringen Lebendigkeit in einen Text. Ausrufesätze drücken z. B. Gefühle wie Erstaunen oder Begeisterung aus. Fragesätze können Zweifel oder Unsicherheit anzeigen. Dadurch wird der Leser bzw. die Leserin stärker einbezogen.

Tipp

An der **Position des finiten Verbs** (= gebeugten Verbs) kannst du **am sichersten** erkennen, ob es sich bei einem Satz um einen Hauptsatz oder um einen Nebensatz handelt.
Zwar weist oft auch eine **einleitende Konjunktion** auf einen Nebensatz hin. Aber dieses Erkennungsmerkmal ist **unsicher:** Zum einen gibt es auch Nebensätze, die **nicht** mit einer Konjunktion beginnen (z. B. Relativsätze); zum anderen können auch Hauptsätze mit einer (nebenordnenden) Konjunktion beginnen (z. B. *denn, und, aber*).
Merke, im **Hauptsatz** steht das finite Verb immer **vorn**, im **Nebensatz** dagegen **hinten:**
Du kommst morgen. Das freut mich. (Hauptsätze)
Wenn du kommst, kannst du bei mir übernachten. (Nebensatz, gefolgt von Hauptsatz)

Übung 14

Untersuche den Satzbau in den folgenden Textabschnitten und erläutere, welche Wirkung davon ausgeht.

a) „*Eine Explosion*, hatte ich geschrieben. *Alles ist auseinandergeflogen, und dann ist daraus was Neues entstanden. Schätzungsweise unser Universum. Ist aber nur eine Theorie.* Krach, Lärm, Zerstörung. Genau so muss das damals gewesen sein." (Z. 21–27)

Satzbau: ______________________________

____

Wirkung: ______________________________

____

____

____

b) „Ich schaue mich in seinem Büro um. Aktenordner stehen im Regal, viele Aktenordner, weil Aktenordner immer nach Arbeit aussehen, und in der Ecke des Raums steht eine Zimmerpflanze, die wahrscheinlich vom Hausmeister am Leben gehalten wird, denn der Hausmeister ist der einzige Erwachsene in diesem Gebäude, der noch ein Herz hat." (Z. 52–61)

Satzbau: ______________________________

____

____

____

____

Wirkung: ______________________________

____

____

____

____

____

____

____

Stilistische Mittel

Häufig werden Wörter in einem Text anders verwendet als im normalen Sprachgebrauch. Das ist z. B. bei sprachlichen Bildern der Fall. Sprachbilder kennst du aus dem Alltag, z. B. aus Redewendungen. Statt zu sagen: *„Du hast wohl schlechte Laune"*, könnte man beispielsweise sagen: *„Dir ist wohl eine Laus über die Leber gelaufen."*

Vier häufig gebrauchte Sprachbilder sind diese:

- **Bildhafter Vergleich:** Eine Person oder eine Sache wird mit etwas verglichen, das aus einem ganz anderen Lebensbereich stammt. Bildhafte Vergleiche erkennst du oft an ihrer „Gelenkstelle", z. B. *wie* oder *als ob*.

  Beispiel *Die beiden glichen einander <u>wie</u> ein Ei dem anderen.*
  Es regnete so sehr, <u>als ob</u> die Welt unterginge.

- **Metapher:** Eine Metapher ist eine Art verkürzter Vergleich. Es gibt keine „Gelenkstelle" zwischen dem Sprachbild und der Person/Sache, auf die es sich bezieht, sondern beides wird gleichgesetzt oder miteinander verschmolzen.

  Beispiel *Das Leben ist eine Wüste.* (Gleichsetzung: Leben = Wüste)
  Der Dschungel der Großstadt erschreckte das Mädchen.
  (Verschmelzung: Dschungel als Großstadt)

- **Personifikation:** Einer unbelebten Sache werden Eigenschaften zugesprochen, die normalerweise nur Menschen haben. Dadurch wirkt sie lebendig.

  Beispiel *Der Orkan hat viel Spaß an seinem Tun.*

- **Symbol:** Es bringt einen tieferen Sinn zum Ausdruck. Einige Symbole sind allgemein bekannt, z. B. das Herz als Symbol der Liebe. Es gibt auch Texte, die in ihrer Gesamtheit einen symbolischen Sinn haben.

  Beispiel

  Bei Gedichten, in denen vom *Herbst* die Rede ist, steht die *Jahreszeit Herbst* oft symbolisch für die *späte Lebensphase eines Menschen.*

Tipp

Auch hier genügt es nicht, zu sagen, dass ein bestimmtes Sprachbild in einem Text vorkommt; du musst erklären, welche **Wirkung** davon ausgeht: Ist es ein schönes Bild? Oder ein düsteres?

Hinweis: Einen Überblick über weitere wichtige Stilmittel findest du ab S. 43.

Übung 15

Im Romanauszug „Schnabeltier Deluxe" von Sarah Jäger (S. 23 f.) ist dreimal die Rede von einer Zimmerpflanze.

a) Unterstreiche diese drei Textstellen.

b) Erkläre die Unterschiede im Gebrauch des Wortes „Zimmerpflanze" und erläutere jeweils den Sinn.

In der Prüfung zielt eine Teilaufgabe auf die Untersuchung der **sprachlichen Mittel** ab. Gehe bei der Bearbeitung so vor:

Schritt für Schritt

Die sprachlichen Mittel analysieren

Arbeitsschritt 1 Lies die **Aufgabenstellung** genau. In der Teilaufgabe ist dir vorgegeben, welche **sprachlichen Aspekte** du untersuchen sollst und welche **Absicht** damit zum Ausdruck kommen soll.

Arbeitsschritt 2 Lies den Text genau. **Markiere** dabei die **sprachlichen Mittel**, achte besonders auf Wortwahl, Satzbau und stilistische Mittel. Mache dir auch **Randnotizen** zur **Wirkung** der sprachlichen Mittel, die du erkannt hast.

Arbeitsschritt 3 Wähle nun die sprachlichen Mittel aus, die zur Aufgabenstellung passen, und lege eine **Reihenfolge** fest. Bemühe dich dabei um einen **steigernden Aufbau:** Beginne mit einer Aussage, die eher offensichtlich ist, und setze die anspruchsvollste an den Schluss. Für eine sinnvolle Abfolge kannst du auch überlegen, welche Aussagen sich aufeinander beziehen, sodass sich gut **Überleitungen** herstellen lassen.

Arbeitsschritt 4 Formuliere zu jedem sprachlichen Mittel, auf das du eingehen willst, einen **vollständigen Absatz**.

Beispiel

Sprachliche Mittel	**Wortwahl** • „die Klassenlehrerin ist durch die Schulflure getänzelt“ (Z. 82 f.) → wirkt lächerlich; Ich-Erzählerin kann ihre Klassenlehrerin nicht leiden • ...

Tipp

Gestalte deine Absätze zur Sprachanalyse so: Beginne mit einer Aussage zu einer **sprachlichen Besonderheit** des Textes, z. B. zur Wortwahl. Zitiere danach eine Textstelle als **Beleg**. Zum Schluss äußerst du dich zur **Wirkung** dieser Textstelle, indem du erklärst, was man daran erkennen kann.

Beispiel

Schon an der Wortwahl kann man erkennen, dass die Ich-Erzählerin ihre Klassenlehrerin nicht leiden kann. Als sie daran denkt, wie die Kaffeemaschine geliefert wurde, beschreibt sie das Verhalten der Lehrerin so: „[. . .] die Klassenlehrerin ist durch die Schulflure getänzelt“ (Z. 82 f.). Indem sie hier das Verb „tänzeln“ benutzt, um ihren Gang zu beschreiben, gibt sie zu verstehen, dass sie ihre Lehrerin lächerlich findet.

Um die Wortwahl genauer zu beschreiben, solltest du dich noch auf weitere Textstellen beziehen. Ähnlich gehst du vor, um dich zu anderen sprachlichen Besonderheiten, z. B. zum Satzbau, zu äußern.

Übung 16

Bearbeite die Teilaufgabe 5 der Musterprüfung (→ Heft).
Orientiere dich an deinen Vorarbeiten in den Übungen 13–15.

Musterprüfung

Analysiere den Textauszug aus dem Roman „Schnabeltier Deluxe“ von Sarah Jäger.

Gehe dabei so vor:

...

- Untersuche, wie durch sprachliche Mittel die Stimmung der Ich-Erzählerin zum Ausdruck kommt *(mögliche Aspekte: Wortwahl, Satzbau, stilistische Mittel)*.

...

Auf einen Blick

Wie du Besonderheiten der sprachlichen Gestaltung erkennst	
Wortwahl	Gibt es Wörter, die bestimmte Vorstellungen oder Assoziationen hervorrufen: positiv, sachlich-neutral oder eher negativ?
Satzbau	Achte auf den Fluss der Sprache. Klingen die Sätze ruhig und harmonisch oder wirken sie unterkühlt oder gar verstörend?
Sprachbilder	Welche sprachlichen Bilder sind vorhanden und welche Wirkung geht von ihnen aus: eine eher angenehme oder unangenehme?
Gesamtwirkung	Stelle einen Zusammenhang zwischen der sprachlichen Gestaltung und dem Inhalt her: Passt die Sprache zum Inhalt oder wirkt sie eher unpassend?

4.5 Einen Text aus der Sicht einer Figur verfassen

In der letzten Teilaufgabe deines Prüfungsaufsatzes musst du entweder zu einer Aussage zum Text **Stellung beziehen** oder einen kurzen **Text aus der Sicht einer Figur** verfassen. Wie du eine Stellungnahme schreibst, erfährst du im Kapitel 5.5 ab S. 74. Im Folgenden wird dir gezeigt, wie du vorgehen kannst, um die Sicht einer bestimmten Person einzunehmen und deren Gedanken und Gefühle darzustellen.

Eine solche **produktiv-kreative Schreibaufgabe** verlangt von dir, dass du auf der Grundlage des Originaltextes einen neuen Text schreibst. Du sollst die **Perspektive einer der beteiligten Figuren** einnehmen und dich aus ihrer Sicht schriftlich äußern. Hinsichtlich Form und Sprache musst du dich an der **Textsorte** und an der **Schreibsituation** orientieren, die dir in der Aufgabenstellung vorgegeben sind. In der Prüfung wird in der Regel verlangt, dass du die Gedanken einer Figur niederschreibst. Diese Textsorte heißt „innerer Monolog“.

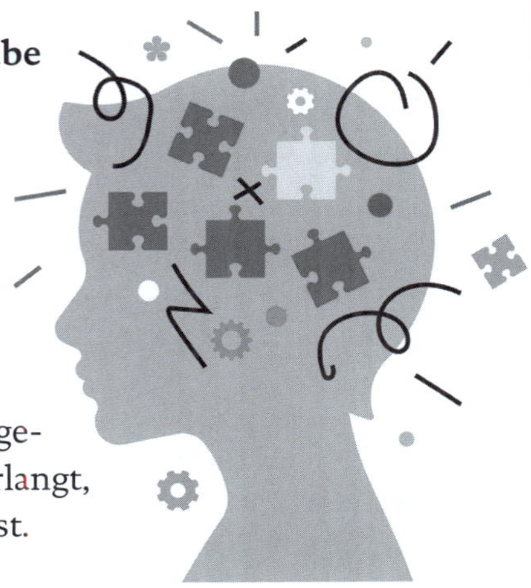

Die wichtigsten Merkmale eines **inneren Monologs** sind:

Auf einen Blick

Innerer Monolog	
Schreiber*in	Der innere Monolog wird in der Regel von einer Figur aus einem literarischen Text verfasst, in die man sich hineinversetzen muss; evtl. auch von einer Person, die das Geschehen des Originaltextes beobachtet.
Adressat*in	Die Person, die einen inneren Monolog schreibt, richtet den Text an sich selbst. Es handelt sich um eine Art Selbstgespräch.
Thema	Oft werden Erinnerungen an ein emotionales Erlebnis oder Gedanken an eine ungeklärte Situation thematisiert.
Ziel	Die Figur verarbeitet damit ihre Gedanken und Gefühle.
Aufbau	Der Einstieg erfolgt meist unmittelbar, ohne Einleitung. Das Ende bleibt offen und ist oft in die Zukunft gerichtet.
Form und Sprache	Der innere Monolog wird in der 1. Person Singular verfasst (Ich-Form). Gedanken und Gefühle werden so wiedergegeben, wie sie der Person in den Sinn kommen: spontan und teilweise ungeordnet. Unvollständige Sätze, Fragen, Ausrufe und Umgangssprache sind erlaubt. Auslassungspunkte oder Gedankenstriche kennzeichnen Gedankensprünge. Es werden keine Anführungszeichen gesetzt.
Tempus	Die Gedanken und Gefühle der Figur stehen in der Regel im Präsens. Über Vergangenes wird im Perfekt (oder im Präteritum) berichtet.

Als Erstes musst du die Aufgabenstellung genau durchdenken. Frage dich:

- Aus wessen **Sicht** soll ich den Text schreiben?
  Um wen handelt es sich bei der Figur, aus deren Sicht der Text verfasst werden soll: Wer ist sie? Was hat sie erlebt? Was bewegt sie? Was will sie erreichen? Was glaubt sie, wie es für sie weitergehen wird?
- Um welches **Thema** geht es?
  Welche Informationen vermittelt der Text über die **Situation**, in der sich die Figur befindet? Hast du einmal etwas Ähnliches erlebt? Versuche, dich daran zu erinnern, wie du dich dabei gefühlt hast. Das hilft dir, dich in die Person hineinzuversetzen.
- Welche **Sprache** passt zur schreibenden Person?
  Falls du aus der Perspektive einer jugendlichen Figur schreibst, darfst du gelegentlich auch jugendsprachliche Ausdrücke verwenden. (Übertreibe es aber nicht!) Sollst du dich in eine ältere Person hineinversetzen, musst du darauf verzichten und deine Sprache entsprechend anpassen.

Tipp

> Auch bei produktiv-kreativen Schreibaufgaben solltest du dich unbedingt **am Text orientieren**, denn deine Darstellung muss stimmig sein und **genau dazu passen**. Das gilt sowohl für die **Sprache** als auch für den **Inhalt**. Schreibe nichts, was dem Text widerspricht! Erfinde z. B. kein Happy End, wenn der Originaltext das nicht nahelegt.
> Trotzdem musst du auch deine **Fantasie** spielen lassen und deinen Text durch dein **Erfahrungswissen** anreichern. Überlege, was sich über die schreibende Person glaubhaft hinzuerfinden lässt. Denke dir passende Einzelheiten aus.

Gehe bei der Bearbeitung so vor:

Schritt für Schritt

Einen inneren Monolog schreiben

Arbeitsschritt 1	Lies den Text noch einmal durch und kennzeichne dabei alle Stellen, die etwas über die **Gedanken und Gefühle** der Figur verraten. Am besten verwendest du dabei eine besondere Farbe, damit du deine Markierungen nicht mit denen verwechselst, die du schon vorher vorgenommen hast.
Arbeitsschritt 2	Vergleiche ihre Vorstellungen und Wünsche mit denen anderer Personen. Überlege, wo es **Konflikte** gibt. Das sind genau die Inhalte, die den Gedankenablauf der Figur bestimmen.
Arbeitsschritt 3	Nutze deine Vorüberlegungen, um einen **Schreibplan** zu erstellen. Es genügt, wenn du drei oder vier Ideen notierst.

Beispiel

So könnte ein möglicher Schreibplan aussehen:

Kims Gedanken und Gefühle

Rückblick auf ihr Verhalten
- erinnert sich noch einmal an das, was sie getan hat → ist zufrieden
- überlegt, was ihre Mutter dazu sagen wird
- bekommt Zweifel, ob ihre Rache vielleicht doch übertrieben war

Ausblick auf ihre Strafe
- tröstet sich damit, dass Strafe nicht schlimmer ausfallen wird als sonst

Tipp

Ein innerer Monolog soll zwar ungeordnet wirken – sodass der Eindruck entsteht, du würdest die **Gedanken der Figur** genauso darstellen, wie sie ihr in den Sinn kommen. Aber dein Text darf trotzdem nicht chaotisch sein. Eine gewisse **Planung** beim Schreiben ist nötig.

Beispiel

So könnte ein innerer Monolog beginnen:

Der habe ich es heute aber gezeigt! Verdient hat sie es. So eine schreckliche Lehrerin! – Sie war ja so stolz auf ihre blöde Kaffeemaschine. Wenn ich nur daran denke, wie peinlich sie sich benommen hat, als die geliefert wurde ...

Übung 17

Bearbeite die Teilaufgabe 6 der Musterprüfung (→ Heft).

Musterprüfung

Analysiere den Textauszug aus dem Roman „Schnabeltier Deluxe“ von Sarah Jäger.

Gehe dabei so vor:

...

- Schreibe einen kurzen Text aus der Sicht der Ich-Erzählerin. Beschreibe darin die Gedanken und Gefühle, die ihr durch den Kopf gehen, nachdem sie das Büro des Schuldirektors verlassen hat. Gehe auf diese Fragen ein:
  - Wie beurteilt Kim im Rückblick ihr Verhalten?
  - Was denkt sie über die Strafe, die sie zu erwarten hat?

  Schreibe in der Ich-Form. Berücksichtige die Informationen, die der Textauszug gibt.

Hinweis: Wenn du deine Lösungen zu den Übungen 9, 12, 16 und 17 zusammennimmst, ergibt sich die komplette Lösung zur Musterprüfung auf S. 24. Eine vollständige Musterlösung findest du auch im Lösungsband ab S. 17.

Tipp

Versuche zwischen den Teilaufgaben jeweils auch Überleitung zu formulieren, damit sich insgesamt ein zusammenhängender Aufsatz ergibt.

Interaktive Aufgaben: Ein Gedicht analysieren

4.6 Gedichte analysieren und interpretieren

Im Wahlthema 1 des zweiten Prüfungsteils kann dir auch ein Gedicht vorgelegt werden. In diesem Kapitel lernst du, was du bei der Analyse und Interpretation von Gedichten beachten musst.
Gedichte sind besonders kunstvoll gestaltete Texte. Man erkennt sie gleich an ihrer **Form:** Die Zeilen sind verkürzt (**Verse**) und mehrere Verse sind jeweils zu Blöcken (**Strophen**) zusammengefasst. Gedichte sind oft nicht einfach zu verstehen. Darauf weist schon das Wort „Gedicht" hin: Die Aussagen sind so stark verdichtet, dass es einiger Mühe bedarf, den Sinn zu erfassen.

Tipp

> Wer im Gedicht „spricht", also bestimmte Gedanken oder Gefühle äußert, ist *nicht* der Autor oder die Autorin, sondern eine ausgedachte Stimme (wie der Erzähler bei epischen Texten). Bei Gedichten verwendet man dafür den Begriff **„lyrisches Ich"** oder **„lyrischer Sprecher"**.

In der Prüfungssituation liegt der Vorteil eines Gedichts oft in seiner **überschaubaren Länge**. Außerdem kann man gerade beim Untersuchen von Gedichten **planmäßig vorgehen**. Wenn du die entscheidenden Merkmale kennst, kannst du dich dem **tieferen Sinn** Stück für Stück nähern.

Schritt für Schritt

Ein Gedicht untersuchen

Arbeitsschritt 1	Überfliege den Gedichttext einmal. **Bestimme** danach das **Thema** zunächst ganz allgemein (*Frühling? Leben in der Stadt? Liebe? Krieg?*).
Arbeitsschritt 2	Lies das Gedicht noch einmal genau und stelle dir die folgenden Fragen: *Wer **spricht**? Gibt es ein lyrisches Ich? Wird jemand direkt **angesprochen** (ein Du oder Ihr)? Oder richtet der lyrische Sprecher diese Worte an sich selbst?*
Arbeitsschritt 3	Überlege, was den lyrischen Sprecher veranlasst, sich diese Gedanken zu machen. Bestimme seine **Situation** und sein **Motiv**.
Arbeitsschritt 4	Gehe **jede Strophe einzeln** durch. Lies Satz für Satz ganz genau. Frage dich jeweils: *Welche Bedeutung hat diese Aussage (in Bezug auf die Gedanken des lyrischen Sprechers)?* Textstellen, die dir unklar sind, kennzeichnest du am Rand mit **?**.
Arbeitsschritt 5	Denke darüber nach, wie die einzelnen **Aussagen zusammenhängen**. Frage dich z. B.: *Ist die Aussage als Grund zu verstehen? Oder als Bedingung? Gibt es wiederkehrende Gedanken? Findet eine Entwicklung statt?*
Arbeitsschritt 6	Gelange zu einem **Ergebnis**. Präzisiere das Thema, das du anfangs nur allgemein bestimmt hast. Frage dich: *Was genau bringt der lyrische Sprecher zum Ausdruck: einen Wunsch, eine Klage, Kritik, einen Appell?*

Hinweis: Es geht hier zunächst um das Erfassen des **Sinns**. Hinweise zu **Form und Sprache** von Gedichten findest du ab Seite 51.

Tipp

> Eine besondere Art von Gedicht ist die **Ballade**. Meist haben Gedichte einen lyrischen Sprecher, der seine Gedanken und Gefühle äußert. In Balladen dagegen wird eine **Geschichte** erzählt. Fast alle Balladen zeichnen sich außerdem dadurch aus, dass sie **wörtliche Rede** enthalten. So wirkt die Darstellung nicht nur anschaulich, sondern geradezu dramatisch.

Übung 18

Lies das Gedicht „Septemberliches Lied vom Storch" von Günter Eich und bearbeite dann die Aufgaben.

Günter Eich: Septemberliches Lied vom Storch

Die Sonne brennt noch überm Luch[1],
vom Grummet[2] weht der Grasgeruch,
die Beere kocht im Brombeerschlag[3],
und lang noch steht die Sonn' im Tag.

Er aber glaubt nicht mehr ans Jahr,
der auf dem First zu Hause war.
Nach Süden schwang sein Flügelschlag
und lang noch steht die Sonn' im Tag.

Die Frösche quarren[4] doppelt hell,
die Maus zeigt unbesorgt ihr Fell.
Der ihnen auf der Lauer lag,
er schwang sich fort vor Tau und Tag.

Obgleich noch wie im Sommerwind
die Spinne ihre Fäden spinnt,
die Mücke tanzt im Weidenhag[5],
und lang noch steht die Sonn' im Tag.

Quelle: Günter Eich: Septemberliches Lied vom Storch.
In: W. Höllerer: Ausgewählte Gedichte. Suhrkamp Verlag: Frankfurt am Main 1960

Anmerkungen
1 *Luch:* Wiesenfläche im Moor
2 *Grummet:* Heu
3 *Brombeerschlag:* eine Ecke im Garten, wo nur Brombeerbüsche wachsen
4 *quarren:* quaken
5 *Weidenhag:* Weidengebüsch

Aufgaben

1. Bestimme das Thema des Gedichts.
Stichworte genügen.

____

2. Wessen Sicht vermittelt der lyrische Sprecher?
Kreuze die passende Aussage an.

Er vermittelt die Sicht …

- [ ] des Storchs.
- [ ] anderer Tiere.
- [ ] eines nachdenklichen Beobachters.
- [ ] eines gleichgültigen Beobachters.

3. Was für eine Situation beschreibt der lyrische Sprecher? Beziehe dich auf die Jahreszeit und auf die Stimmung. Formuliere dazu zwei Sätze.

4. Fasse die Beobachtungen des lyrischen Sprechers knapp zusammen. Gehe auf jede Strophe einzeln ein.

   Strophe 1:

   Strophe 2:

   Strophe 3:

   Strophe 4:

5. Worauf bezieht sich das Personalpronomen „er" in Vers 5? Stichworte genügen.

6. Die letzte Strophe beginnt mit der Konjunktion „obgleich" (V. 13). Worin besteht der Einwand, der damit zum Ausdruck kommt? Schreibe zwei Sätze, um diese Frage zu beantworten.

   Zwar

   Aber

7. Formuliere ein Ergebnis. Stelle in vier oder fünf Sätzen dar, was der lyrische Sprecher mit dem Gedicht zum Ausdruck bringt.

Formmerkmale von Gedichten untersuchen

Digitales Glossar: Begriffe nachschlagen

Jedes Gedicht besteht aus einer Gruppe von **Versen**, die zu **Strophen** zusammengefasst sind. Das ist das erste Formmerkmal, das einem beim Lesen auffällt.

Reime erkennen

Beim Blick auf die Versenden stellt man oft fest, dass sich zwei (oder mehr) Verse **reimen**. Ein Reim entsteht durch den Gleichklang der Versenden. Es gibt auch sogenannte „unreine Reime“: hier klingen die Versenden nur ungefähr gleich.

Beispiel

Wilhelm Busch: Der Esel

Es stand vor eines Hauses T**or**
Ein Esel mit gespitztem **Ohr**, } reiner Reim
Der käute sich sein Bündel H**eu**
Gedankenvoll und still entzw**ei**. } unreiner Reim

Tipp

Am besten bestimmst du das **Reimschema**, indem du jeden Reim mit einem Buchstaben kennzeichnest. Bei der Strophe aus Wilhelm Buschs Gedicht „Der Esel“ sieht das so aus: *aabb*.

Auf einen Blick

Die häufigsten Reimschemas			
Paarreim	Es reimen sich zwei aufeinanderfolgende Verse; sie bilden ein „Paar“.	**aabb**	*Sonne, Wonne, Mut, Glut*
Kreuzreim	Die Verse reimen sich über Kreuz.	**abab**	*Reise, fragen, weise, sagen*
Umarmender Reim	Zwei sich reimende Verse werden eingerahmt von zwei Versen, die sich ebenfalls reimen.	**abba**	*Boot, lachen, machen, rot*

Übung 19

Bestimme das Reimschema des Gedichts „Septemberliches Lied vom Storch“ von Günter Eich (S. 49). Stichworte genügen.

___

___

Das Versmaß bestimmen

Den meisten Gedichten liegt ein bestimmter Takt, das **Metrum** (Plural: Metren) oder **Versmaß**, zugrunde. Es ergibt sich durch eine regelmäßige Abfolge von betonten und unbetonten Silben. Betonte Silben nennt man auch **Hebungen**.
Um das Metrum eines Gedichts zu bestimmen, solltest du den Text **laut lesen**. Achte beim Lesen darauf, welche Silben du betonst. Anschließend kennzeichnest du in jedem Vers die betonten und unbetonten Silben mit unterschiedlichen Zeichen, z. B. mit ´ für betont und mit ˘ für unbetont.

Tipp

Nicht immer zieht sich das zugrunde liegende Metrum **durchgängig** durch das ganze Gedicht. In einem solchen Fall musst du herausfinden, welches Versmaß – trotz einiger Abweichungen – die Grundlage bildet. Versuche, Regelmäßigkeiten zu finden.

Auf einen Blick

Die häufigsten Metren		
Jambus	Zweiertakt: erste Silbe unbetont, zweite Silbe betont	*Fĭgúr, Păpíer, Vĕrstéck*
Trochäus	Zweiertakt: erste Silbe betont, zweite Silbe unbetont	*Sónnĕ, Blúmĕ, lésĕn*
Daktylus	Dreiertakt: erste Silbe betont, zwei folgende Silben unbetont	*Málĕrĭn, Héilĭgĕr, Éitĕlkĕit*
Anapäst	Dreiertakt: erste zwei Silben unbetont, letzte Silbe betont	*Zăubĕréi, Părădíes, Dĭămánt*

Übung 20 Bestimme das Versmaß im Gedicht „Septemberliches Lied vom Storch“ (S. 49).

____

____

Tipp

Am häufigsten kommt der **Jambus** vor. Es empfiehlt sich also, bei einem Gedicht als Erstes zu prüfen, ob das Metrum ein Jambus ist. Der Anapäst hingegen taucht sehr selten auf.

Hinweis: Moderne Gedichte haben oft kein Metrum, sondern sind in **freien Rhythmen** verfasst. In der Regel gibt es auch **keine Reime**. Trotzdem handelt es sich um Gedichte. Das ist zum Beispiel an den verkürzten Zeilen (Versen) erkennbar.

Inhalt und Form zusammenführen

Auch bei einem Gedicht kommt es vor allem auf den **Sinn** an. Du solltest also nicht den Fehler machen, dich nur auf die Form zu konzentrieren. Es genügt auch nicht, Formmerkmale eines Gedichtes nur zu benennen. Du musst immer auch erläutern, welche **Wirkung** von ihnen ausgeht. Dasselbe gilt für die sprachlichen Besonderheiten.
Hilfreich ist oft die Frage, ob die Form zum Inhalt passt oder nicht:

- **Harmonie + Harmonie:** Der Inhalt ist harmonisch, und die Form ist regelmäßig gestaltet.
- **Disharmonie + Disharmonie:** Der Inhalt ist verstörend bzw. wirkt nicht harmonisch und die Form weist keine oder nur wenige Regelmäßigkeiten auf.

} Inhalt und Form passen zusammen.

- **Disharmonie + Harmonie:** Der Inhalt ist verstörend bzw. wirkt nicht harmonisch. Trotzdem ist die Form ganz regelmäßig gestaltet.
- **Harmonie + Disharmonie:** Der Inhalt ist harmonisch, die Form ist aber unregelmäßig gestaltet.

} Inhalt und Form passen nicht zusammen.

Tipp

Wenn die Form (und ggf. Sprache) die Stimmung unterstreicht, die in einem Gedicht zum Ausdruck kommt, dann **passen** formale Darstellung und Inhalt **zusammen**. Das Gedicht strahlt dann einen **Gleichklang** aus: Entweder wirkt beides positiv (ruhig, fröhlich, feierlich, hoffnungsvoll …) – oder beides wirkt negativ (kühl, dunkel, traurig, trostlos, hart, grausam …).

Wenn Inhalt und Form **nicht zusammenpassen**, hat das einen **Grund**! Die Lesenden sollen auf die „Störung" aufmerksam werden und überlegen, warum es diese **Unstimmigkeit** gibt.

Übung 21

Bestimme den Zusammenhang zwischen Inhalt und Form des Gedichts „Septemberliches Lied vom Storch" (S. 49). (→ Heft)

Gehe so vor:

- Fasse kurz zusammen, worum es geht und wie der Inhalt wirkt. (1–2 Sätze)
- Beschreibe die Form des Gedichts. (4–5 Sätze)
  Tipp: Bedenke, dass in der Überschrift von einem „Lied" die Rede ist.
- Triff zum Schluss eine Aussage über die Wirkung des Zusammenspiels von Inhalt und Form. (2–3 Sätze)

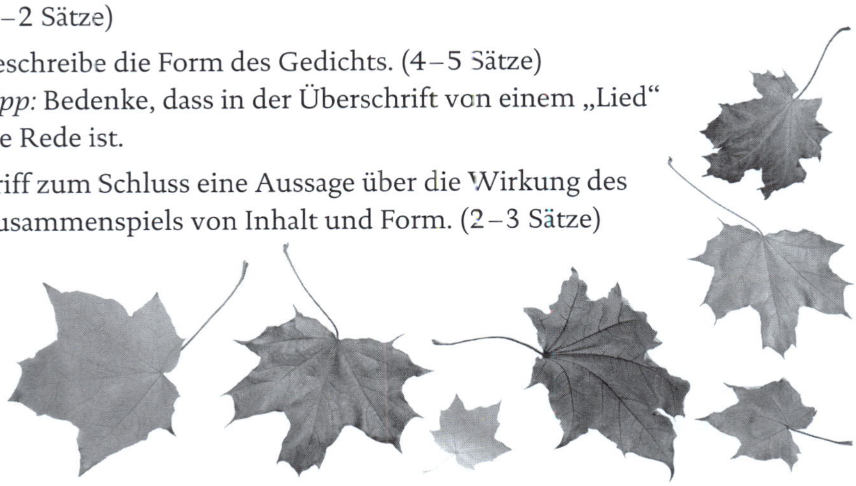

Auf einen Blick

Gedichte verstehen und untersuchen	
Thema	Bestimme allgemein, womit sich der lyrische Sprecher befasst.
Stimmung	Überlege, welche Atmosphäre im Gedicht zum Ausdruck kommt.
Lyrischer Sprecher	Frage dich, in welcher Situation sich der lyrische Sprecher befindet und was ihn bewegt *(Was ist sein Motiv?)*.
Adressat/Adressatin	Beziehe auch mit ein, an wen der lyrische Sprecher seine Worte richtet: an sich selbst, an eine (vertraute) Person, an die Leserschaft?
Form	Beschreibe die Anzahl der Strophen und Verse, das Reimschema und das Metrum. Überlege, welche Wirkung durch diese Formmerkmale erreicht wird.
Aussage	Gehe Strophe für Strophe durch und denke über die jeweilige Bedeutung nach. Stelle abschließend einen Zusammenhang zwischen Form und Inhalt her und triff eine Aussage über die Gesamtwirkung des Gedichts.

Die Inhaltsangabe bei Gedichten

In einem Gedicht stellt ein lyrischer Sprecher kunstvoll verdichtet seine Gedanken und Gefühle dar. Es wird also in der Regel keine Geschichte erzählt, deren Handlungsverlauf man wiedergeben könnte (Ausnahme: Ballade, vgl. S. 48). Deshalb erscheint es auf den ersten Blick ziemlich schwierig, den Inhalt eines Gedichts zusammenzufassen. Bei genauer Betrachtung ist das aber ganz einfach.

Schritt für Schritt

Den Inhalt eines Gedichts zusammenfassen

Arbeitsschritt 1 — In der Einleitung nennst du auch hier die **Textsorte** (Gedicht), den **Titel**, den **Dichter**/die **Dichterin** und das **Erscheinungsjahr**. Das **Thema** benennst du, indem du sagst, worüber sich der lyrische Sprecher **Gedanken** macht. Du kannst dich auch schon zu **wesentlichen Formmerkmalen** äußern (Anzahl der Strophen und der Verse je Strophe).

Arbeitsschritt 2 — Anschließend rekonstruierst du den Gedankengang des lyrischen Sprechers. Wenn das Gedicht aus mehreren Strophen besteht, nimmst du dir am besten **jede Strophe einzeln** vor. Gehe jeweils kurz auf die Gedanken oder die Zustände ein, die der lyrische Sprecher dort zum Ausdruck bringt.

Arbeitsschritt 3 — Zum Schluss kannst du dich dazu äußern, wie das Gedicht auf die Lesenden wirkt, z. B. indem du sagst, welche **Stimmung** darin zum Ausdruck kommt.

Beispiel

Eine Inhaltsangabe zu dem Gedicht „Septemberliches Lied vom Storch“ (S. 49) könnte so anfangen:

Das Gedicht „Septemberliches Lied vom Storch“ von Günter Eich, veröffentlicht 1960, besteht aus vier Strophen zu je vier Versen. Der lyrische Sprecher beschreibt darin eine idyllische Situation in der Natur, die sich am Anfang des Herbstes zeigt: Zwar naht bereits die kalte Jahreszeit, aber da die Sonne noch fast so hell und warm scheint wie im Sommer, entsteht ein trügerischer Eindruck. Das ist auch am Verhalten der Tiere zu erkennen.
Der Storch hat bereits gespürt, dass der Sommer vorbei ist, und den Flug nach Süden angetreten. Die anderen Tiere aber genießen die letzten Sonnenstrahlen. Dank der Abwesenheit des Storches ist dies gefahrlos möglich. …

Tipp

Bei mehrstrophigen Gedichten solltest du darauf achten, dass deine Aussagen zu den einzelnen Strophen **nicht alle gleich anfangen:** *In der ersten Strophe … In der zweiten Strophe …* usw. Bringe **Abwechslung** in deine Formulierungen, z. B. so: *In der ersten Strophe äußert der lyrische Sprecher seine Gedanken zu … Anschließend wendet er sich … zu …*

Übung 22 Schreibe eine Inhaltsangabe zum Gedicht „Septemberliches Lied vom Storch“ (S. 49). (→ Heft)
Du kannst die Einleitung aus dem Beispiel oben verwenden.

Die Gedichtanalyse

Grundsätzlich gehst du bei der Analyse eines Gedichts so vor wie bei der Analyse einer Erzählung. Beachte aber diese **Besonderheiten:**

- Erkunde zunächst die **Situation** und die **Haltung des lyrischen Sprechers:**
  - Gibt er sich als lyrisches Ich zu erkennen oder bleibt er eher im Hintergrund?
  - Zu wem spricht er: Zu sich selbst? Zu einem Gegenüber? Zu den Leserinnen und Lesern?
  - Welche Situation beschreibt er?
- Äußere dich zu den **Gedanken und Gefühlen** des lyrischen Sprechers. Versuche, eine Verbindung zur dargestellten Situation herzustellen.
- Berücksichtige die **Formmerkmale**. Dabei geht es vor allem um die Frage, wie regelmäßig das Gedicht gestaltet ist (z. B. Reime, Metrum).
- Gerade bei Gedichten spielen **Sprachbilder** und **Stilmittel** (vgl. S. 43 f.) eine wichtige Rolle. Überlege, wie diese wirken: harmonisch oder irritierend, fröhlich oder traurig?

Tipp

Wie bei der Analyse eines epischen Textes musst du dich auch hier immer fragen, **wie die Darstellung** (Form und Sprache) **wirkt** und wie sie sich **zum Textinhalt verhält:** *Unterstreicht sie die Stimmung des Gedichts? Welche Inhalte werden durch sie hervorgehoben?* usw.

Beispiel

Bei dem Gedicht „Septemberliches Lied vom Storch" gibt es im Großen und Ganzen einen Gleichklang zwischen dem Inhalt einerseits und Form und Sprache andererseits. Die Stimmung, die das Gedicht ausstrahlt, ist ruhig und harmonisch: Derjenige, der früher für Gefahr gesorgt hat – der Storch – ist verschwunden. So haben die anderen Tiere ihre Ruhe und können unbesorgt die Sonne genießen. …

Tipp

Songtexte gehören übrigens ebenfalls zu den Gedichtexten, auch sie sind in Strophen und Versen verfasst. Verfahre bei der Analyse eines Liedtextes genauso wie bei einer Gedichtanalyse.

Übung 23

Analysiere das Gedicht „Septemberliches Lied vom Storch" (S. 47). (→ Heft) Als Anfang kannst du das Beispiel oben verwenden.

Interaktive Aufgaben: Informationen ermitteln, vergleichen und bewerten

5 Informationen ermitteln, vergleichen und bewerten

Beim diesem Aufgabentyp musst du Informationen aus drei bis fünf Materialien ermitteln, vergleichen und bewerten. Dazu schreibst du einen längeren, zusammenhängenden Text.

Bei den **Materialien**, die dir vorgelegt werden, handelt es sich ...

- um verschiedene Arten von **Texten:** häufig Sachtexte wie Berichte, Reportagen oder Interviews, aber auch andere Textsorten wie Briefe, Zitate usw. sind möglich;
- sowie um **Grafiken:** beispielsweise Tabellen, Diagramme und Schaubilder.

Diese Materialien sollst du in Bezug auf bestimmte Aspekte **vergleichen**, sie **deuten** und **bewerten**. Es kann sowohl nach dem **Inhalt** gefragt werden als auch nach der **Darstellung**.
Was genau du zu tun hast, ist durch die Teilaufgaben der Aufgabenstellung vorgegeben. Die einzelnen **Arbeitsanweisungen** (Operatoren) sagen dir, auf welche Weise du dich schriftlich äußern sollst (z. B. *Erkläre ... Vergleiche ...*).

Tipp

> Die Verben in der Aufgabenstellung, die dir verraten, was du tun sollst, heißen **Operatoren**. Eine Übersicht über die häufigsten Operatoren bei diesem Aufgabentyp findest du auf S. 60.

Der erste Schritt besteht immer darin, die Materialien gründlich zu lesen. Anschließend bearbeitest du die Teilaufgaben in der vorgegebenen Reihenfolge. Folgendes wird dabei in der Regel von dir verlangt:

- Zunächst sollst du das gemeinsame **Thema** der Materialien benennen.
- Danach musst du **Informationen** aus bestimmten Materialien **zusammenfassen**.
- Nun sollst du die **Aussagen** bestimmter Materialien **in eigenen Worten** darstellen und sie in Bezug auf die Positionen, die darin vertreten werden, **vergleichen**.
- Zum Schluss **nimmst** du **Stellung** zu einer Aussage zu den Materialien und **begründest** deine Meinung mit Textbelegen.

Auf der nächsten Seite findest du eine Materialsammlung, wie sie auch in der Prüfung vorkommen könnte. Lies dir die Materialien und die anschließende Musterprüfung gut durch.

M 1 a: Ist Veganismus nur ein Lifestyle-Trend?

[…] Der Veganismus ist eine Einstellung, die aus dem Vegetarismus entstanden ist. Vegan Lebende gliedern sich in zwei Gruppen: Die einen meiden alle Nahrungsmittel tierischen Ursprungs, also nicht nur Fleisch und Fisch, sondern auch Milchprodukte, Eier usw. Die anderen meiden die gesamte Nutzung tierischer Produkte. Sie tragen beispielsweise keine Kleidung aus Leder oder Schurwolle und versuchen den Gebrauch und Konsum jeglicher Produkte zu vermeiden, für deren Herstellung Tiere oder deren Erzeugnisse verwendet wurden.

Längst ist der vegane Lebensstil nicht mehr nur als Randerscheinung zu registrieren. Zunehmend mehr Menschen haben sich für die erstere Variante entschieden und verzichten auf den Verzehr von Nahrungsmitteln tierischen Ursprungs. In den letzten Jahren hat sich der Veganismus geradezu zu einem „Trend“ entwickelt. Immer mehr Leute springen auf den Zug mit auf, stellen ihre Ernährung um und bekennen sich öffentlich dazu, ab jetzt vegan zu leben. […]

Neben Gründen der Tierethik[1] und des Umweltschutzes ist vor allem das Gesundheitsbewusstsein als Argument vieler Veganer in den letzten Jahren in den Vordergrund gerückt. Wer tierische Produkte meidet und stattdessen mehr Gemüse, Obst, gute Fette und Kohlenhydrate zu sich nimmt, bekommt seltener Diabetes, senkt das Risiko für Herzerkrankungen und das für Krebs. […]

Die starke Verbreitung des Veganismus in den letzten Jahren ist vor allem auf zwei Entwicklungen zurückzuführen: Zum einen auf die sozialen Medien und zum anderen auf oftmals erschütternde Dokus[2], die der Fleisch und Fisch im Überfluss verzehrenden Gesellschaft einen Spiegel vorhalten und indirekt dazu auffordern, den bisherigen, gewohnten Konsum zu überdenken. […]

Auf *Facebook* und *YouTube* machen regelmäßig Schauervideos die Runde: Meist sind es Aufnahmen diverser Tierschützer und Aktivisten, die sich Zugang zu Massentierhaltungsbetrieben und ähnlichen Einrichtungen verschaffen. Dort halten sie die oftmals gegen deutsche Tierschutzgesetze verstoßenden Bedingungen auf Video fest, um nichtsahnende Konsumenten aufzuklären. […]

Aber auch explizite Dokumentationen, die sich dem Thema widmen und es näher beleuchten, tragen ihren Teil dazu bei. […] Die Dokumentation „Cowspiracy“[3] geht der Frage auf den Grund, warum die Tatsache, dass die Viehzucht und Landwirtschaft dem Klima in immenser Weise schaden, im öffentlichen Bewusstsein quasi inexistent[4] ist. Die Dokumentation berichtet über den Einfluss, den der enorme Hunger und die Lust nach Fleisch auf den Planeten hat.

Quelle: Leipziger Volkszeitung vom 19.10.2017, https://www.lvz.de/lifestyle/ist-veganismus-nur-ein-lifestyle-trend-W2JM5RMHN2H4JI4RHL3J7DP634.html (gekürzt und aus didaktischen Gründen leicht verändert)

1 *Tierethik:* Moral im Umgang mit Tieren, z. B. die Frage, welche Rechte Tiere haben

2 *Dokus:* Abkürzung für „Dokumentationen, Dokumentarfilme“

3 *Cowspiracy:* englische Wortschöpfung, zusammengesetzt aus cow = „Kuh“ und conspiracy = „Verschwörung“

4 *inexistent:* nicht existent, nicht vorhanden

M 1 b: Fleischesser belasten das Klima stärker

Durchschnittlicher CO_2-Ausstoß verschiedener Ernährungsweisen pro Person und Jahr*

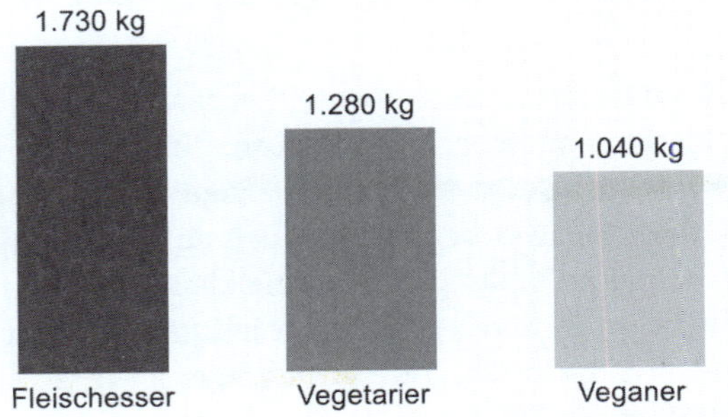

* männliche Person im Alter von 30-59, gelegentlicher Konsum von regionalen, tiefgekühlten, saisonalen und Bio-Produnkten; Stand: 14.01.2020
Quellen: Umweltbundesamt, Statista-Berechnung

Quelle: Matthias Janson: Fleischesser belasten das Klima stärker, Statista vom 14.01.2020, CC BY-ND 4.0, https://de.statista.com/infografik/20492/co2-ausstoss-verschiedener-ernaehrungsweisen/

M 2: Wie gesund ist vegan?

[...] Rund eine Million Menschen in Deutschland ernähren sich heute vegan, schätzt der Vegetarierbund Deutschland auf Grundlage von Umfragen. [...]

Der Verzicht auf alle tierischen Produkte – Nahrungsmittel ebenso wie Wollpullover oder Lederschuhe – ist für die Mehrheit der Veganer eine Gewissensentscheidung. Aber Gesundheitsgründe sind längst nicht mehr nur Nebeneffekt: Immer mehr Neu-Veganer setzen die Ernährungsumstellung als Selbstmedikation[1] ein, gegen Hautprobleme, Verdauungsbeschwerden, Migräne oder Gicht.

Ob und wie Veganer von ihrer Ernährungsweise gesundheitlich profitieren, ist noch vergleichsweise wenig erforscht. Gesichert ist immerhin, dass sich der Verzicht auf tierische Lebensmittel bei einer sonst ausgewogenen Ernährung nicht schädlich auswirkt – allerdings kostet das etwas Aufwand: Um Mangelerscheinungen zu vermeiden, müssen sich Neu-Veganer einiges Wissen über Nahrungsmittel und ihre Inhaltsstoffe aneignen.

Doch gerade daran hapert[2] es oft, klagen Ernährungswissenschaftler. Zwar sind Veganer mit einer Reihe von Nährstoffen wie Beta-Carotin, Vitamin C oder Folsäure meist deutlich besser versorgt als der Bevölkerungsdurchschnitt – doch weisen sie zugleich häufig Defizite[3] bei Eisen, Kalzium und einigen essenziellen Fettsäuren auf, obwohl sich der Bedarf auch über pflanzliche Lebensmittel ausreichend decken ließe. [...]

Größtes Risiko für Veganer ist die Unterversorgung mit Vitamin B 12, das an Zellteilung, Blutbildung und der Funktion des Nervensystems beteiligt ist und nahezu ausschließlich in Lebensmitteln tierischen Ursprungs vorkommt. Weil die körpereigenen Speicher drei bis fünf Jahre reichen, macht sich ein Mangel an Vitamin B 12 meist erst spät bemerkbar – aber er kann zu bleibenden neurologischen[4] Schäden führen.

Veganer müssen ihren Bedarf deshalb über Nahrungsergänzungsmittel, angereicherte Lebensmittel oder eine speziell entwickelte Vitamin-B 12-Zahncreme decken. Bei Gruppen mit besonders hohem Nährstoffbedarf wie Säuglingen, Kleinkindern, Schwangeren und Stillenden raten viele Mediziner wie auch die Deutsche Gesellschaft für Ernährung und die Bundeszentrale für gesundheitliche Aufklärung von veganer Ernährung bislang ab. [...]

Quelle: Constanze Kindel, https://www.geo.de/natur/nachhaltigkeit/14710-rtkl-ernaehrung-wie-gesund-ist-vegan

1 *Selbstmedikation: Eigenbehandlung*

2 *hapern: fehlen*

3 *Defizit: Mangel; etwas, das fehlt*

4 *neurologisch: das Nervensystem/Gehirn betreffend*

M 3 a: Welche Nachteile hat Veganismus?

Hier die wichtigsten Nachteile einer veganen Ernährung – aus eigener Erfahrung.

Essen gehen ist schwieriger ...

Wenn man als Veganer im Restaurant etwas essen möchte, hat man es nicht immer leicht. In den großen Städten bieten zwar sogar Steakhäuser inzwischen vegane Optionen an – doch auf dem Land müssen Veganer sich auch heute noch manchmal mit Pommes, gegartem Gemüse und Beilagen begnügen. Auch auf Reisen im Ausland kann das Angebot an veganen Speisen in der Gastronomie klein sein.

[...] Allerdings hat sich die Situation in den letzten zehn Jahren dramatisch verbessert, auch auf dem Land. Und mit der wachsenden Nachfrage wird die Gastronomie nachziehen und der Nachteil immer kleiner.

Vegane Produkte sind so teuer …
Vegane Ersatzprodukte für Fleisch, Käse und Co. sind oft teuer. Manchmal sogar teurer als herkömmliche Tierprodukte. […] Vegane Produkte werden manchmal „künstlich“ verteuert. So zahlt man für Sojamilch 19 % Mehrwertsteuer, während Kuhmilch mit 7 % besteuert wird. Der Nachteil liegt also nicht an der veganen Ernährung selbst.

Risiko einer Fehlernährung …
Es gibt ein paar „kritische Nährstoffe“ in der veganen Ernährung, auf die man als Veganer achten sollte. Allerdings zeigt sich immer wieder, dass gerade Veganer in der Hinsicht sensibilisiert sind und vorsorgen. Schwer ist das nicht.

Kommentare von Mitmenschen …
Manche unserer lieben Mitmenschen sind von veganer Ernährung schnell überfordert und zeigen das durch Sticheleien und Ausgrenzung. Auch Psychologen haben sich schon mit dem Phänomen beschäftigt, warum Fleischesser Veganer ablehnen. Gerade Vegan-Neulinge reagieren erschrocken auf Angriffe aus dem Umfeld. Daher sind Spötteleien zwar irgendwie ein Nachteil veganer Ernährung, aber eigentlich liegt die Ursache in der fehlenden Toleranz der Mitmenschen.

Quelle: Kilian Dreißig: Veganismus: Die 6 größten Nachteile, Vegpool vom 20. 10. 2021, https://vegpool.de/magazin/veganismus-nachteile.html (Text aus didaktischen Gründen gekürzt und leicht verändert)

M 3 b: Das Veggie-Potenzial[1] der Deutschen

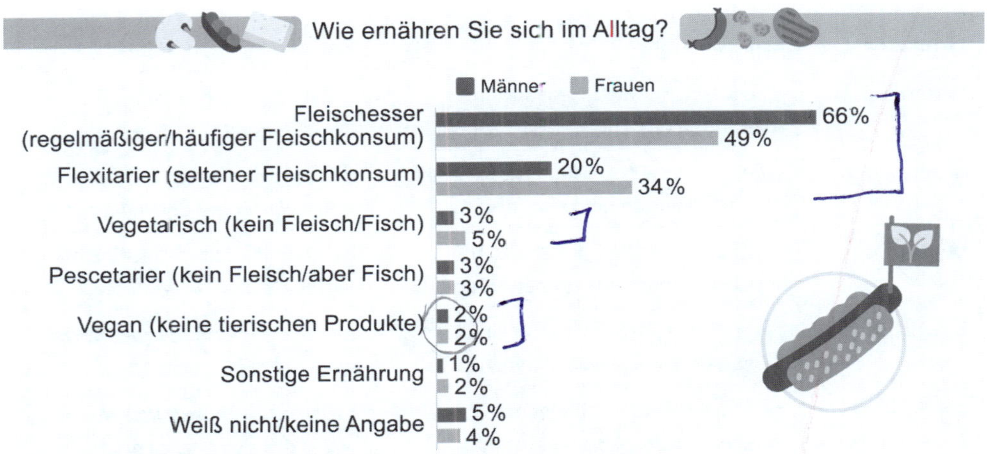

Basis: 2.049 Befragte (ab 18 Jahren) in Deutschland; 19.-21.06.2019

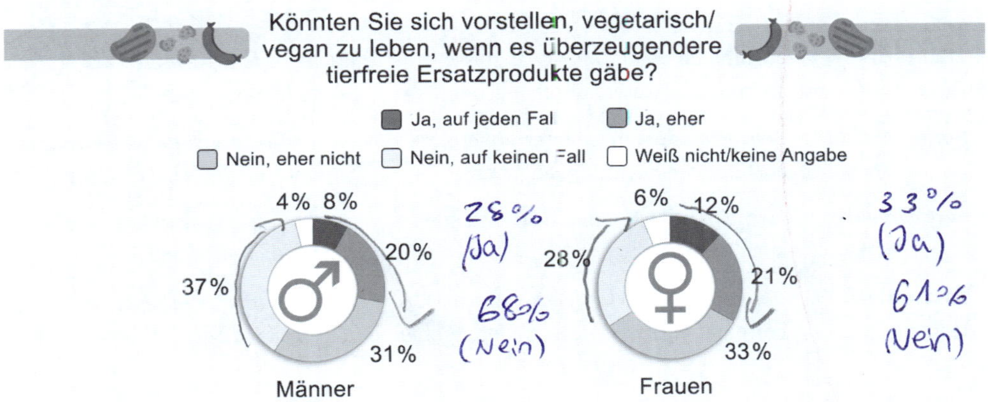

Basis: 1.802 Befragte, die sich nicht vegetarisch/vegan ernähren

Quelle: Hedda Nier: Das Veggie-Potenzial der Deutschen, Statista vom 27.06.2019, CC BY-ND 4.0, Datenquelle: YouGov, https://de.statista.com/infografik/18529/das-veggie-potenzial-der-deutschen/

1 *Potenzial: die Gesamtheit dessen, was möglich ist*

Musterprüfung

Untersuche die Materialien M 1, M 2 und M 3.
Gehe dabei so vor:

- Benenne das gemeinsame Thema der Materialien M 1, M 2 und M 3.
- Fasse die Informationen aus M 1a und M 2 zusammen.
- Vergleiche die Aussagen der Materialien M 1 bis M 3. Stelle in eigenen Worten dar, welche positiven und welche negativen Aspekte mit einer veganen Ernährung einhergehen. Belege deine Ausführungen am Text.
- Setze dich kritisch mit der folgenden Aussage einer Mitschülerin auseinander: *„Vegane Ernährung ist inzwischen ein richtiger Trend geworden."*
  – Nimm Stellung zu der Aussage.
  – Begründe deine Meinung.
  – Beziehe dich dabei auf die Materialien M 1 bis M 3.

In den folgenden Kapiteln lernst du, wie du beim Lesen der Materialien und beim Bearbeiten der einzelnen Teilaufgaben vorgehen solltest.

Auf einen Blick

Wichtige Arbeitsanweisungen (Operatoren) im Überblick

Operator	Erläuterung	Beispiele
benennen	eine Bezeichnung für etwas finden (Benennen des Themas: ca. 2–4 Sätze)	*Benenne das gemeinsame Thema der Materialien.*
beschreiben	sagen, wie etwas aussieht, sich verhält oder nach außen hin zeigt (neutral)	*Beschreibe das unterschiedliche Auftreten von Jungen und Mädchen.*
beurteilen	eine Einschätzung über etwas oder jemanden abgeben und begründen	*Beurteile die Argumentation des Verfassers bzw. der Verfasserin.*
bewerten	begründet äußern, wie man eine Sache/Person findet (gut oder schlecht)	*Bewerte das Verhalten der Polizei während der Demonstration.*
darstellen	einen Sachverhalt mit eigenen Worten wiedergeben (neutral)	*Stelle auf Grundlage von M 3 dar, wie es den Betroffenen geht.*
erklären	Gründe für etwas finden und diese verständlich darstellen	*Erkläre, warum der Versöhnungsversuch gescheitert ist.*
erläutern	ausführlich sagen, wie etwas zu verstehen ist, etwas veranschaulichen	*Erläutere den Teufelskreis der „Aufschiebekrankheit".*
nennen	Beispiele oder Einzelheiten kurz (ohne ausführliche Erklärung) angeben	*Nenne drei Gründe für die verbesserte Situation an der Schubert-Schule.*
vergleichen	Gemeinsamkeiten und Unterschiede aufzeigen	*Vergleiche die Lebensläufe der Betroffenen aus M 2 und M 4.*
zusammenfassen	die wesentlichen Inhalte in knapper Form mit eigenen Worten wiedergeben	*Fasse den Inhalt der Reportage „Durchs Leben geboxt" zusammen.*

5.1 Tabellen und Diagramme verstehen

Eine besondere Art von Sachtexten sind **nichtlineare Texte**. Im Gegensatz zu Fließtexten stellen sie Informationen verkürzt in einer Übersicht dar. Man unterscheidet zwei Arten von nichtlinearen Texten: **Tabellen** und **Diagramme**.

In Tabellen und Diagrammen spielen **Zahlenangaben** eine große Rolle. Die Daten werden aber nur genannt, nicht interpretiert. Es werden also **keine Gründe** dafür angegeben, warum die Zahlen genau so ausfallen.
Der wenige Text, der in nichtlinearen Texten enthalten ist, sagt dir zum Beispiel, um welche Art von Daten es sich handelt und woher die Zahlen stammen. Man nennt diese Informationen **Legende**.
Oft stehen Teile davon auch unterhalb der Tabelle oder des Diagramms.

Die Legende enthält oft diese Informationen:

- das **Thema** oder die **Fragestellung**, der nachgegangen wurde,
- die **Einheiten**, in denen die Zahlen angegeben sind (z. B. in Prozent),
- die **Herkunft** der Zahlen (z. B. aus einer Umfrage),
- die **Bezugsgrößen** (z. B. der befragte Personenkreis),
- der **Zeitpunkt**, zu dem die Daten erhoben wurden (z. B. wann eine Umfrage oder Messung durchgeführt wurde), oder der **Zeitraum**, auf den sich die Zahlen beziehen,
- der **Herausgeber** (z. B. eine Behörde oder ein Meinungsforschungsinstitut),
- das **Datum der Veröffentlichung**.

Tipp

Achte bei Diagrammen und Tabellen vor allem auf **Übereinstimmungen** und **Unterschiede**, also darauf, wo sich Zahlenangaben ähneln und wo sie deutlich voneinander abweichen.
Daraus lassen sich Aussagen ableiten.
Zum Beispiel kann ein Sachverhalt auf eine bestimmte Personengruppe **besonders oft**, **durchschnittlich oft**, **vergleichsweise selten** oder **gar nicht** zutreffen.

Deine Aussagen zu Tabellen und Diagrammen kannst du z. B. so formulieren:

- *Es gibt mehr/weniger … als; … genauso viele … wie*
- *Es kommt öfter/genauso oft/seltener vor, dass …*
- *Je …, umso häufiger/seltener …*

In einem Diagramm werden Daten in Form einer **Grafik** dargestellt. So kann man die wichtigsten Informationen auf einen Blick erfassen.

Am häufigsten kommen diese Diagramme vor:

- **Balkendiagramm:** Hier sind die Daten in Form von waagerechten Balken dargestellt. Je länger ein Balken ist, desto größer ist die Zahl.
  Wenn die abgebildeten Zahlen in Prozent angegeben sind, müssen sie zusammengerechnet nicht unbedingt 100 Prozent ergeben. Die Gesamtzahl aller Daten kann die 100-Prozent-Marke z. B. dann überschreiten, wenn bei einer Umfrage Mehrfachnennungen möglich waren.

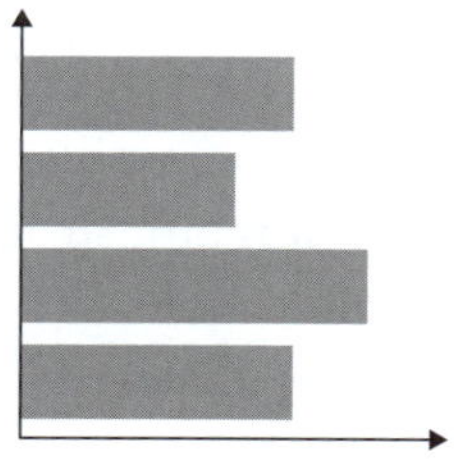

- **Säulendiagramm:** Diese Diagramme sind ähnlich wie Balkendiagramme. Der einzige Unterschied besteht darin, dass die Säulen vertikal ausgerichtet sind, also von unten nach oben.

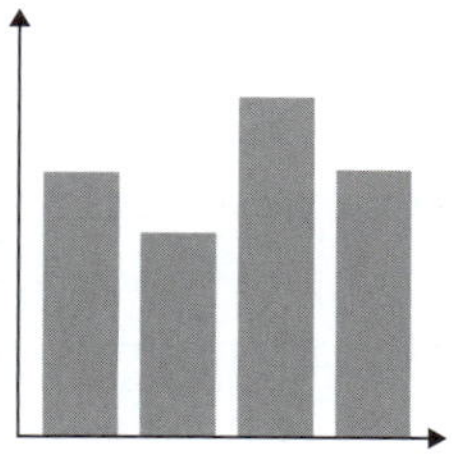

- **Kreisdiagramm:** Ein Kreisdiagramm sieht aus wie eine Torte, die in unterschiedlich große Stücke unterteilt ist. Darum nennt man es manchmal auch „Tortendiagramm“. Die Abschnitte eines Kreisdiagramms sind oft in Prozent angegeben; zusammengerechnet ergeben sich aus allen „Tortenstücken“ in der Regel 100 Prozent.

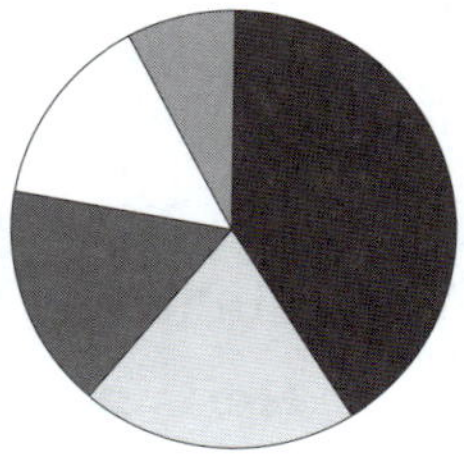

- **Kurvendiagramm:** Die Daten werden mithilfe einer Linie abgebildet, die steigt und/oder fällt. Je größer die Zahl, umso höher verläuft die Linie. Kurvendiagramme zeigen häufig eine Entwicklung an, die über einen längeren Zeitraum zu beobachten war.

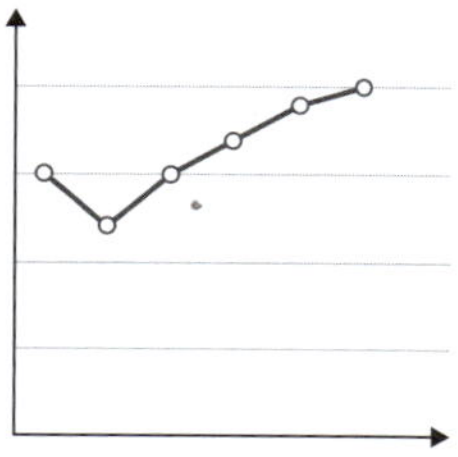

Übung 24 Sieh dir die Diagramme M 1 b (S. 57) und M 3 b (S. 59) an und löse anschließend die Aufgaben.

Aufgaben

1. Welche Auskünfte geben die Diagramme? Beantworte die Fragen und trage die Antworten in die folgende Tabelle ein. Stichworte genügen.
   a) Welchen Fragestellungen wurde nachgegangen?
   b) Wie sind die Zahlen zustande gekommen?
   c) In welchen Einheiten sind die Zahlen angegeben?
   d) Auf welchen Personenkreis beziehen sich die Zahlen?
   e) Wann wurden die Daten erhoben/ermittelt?
   f) Wer hat die Daten erhoben/ermittelt?

	M 1 b	M 3 b
a)		
b)		
c)		
d)		
e)		
f)		

2. Kreuze alle Aussagen an, die sich dem **Säulendiagramm** (M 1 b) entnehmen lassen.
   - ☐ Sich vegan ernährende Personen tun durch ihre Ernährungsweise am meisten für die Umwelt.
   - ☐ Man muss sich nicht vegan ernähren, um einen Beitrag zum Klimaschutz zu leisten.
   - ☐ Der CO_2-Ausstoß ist bei Fleischessenden am größten.
   - ☐ Die vegetarische Ernährung ist genauso klimafreundlich wie die vegane.

3. Welche der folgenden Aussagen lassen sich dem **Balkendiagramm** (M 3 b) entnehmen und welche nicht?
   Kreuze passend an.

	trifft zu	trifft nicht zu
a) Rund zwei Drittel der Männer essen regelmäßig oder häufig Fleisch.	☐	☐
b) Nur ungefähr jede dritte Frau isst regelmäßig Fleisch.	☐	☐
c) In der letzten Zeit ist der Anteil der Veganer*innen gestiegen.	☐	☐
d) Bei den Männern ist der Anteil der Vegetarier größer als der Anteil der Veganer.	☐	☐
e) Mehr Frauen als Männer ernähren sich flexitarisch.	☐	☐
f) Personen, die sich flexitarisch ernähren, achten beim Fleischkonsum auf das Tierwohl.	☐	☐
g) Einige Befragte haben keine Auskunft über ihre Ernährung gegeben.	☐	☐

4. Sieh dir die **Kreisdiagramme** (M 3b) an. Was erfährt man über die Ernährungswünsche von Männern und Frauen?

a) Trage die richtigen Zahlen in die Tabelle ein.

Aussage	Frauen	Männer
Sie würden Fleisch auf keinen Fall durch tierfreie Ersatzprodukte ersetzen.		
Sie würden auf jeden Fall vegetarisch oder vegan leben, wenn es schmackhafte tierfreie Ersatzprodukte gäbe.		
Sie würden eher nicht auf Fleisch verzichten, selbst wenn es überzeugendere Fleischersatzprodukte gäbe.		
Sie haben sich nicht dazu geäußert, ob sie sich vegetarisch oder vegan ernähren würden, wenn es überzeugendere Fleischersatzprodukte gäbe.		

b) Ziehe aus den Angaben in den Kreisdiagrammen eine Schlussfolgerung.

Auf einen Blick

Tabellen und Diagramme verstehen und untersuchen	
Thema	Bestimme, worum es geht und in welcher Form die Daten vorliegen (z. B. die Art des Diagramms). Hinweise auf das Thema liefert oft die Überschrift.
Legende	Beachte die Informationen in der Legende, um die Tabelle oder das Diagramm richtig zu lesen. Sie enthält Details zu Bezugsgrößen, wie z. B. zum Alter oder Geschlecht der Befragten oder zu relevanten Zeiträumen. Wichtig sind auch die Einheiten, in denen die Zahlen angegeben sind.
Interpretation	Überlege, was du aus dem nichtlinearen Text ableiten kannst. Bei der Interpretation der Zahlen sind besonders Extremwerte (d. h. sehr hohe oder niedrige Werte) von Interesse. Auch aus auffälligen Ähnlichkeiten und Unterschieden lassen sich oft Aussagen ableiten.

5.2 Das gemeinsame Thema der Materialien benennen

Um das Thema mehrerer Materialien benennen zu können, musst du als Erstes erkennen, was deren **gemeinsamer Inhalt** ist. Das genügt aber noch nicht. Du solltest das Thema noch genauer erfassen. In jedem Material steht eine bestimmte Sichtweise oder ein besonderer Aspekt des Themas im Mittelpunkt. Diese **Besonderheiten** musst du bei der Benennung des Themas auch berücksichtigen.

Schritt für Schritt

Das Thema bestimmen

Arbeitsschritt **1** Lies alle Materialien durch und bestimme das gemeinsame Thema **allgemein**.

Arbeitsschritt **2** Lies dann alle Materialien noch einmal genauer. Überlege bei jedem Material, um welchen Aspekt es **im Besonderen** geht. Notiere die jeweilige Besonderheit.

Arbeitsschritt **3** Schreibe **zwei Sätze**, in denen du das Thema bestimmst und die besonderen Schwerpunkte der Materialien **knapp** zur Sprache bringst.

Tipp

Bestimme das Thema in zwei bis drei Sätzen: Im ersten Satz nennst du das Thema allgemein. Im Folgenden ergänzt du eine Aussage, um den Inhalt der Materialien noch etwas **genauer zu bestimmen**, z. B. kann es um Möglichkeiten, Probleme, Vor-/Nachteile oder verschiedene Ausrichtungen eines Themas gehen. Bleibe aber allgemein und gehe noch nicht ins Detail.

Übung 25

Lies noch einmal die Materialien (S. 57–59) und bearbeite dann die Aufgaben.

Aufgaben

1. Lies M 1 bis M 3 aufmerksam durch. Notiere kurz das allgemeine Thema, um das es in allen Materialien geht.

   In allen Materialien geht es um Vegan „Trend“, Vegan, Vor-Nachteile CO_2-Ausstoß, Männer vs Frauen,

2. Ordne die folgenden Aussagen den Materialien zu. Kreuze bei jeder Aussage alle Materialien an, zu denen sie passt.

	M 1a	M 1b	M 2	M 3a	M 3b
a) Vegane Ernährung ist ein neuer Trend.	☒	☐	☐	☐	☐
b) Rund eine Million Menschen in Deutschland ernähren sich vegan.	☐	☐	☒	☐	☐
c) Vielen vegan Lebenden ist das Wohl der Tiere wichtig.	☒	☐	☐	☐	☐
d) Das Angebot an Speisen für Veganer*innen ist oft begrenzt.	☐	☐	☐	☒	☐
e) Die Ernährung mit tierischen Produkten ist schädlich fürs Klima.	☐	☒	☐	☐	☐
f) Es ist noch nicht ausreichend erforscht, ob vegane Ernährung gesund ist.	☐	☐	☒	☐	☐

		M 1a	M 1b	M 2	M 3a	M 3b
g)	Einige Veganer*innen verzichten nicht nur bei der Ernährung auf tierische Produkte.	☐	☐	☐	☐	☐
h)	Die Mehrheit der Deutschen möchte sich nicht ohne tierische Produkte ernähren.	☐	☐	☐	☐	☐
i)	Für viele sprechen gesundheitliche Gründe dafür, vegan zu leben.	☐	☐	☐	☐	☐
j)	Wer sich vegan ernährt, wird von seinen Mitmenschen oft verspottet.	☐	☐	☐	☐	☐
k)	Frauen verzichten eher auf Fleisch als Männer.	☐	☐	☐	☐	☐
l)	Der Alltag ist für Veganer*innen nicht immer einfach.	☐	☐	☐	☐	☐
m)	Die sozialen Medien tragen dazu bei, dass es immer mehr Veganer*innen gibt.	☐	☐	☐	☐	☐
n)	Um keinen Nährstoffmangel zu erleiden, brauchen die meisten vegan Lebenden Nahrungsergänzungsmittel.	☐	☐	☐	☐	☐
o)	Vegane Ersatzprodukte sind oft teuer.	☐	☐	☐	☐	☐

Übung 26 Bearbeite die erste Teilaufgabe der Musterprüfung (→ Heft).

Musterprüfung

Untersuche die Materialien M 1, M 2 und M 3.
Gehe dabei so vor:

- Benenne das gemeinsame Thema der Materialien M 1, M 2 und M 3.

...

5.3 Den Inhalt von Sachtexten zusammenfassen

Sachtexte befassen sich mit **Sachverhalten**, die es tatsächlich gibt oder gab. Um den Inhalt eines Sachtextes zusammenzufassen, gehst du im Prinzip genauso vor wie bei einem literarischen Text (vgl. S. 29). Allerdings gibt es bei einem Sachtext keinen Handlungsverlauf, den du wiedergeben kannst. Es geht vielmehr darum, die wichtigsten **Informationen**, die der Text vermittelt, kurz und knapp darzustellen. Dabei konzentrierst du dich ausschließlich auf die **wesentlichen Inhalte** und lässt Details, Nebensächliches oder Ausschmückendes weg.

Bereite deine Zusammenfassung eines Sachtextes so vor:

Schritt für Schritt

Eine Textzusammenfassung vorbereiten

Arbeitsschritt **1**	Als Erstes **liest** du den Text **sehr gründlich**. Dabei kannst du schon **zentrale Textstellen markieren**. Achte darauf, nicht zu viele Stellen zu kennzeichnen.
Arbeitsschritt **2**	Untergliedere den Text in **Sinnabschnitte**. Ein neuer Sinnabschnitt beginnt immer dort, wo ein neuer Gedanke oder ein neuer Aspekt zur Sprache kommt. Markiere in jedem Sinnabschnitt die **wesentliche Information**, falls du sie noch nicht in Schritt 1 markiert hast. **Notiere** am Rand in Stichworten, worum es geht.
Arbeitsschritt **3**	Erstelle einen **Schreibplan**. Grundlage dafür sind die Sinnabschnitte (Schritt 2). Trage die Kommentare, die du am Rand notiert hast, der Reihe nach in den Abschnitt für den **Hauptteil** ein.
Arbeitsschritt **4**	Vervollständige deinen Schreibplan. Ergänze die Informationen, die in die **Einleitung** und den **Schluss** gehören (siehe unten).

Anschließend schreibst du die Zusammenfassung. Am besten untergliederst du sie in **Einleitung**, **Hauptteil** und **Schluss**.

Auf einen Blick

Sachtexte zusammenfassen

Einleitung	Nenne die Textsorte (z. B. Bericht), den Titel, den Namen des Verfassers oder der Verfasserin und die Quelle des Textes (d. h. wann und wo der Text erschienen ist). Bestimme außerdem das Thema. Natürlich kannst du nur diejenigen Informationen wiedergeben, die dir bekannt sind. Wenn du bei der Textsorte nicht sicher bist, schreibst du einfach „Text“.
Hauptteil	Wähle von den Informationen im Text diejenigen aus, die du für besonders wichtig hältst. Einzelheiten, die für das Verständnis nicht erforderlich sind, erwähnst du nicht. Bei einer Zusammenfassung mehrerer Materialien, kannst du ähnliche Inhalte auch zusammen wiedergeben. Zähle sie nicht nur auf, sondern achte darauf, Zusammenhänge herzustellen, etwa mit Konjunktionen und Adverbien.
Schluss	Abschließend kannst du ein Fazit ziehen, zum Beispiel über mögliche Probleme, die der beschriebene Sachverhalt mit sich bringt.

Beispiel

Die Einleitung und der Beginn des Hauptteils einer Zusammenfassung des Textes M 1 a könnten so lauten:

In dem Artikel „Ist Veganismus nur ein Lifestyle-Trend?“, der am 19.10.2017 in der Leipziger Volkszeitung erschienen ist, geht es um eine Ernährungsweise, die immer mehr an Bedeutung gewinnt: den Veganismus.
Veganismus wird als Einstellung beschrieben, die sich aus dem Vegetarismus entwickelt hat. Dabei wird zwischen zwei Gruppen unterschieden: den Personen, die nur bei ihrer Ernährung auf tierische Produkte verzichten, und Personen, die grundsätzlich keine Materialien verwenden, die von Tieren stammen. …

Tipp

> In der Prüfung ist die Zusammenfassung von Materialien (in der Regel Sachtexten) **nur eine Teilaufgabe deines Aufsatzes.** Das Thema hast du meistens schon in einer vorangehenden Teilaufgabe bestimmt. Deshalb kannst du in diesem Fall die **Einleitung überspringen** und gleich mit der Zusammenfassung der Inhalte, also dem Hauptteil, starten.

Die Textzusammenfassung wird im Präsens verfasst. Die **Sprache** ist sachlich und klar. Ausschweifende Formulierungen sind hier fehl am Platz, ebenso wie wörtliche Rede.

Beispiel

Der Klimawandel macht sich inzwischen auch in der Landwirtschaft bemerkbar. Für ihr Wachstum brauchen Pflanzen Wasser. Wenn es länger nicht geregnet hat, bekommen die Landwirte zunehmend Probleme.

Die folgende Übersicht zeigt dir, wie du die Zusammenfassung eines Sachtextes sprachlich richtig gestaltest:

Auf einen Blick

Die Sprache einer Textzusammenfassung	
Sachliche Sprache	Schreibe sachlich, also ganz auf die Sache konzentriert, ohne weitschweifige Beschreibungen oder ausschmückende Details.
Neutrale Aussagen	Formuliere deine Aussagen neutral, ohne Wertungen oder die Wiedergabe deiner eigenen Meinung. Du stellst nur dar, was der Text zum Thema vermittelt.
Standardsprache	Benutze das Standarddeutsch und verzichte auf umgangssprachliche Ausdrücke.
Zeitform	Die richtige Zeitform ist das Präsens für alle Sachverhalte, die gegenwärtig oder grundsätzlich gelten. Bei Vorzeitigkeit verwendest du das Perfekt.
Zusammenhänge	Zeige Zusammenhänge zwischen den einzelnen Inhalten auf. Verwende dafür Konjunktionen (*wenn, als, nachdem, obwohl, weil …*) oder Adverbien (*trotzdem, doch, auch, außerdem, allerdings, andererseits, folglich …*).
Eigene Worte	Löse dich von den Formulierungen im Text und stelle die Informationen in eigenen Worten dar. Fachbegriffe kannst du übernehmen.
Indirekte Rede	Verzichte auf wörtliche Rede. Äußerungen von Personen werden in indirekter Rede wiedergegeben, also nicht Wort für Wort, sondern sinngemäß und im Konjunktiv.

Wie du schon erfahren hast, steht in Inhaltsangaben keine wörtliche Rede. Alles, was eine Person sagt oder denkt, musst du in **indirekter Rede** darstellen.

Beispiel

Falsch: *Vegan Lebende denken: „Tierische Produkte soll man nicht essen."* (wörtliche Rede)

Richtig: *Vegan Lebende denken, dass man tierische Produkte nicht essen soll. / Vegan Lebende denken, man solle tierische Produkte nicht essen.* (indirekte Rede)

Bei der Zusammenfassung von Sachtexten gibt es noch eine Besonderheit: Solche Texte spiegeln immer die **Sicht des Verfassers oder der Verfasserin** wider. Der Textinhalt ist das, was der- oder diejenige denkt oder sagt (bzw. schreibt). Daraus folgt: Im Prinzip musst du den **gesamten Inhalt** eines Sachtextes in **indirekter Rede** wiedergeben – und dabei den **Konjunktiv I** verwenden.

Beispiel

Falsch: *Die Autorin befasst sich mit den Auswirkungen, die eine rein vegane Ernährung für die Gesundheit haben kann. Es gibt dazu noch keine gesicherten Erkenntnisse …*
(Darstellung als eigene Aussage)

Richtig: *Die Autorin befasst sich mit den Auswirkungen, die eine rein vegane Ernährung für die Gesundheit haben kann. Sie sagt, es gebe dazu noch keine gesicherten Erkenntnisse …*
(Darstellung als Aussage der Autorin)

Tipp

Es gibt verschiedene „**Tricks**", um zu vermeiden, dass du deinen ganzen Aufsatz im Konjunktiv formulieren musst. Wenn du so vorgehst, kannst du wie gewohnt im **Indikativ** (also der „Normalform") formulieren. Du hast diese Möglichkeiten:

- Du kündigst im Vorhinein an, dass du wiedergibst, was der Verfasser oder die Verfasserin zu dem Thema gesagt hat:
  Zu der Frage, welche Auswirkungen vegane Ernährung auf die Gesundheit haben kann, sagt die Verfasserin Folgendes: Es gibt noch keine gesicherten Erkenntnisse dazu, …
- Du verwendest Formulierungen, die deutlich machen, dass es sich um eine Aussage des Verfassers oder der Verfasserin handelt:
  Nach Ansicht der Verfasserin / Laut der Verfasserin erfordert vegane Ernährung gute Kenntnisse über die Inhaltsstoffe von Lebensmitteln.
  Die sozialen Netzwerke, so die Verfasserin, haben dazu beigetragen, dass sich immer mehr Menschen vegan ernähren.
- Du verwendest für die indirekte Rede einen „dass"-Satz:
  Die Verfasserin sagt, dass der Trend zu veganer Ernährung durch die sozialen Medien verstärkt wird.

Hinweis: Weitere Erklärungen zum Konjunktiv findest du ab S. 98.

Lies noch einmal die Texte M 1 a und M 2 (S. 57 f.) und bearbeite die Aufgaben. **Übung 27**

Aufgaben

1. Untergliedere die Texte M 1 a und M 2 in Sinnabschnitte. Notiere am Rand zu jedem Sinnabschnitt einen Stichpunkt zum Inhalt, um den es darin geht. Trage dann deine Notizen in einen Schreibplan ein (→ Heft).

   Tipp: Untergliedere die beiden Texte jeweils in fünf Sinnabschnitte.

2. Formuliere die folgenden Abschnitte aus M 2 in indirekter Rede. Verkürze die Informationen dabei auf das Wesentliche und verwende eigene Worte. Beginne mit dem Hinweis darauf, wer diese Aussagen macht.

a) *„Der Verzicht auf alle tierischen Produkte [...] ist für die Mehrheit der Veganer eine Gewissensentscheidung. Aber Gesundheitsgründe sind längst nicht mehr nur Nebeneffekt: Immer mehr Neu-Veganer setzen die Ernährungsumstellung als Selbstmedikation ein, gegen Hautprobleme, Verdauungsbeschwerden, Migräne oder Gicht. Ob und wie Veganer von ihrer Ernährungsweise gesundheitlich profitieren, ist noch vergleichsweise wenig erforscht. Gesichert ist immerhin, dass sich der Verzicht auf tierische Lebensmittel bei einer sonst ausgewogenen Ernährung nicht schädlich auswirkt [...].“ (Z. 5–16)*

b) *„Um Mangelerscheinungen zu vermeiden, müssen sich Neu-Veganer einiges Wissen über Nahrungsmittel und ihre Inhaltsstoffe aneignen. [...] Zwar sind Veganer mit einer Reihe von Nährstoffen wie Beta-Carotin, Vitamin C oder Folsäure meist deutlich besser versorgt als der Bevölkerungsdurchschnitt – doch weisen sie zugleich häufig Defizite bei Eisen, Kalzium und einigen essenziellen Fettsäuren auf [...]. Größtes Risiko für Veganer ist die Unterversorgung mit Vitamin B 12, das an Zellteilung, Blutbildung und der Funktion des Nervensystems beteiligt ist und nahezu ausschließlich in Lebensmitteln tierischen Ursprungs vorkommt. [...] Veganer müssen ihren Bedarf deshalb über Nahrungsergänzungsmittel, angereicherte Lebensmittel oder eine speziell entwickelte Vitamin-B 12-Zahncreme decken.“ (Z. 16–32)*

Übung 28 Bearbeite die zweite Teilaufgabe der Musterprüfung (→ Heft). Orientiere dich an deinen Vorarbeiten aus Übung 27.

Musterprüfung

Untersuche die Materialien M 1, M 2 und M 3.

Gehe dabei so vor:

...

- Fasse die Informationen aus M 1a und M 2 zusammen.

...

5.4 Textaussagen vergleichen

Bist du aufgefordert, Materialien zu vergleichen, kannst du grundsätzlich davon ausgehen, dass sie sich mit dem **gleichen Thema** befassen, dabei aber unterschiedliche **Akzente** setzen. Deine Aufgabe ist es, zu untersuchen, inwiefern sich die Inhalte der Materialien **gleichen** oder ähneln und inwiefern sie sich **unterscheiden**. Besonders die Unterschiede sind für deinen Vergleich wichtig.

Tipp

In der Regel wird dir in der **Aufgabenstellung** bereits gesagt, bezüglich **welcher Inhalte** du zwei Texte vergleichen sollst. Es kann z. B. sein, dass du Vor- und Nachteile, Gründe für und gegen etwas oder Chancen und Risiken gegenüberstellen sollst.

Wenn die Aufgabenstellung zum Vergleichen allgemein, also **ohne spezielle Vorgaben** zum Inhalt des Vergleichs, formuliert ist, musst du selbst herausfinden, worin Unterschiede und Gemeinsamkeiten der Materialien bestehen. Dazu wertest du sie gezielt aus. Frage dich also bei jedem Material, **welcher Aspekt des Themas** dort im Mittelpunkt steht und welche Informationen vermittelt werden.

Bedenke im Einzelnen Folgendes:

- Welche **Absicht** verfolgt der Verfasser oder die Verfasserin (vgl. S. 16 f.): Will er oder sie sachlich über das Thema informieren oder das Publikum beeinflussen?
- Was für eine **Leserschaft** hat der Verfasser oder die Verfasserin im Sinn: fachkundige Personen oder die interessierte Allgemeinheit?
- **Woher** hat der Verfasser oder die Verfasserin die **Kenntnisse** zum Thema: Handelt es sich um eigenes Wissen oder eigene Beobachtungen oder stammen die Informationen aus zweiter Hand, z. B. aus einer Studie, einem anderen Text?
- Was sind **allgemeine Aussagen**, was **Erläuterungen** und was **Beispiele** (vgl. S. 3)? Allgemeine Aussagen vermitteln grundlegende Informationen, Erläuterungen erklären diese genauer und Beispiele veranschaulichen das Gesagte.
- Wie ist der Text **sprachlich gestaltet** und was kannst du daraus schließen: Ist er ernsthaft, sachlich zu verstehen oder spöttisch-ironisch? Anerkennend oder kritisch?

Beispiel

Textauszug aus M 1 a (Z. 2–5):

allgemeine Aussage	Vegan Lebende gliedern sich in zwei Gruppen:
Erläuterung	Die einen meiden alle Nahrungsmittel tierischen Ursprungs […]. Die anderen meiden die gesamte Nutzung tierischer Produkte.
Beispiel	Sie tragen beispielsweise keine Kleidung aus Leder oder Schurwolle […].

Um Texte miteinander zu vergleichen, gehst du am besten so vor:

Schritt für Schritt

Materialien vergleichen

Arbeitsschritt 1 Zuerst **liest** du jedes Material noch einmal **genau**. Frage dich jeweils: Welcher **Aspekt** des Themas spielt hier die **Hauptrolle**? Nimm ein Blatt und notiere zu jedem Material ein passendes **Stichwort**, worum es darin geht. So bekommst du einen ersten Überblick.

Arbeitsschritt 2 Lege auf deinem Blatt eine **Tabelle** an. Notiere über jeder Spalte den Aspekt, auf den du beim Vergleich achten sollst (z. B. *Vorteile/Nachteile, Risiken/Chancen*). Falls dir in der Aufgabenstellung keine solchen **Vergleichsaspekte** vorgegeben sind, lege die Überschriften selbst fest. Sie ergeben sich meistens aus den Stichworten aus Arbeitsschritt 1 (z. B. *Probleme, neueste Entwicklungen, Gründe*).

Arbeitsschritt 3 Suche nach **Informationen** oder Detailaussagen, die zu den entsprechenden Überschriften passen, und trage sie in die jeweilige Spalte ein. Notiere auch die Zeilenangabe.

Arbeitsschritt 4 Wenn deine Notizen vollständig sind, formulierst du das **Ergebnis** des Vergleichs. Gehe entsprechend der vorgegebenen Vergleichsaspekte vor. Führe ähnliche Punkte aus mehreren Materialien zusammen aus (z. B. wenn Probleme sowohl in M 1 b, M 2 und M 3 a genannt werden).
Ist die Aufgabenstellung allgemein gehalten, dann nennst du als Erstes die **Übereinstimmungen**, die du bei den Materialien festgestellt hast. Danach äußerst du dich zu den **Unterschieden**, die es gibt.
Beziehe dich beim Schreiben in jedem Fall auf **Textstellen**.

Arbeitsschritt 5 Runde deine Darstellung mit einer **Schlussüberlegung** ab. Äußere dich z. B. dazu, welche Schlussfolgerungen du aus dem Vergleich der Materialien ziehen kannst.

Tipp

Vergiss nicht, dass du deine Aussagen **am Text belegen** musst. Gib dazu immer die **Nummer des Materials** und die **Zeilennummer** an. Was beim Zitieren außerdem zu beachten ist, findest du ab S. 96.

Übung 29 Lies noch einmal die Materialien (S. 57–59) und bearbeite dann die Aufgaben.

Aufgaben

1. Welcher Aspekt des Themas steht bei welchem Material im Vordergrund? Notiere zu jedem Material einen Stichpunkt, der besagt, worum es darin geht.

   M 1 a: ____________________

   M 1 b: ____________________

   M 2: ____________________

   M 3 a: ____________________

   M 3 b: ____________________

2. Kreuze an, welches Thema in welchem Material behandelt wird. Wenn eine Information in mehr als einem Material enthalten ist, setzt du mehrere Kreuze.

	M 1 a	M 1 b	M 2	M 3 a	M 3 b
a) Unterschiedliche Ernährungsweisen	☐	☐	☐	☐	☐
b) Umweltaspekte von Veganismus	☐	☐	☐	☐	☐
c) Vegane Ernährung und Gesundheit	☐	☐	☐	☐	☐
d) Veganismus als Trend	☐	☐	☐	☐	☐

3. Prüfe die Materialien daraufhin, ob sie Vorteile (+) veganer Ernährung beinhalten oder Nachteile und Probleme (–). Trage das entsprechende Zeichen ein. Kommen in einem Material beide Seiten vor, notierst du +/–.

M 1 a	M 1 b	M 2	M 3 a	M 3 b

4. Lies die Materialien noch einmal genau und suche nach Detailaussagen zu den vorgegebenen Vergleichsaspekten. Trage sowohl Vorteile als auch Nachteile einer veganen Lebensweise, die darin genannt werden, in die Tabelle ein. Notiere auch, wo du die Information gefunden hast.

Positive Seiten von Veganismus ☺	Material, Zeile

Negative Seiten von Veganismus ☹	Material, Zeile

Übung 30 Bearbeite die dritte Teilaufgabe der Musterprüfung (→ Heft). Orientiere dich an deinen Vorarbeiten aus Übung 29.

Musterprüfung

Untersuche die Materialien M 1, M 2 und M 3.
Gehe dabei so vor:
...
- Vergleiche die Aussagen der Materialien M 1 bis M 3. Stelle in eigenen Worten dar, welche positiven und welche negativen Aspekte mit einer veganen Ernährung einhergehen. Belege deine Ausführungen am Text.

...

5.5 Zu einer Aussage Stellung nehmen

Bei der letzten Teilaufgabe dieses Aufgabentyps wird dir zum Thema der Materialien eine **Äußerung** vorgelegt, z. B. die eines Schülers oder einer Schülerin. In den vorangehenden Aufgaben hast du die Informationen der Materialien sachlich und neutral wiedergegeben. Jetzt ist deine **persönliche Meinung** gefragt. Du wirst aufgefordert, zu der vorliegenden Äußerung Stellung zu nehmen. Dafür gibt es drei Möglichkeiten:

- Du stimmst der Äußerung zu.
- Du lehnst die Äußerung ab.
- Du stimmst der Äußerung teilweise zu, teilweise hältst du sie für falsch.

Deine Meinung musst du nachvollziehbar **begründen**. Dazu brauchst du überzeugende **Argumente**. Grundlage für deine Argumentation sind zum einen die **Materialien:** Sie vermitteln dir die Kenntnisse, auf die du verweisen kannst, um dein Publikum zu überzeugen. Wichtig ist aber auch dein **Erfahrungswissen:** Es hilft dir, Beispiele zu finden, um deine Gedanken anschaulich darzustellen.

Schritt für Schritt

Eine Stellungnahme schreiben

Arbeitsschritt 1 Als Erstes beziehst du dich auf die **Äußerung**, die dir zum Thema vorliegt. Gib sie mit **eigenen Worten** wieder. Dafür brauchst du ein bis zwei Sätze. **Hinweis:** Vergiss nicht, dass du die Aussage einer anderen Person darstellst. Du musst deren Äußerung also in indirekter Rede darstellen (Konjunktiv).

Arbeitsschritt 2 Danach sagst du, was du von dieser Äußerung hältst. Formuliere **deine Position** klar: Zustimmung, Ablehnung oder geteilte Meinung. Ein Satz genügt.

Arbeitsschritt 3 **Begründe** deine Meinung. Führe **zwei oder drei Argumente** aus, um zu erklären, warum du diese Ansicht vertrittst. Suche geeignete Begründungen in den Materialien und beziehe dich darauf (Materialnummer, Zeile). Bringe auch eigene Erfahrungen ein. Dieser Schritt ist der ausführlichste Teil der Stellungnahme.

Arbeitsschritt 5 Zum Schluss **bekräftigst** du deine Position noch einmal. Ziehe ein Fazit oder nenne dein stärkstes Argument noch einmal kurz. Schreibe zwei bis drei Sätze.

Die **Sprache** deiner Stellungnahme ist wie im vorangehenden Teil deines Aufsatzes **sachlich**. Nur so wirkt deine Darstellung **überzeugend**.

Tipp

> Wenn du die Äußerung, zu der du Stellung beziehen sollst, inhaltlich falsch findest, kann es geschickt sein, dennoch zunächst **Verständnis** dafür auszudrücken. Damit zeigst du, dass du gründlich darüber nachgedacht hast (*Zwar* ...). Anschließend trägst du deine ablehnenden Argumente vor (*Aber* ...).

Ein vollständiges Argument besteht aus mindestens zwei Teilen:

- einer **These** (Behauptung) und
- einer ausführlichen **Begründung**.
- Oft bietet es sich an, die Begründung durch ein passendes **Beispiel** zu veranschaulichen. Es macht das Argument lebendiger und interessanter.

Die **Reihenfolge** der einzelnen Bestandteile eines Arguments ist **nicht festgelegt**. Man kann mit einer These beginnen und die Begründung (mit Beispiel) folgen lassen. Es ist aber auch möglich, als Erstes ein Beispiel anzuführen, das man anschließend erläutert *(Was zeigt dieses Beispiel?)*. Danach folgt eine Schlussfolgerung; das ist in diesem Fall die These.

Tipp

> Besonders „rund" wirkt ein Argument, wenn es am Anfang und am Ende **von einer These „eingerahmt"** wird. Die These am Schluss dient als Bekräftigung der Anfangsthese. Man sollte nur darauf achten, die These am Anfang des Arguments anders auszudrücken als am Schluss.

Beispiel

Die Aussage der Schülerin aus der Musterprüfung lautet:
Vegane Ernährung ist inzwischen ein richtiger Trend geworden.

Ein **Pro-Argument** dazu, also ein zustimmendes Argument, könnte so lauten:

These	Die Anzahl der Menschen, die sich vegan ernähren, hat in letzter Zeit zugenommen.
Begründung	Das sieht man schon daran, dass es in den Supermärkten inzwischen ganze Abteilungen gibt, in denen Produkte als „vegan" gekennzeichnet sind.
weitere Erläuterungen zur Begründung	Das wäre nicht der Fall, wenn es nur wenige Kundinnen und Kunden gäbe, die solche Lebensmittel kaufen. Da das Interesse an solchen Produkten gewachsen ist, hat man in den Märkten dieses Angebot ausgeweitet.
Veranschaulichung durch **Beispiele**	So gibt es beispielsweise jede Menge vegane Brotaufstriche. Sogar Frikadellen, die aussehen, als wären sie aus Fleisch hergestellt, die aber nichts Tierisches enthalten, kann man überall kaufen. Und neben Kuhmilch steht praktisch überall auch Sojamilch oder Hafermilch im Regal.
Schlussfolgerung (= Bekräftigung der These)	Mittlerweile scheint es also eine Art Veggie-Trend zu geben: Immer mehr Menschen lehnen es ab, Fleisch oder andere tierische Produkte zu essen.

Übung 31 Formuliere zu der Aussage, dass der Anteil an Veganerinnen und Veganern immer weiter steigt, ein **Kontra-Argument** (ablehnendes Argument). Achte darauf, dass das Argument vollständig ist. Benenne die einzelnen Bestandteile deines Arguments wie im Beispiel und trage diese in der linken Spalte ein.

Bestandteile	Kontra-Argument

Tipp

Falls dir für deine Begründung kein **passendes wahres Beispiel** einfällt, kannst du dir auch eines **ausdenken**. Das muss dann aber glaubwürdig sein. Wenn dir gar kein gutes Beispiel einfallen will, kannst du auch deine Begründung etwas ausführlicher erläutern.

Auf einen Blick

Hilfen zum Schreiben eines argumentativen Texts	
Nicht zu viele Argumente anführen	Auf die reine Anzahl der Argumente kommt es nicht an. Zwei überzeugende Argumente sind besser als vier schwache!
Nach ansteigender Wichtigkeit argumentieren	Ordne deine Argumente nach ansteigender Wichtigkeit an: Beginne mit dem schwächsten und steigere dich dann. Am Schluss steht das überzeugendste Argument.
Abwechslungsreich gestalten	Wechsle beim Aufbau der Argumente ab. Ordne These, Begründung und Beispiel nicht immer in der gleichen Reihenfolge an.
Verknüpfungen herstellen	Nenne deine Argumente nicht einfach nur nacheinander, sondern stelle Überleitungen zwischen ihnen her. Oft passt eine reihende Überleitung, z. B.: *Hinzu kommt … Außerdem … Weiterhin … Zu erwähnen ist auch, dass …* Willst du etwas Einschränkendes sagen, verwendest du eine Überleitung, die einen Gegensatz ausdrückt, z. B.: *Allerdings … Aber … Andererseits …*
Durch Absätze strukturieren	Strukturiere deinen Text optisch. Stelle jedes Argument in einem eigenen Absatz dar. Beginne also mit jedem neuen Argument einen neuen Absatz.

Übung 32

Lies noch einmal die Materialien (S. 57–59) und bearbeite dann die Aufgaben.

Aufgaben

1. Gib folgende Äußerungen zum Thema „Veganismus“ in indirekter Rede wieder. Verwende möglichst eigene Worte.

   a) Max: *„Veganer sehen in dem Verzicht auf Fleisch und Fisch einen Beitrag zum Umweltschutz. Aber stattdessen essen sie Lebensmittel, die aus Soja hergestellt sind – und Soja muss extra aus dem Ausland eingeführt werden. Ob das umweltfreundlich ist, bezweifle ich.“*

   b) Lisa: *„Wer sich vegan ernährt, muss genau wissen, was er da isst. Es kann sein, dass er zu wenig Vitamin B 12 zu sich nimmt. Dann muss er diesen Mangel ausgleichen. Eine Freundin von mir geht sogar regelmäßig zum Arzt und lässt sich dafür eine Spritze geben. Das kann doch nicht richtig sein.“*

   c) Zeynep: *„Ich habe im Fernsehen immer wieder schreckliche Bilder von Tieren gesehen, die auf engstem Raum in Ställen gehalten werden. Diese Massentierhaltung will ich nicht unterstützen. Deshalb ernähre ich mich jetzt auch vegan. Ich finde, das sollten viel mehr Leute tun.“*

2. Verwende die folgenden Ideen, um daraus ein vollständiges Argument auszuformulieren (→ Heft).

   - Veganer*innen leben gesünder
   - trinken wenig Alkohol und rauchen nicht
   - nehmen weniger ungesunde Fette zu sich
   - essen mehr Obst und Gemüse
   - bewegen sich mehr
   - bleiben meist schlank
   - kriegen seltener Krankheiten wie Diabetes

3. Überarbeite die Argumente (→ Heft).
Was daran mangelhaft ist, hat die Lehrkraft am Rand vermerkt. Ergänze, wo nötig, auch Verweise auf die Materialien.

a) Dass Veganismus inzwischen ein richtiger Trend geworden ist, kann ich bestätigen. In meinem Freundeskreis gibt es inzwischen auch zwei Veganer. Ich kann mich noch nicht dazu durchringen. Inzwischen verzichte ich aber immerhin mal auf Fleisch.

Es fehlt eine überzeugende Begründung. Mache deutlich, was das Beispiel mit deinem Argument zu tun hat.

b) Vegan Lebende müssen dauernd gucken, was in den Lebensmitteln drin ist, die sie essen. Sonst sind sie mangelernährt. Das ist echt nervig. Gesund sein kann das nicht. Jedenfalls dann nicht, wenn sich die Leute nicht richtig kümmern.

Stellenweise zu umgangssprachlich formuliert! Bitte Ausdrucksweise verbessern.

c) Viele Menschen sagen, sie ernähren sich vegan, weil sie an die Umwelt und ans Tierwohl denken. Aber oft tun sie das auch für ihre Gesundheit. Also geht es ihnen um sich selbst oder darum, Tiere und Umwelt zu schützen?

Am Ende des Arguments braucht es eine Schlussfolgerung, keine Frage. Ergänze auch Beispiele.

Übung 33 Bearbeite nun die vierte Teilaufgabe der Musterprüfung (→ Heft).

Musterprüfung

Untersuche die Materialien M 1, M 2 und M 3.
Gehe dabei so vor:
...
- Setze dich kritisch mit der folgenden Aussage einer Mitschülerin auseinander:
  „Vegane Ernährung ist inzwischen ein richtiger Trend geworden."
  - Nimm Stellung zu der Aussage.
  - Begründe deine Meinung.
  - Beziehe dich dabei auf die Materialien M 1 bis M 3.

Hinweis: Wenn du deine Lösungen zu den Übungen 26, 28, 30 und 33 zusammennimmst, ergibt sich die komplette Lösung zur Musterprüfung auf S. 60. Eine vollständige Musterlösung findest du auch im Lösungsband ab S. 38.

6 Einen informierenden Text verfassen

Interaktive Aufgaben: Einen informierenden Text verfassen

In einem informierenden Text werden **wichtige Informationen** zu einem bestimmten Thema **vermittelt**. Um einen solchen Text zu schreiben, musst du dir vorher zu diesem Thema genügend **Wissen aneignen**, z. B. durch Recherchen im Internet, in Zeitungen usw. In der Prüfung bekommst du das **Informationsmaterial** zum Thema vorgelegt. Das sind in der Regel fünf bis zehn kürzere Materialien, die du vor dem Schreiben **sichten und auswerten** musst. Bei den Materialien kann es sich um Sachtexte wie Reportagen oder Interviews, Zitate, Tabellen und Diagramme handeln.

Wenn du diese Aufgabe auswählst, musst du einen längeren zusammenhängenden Text schreiben, dessen Aufbau durch die Teilaufgaben der Aufgabenstellung genau vorgegeben ist. Folgendes wird dabei in der Regel von dir verlangt:

- Du sollst für deinen Text eine passende, interessante **Überschrift** formulieren.
- In der **Einleitung** erklärst du zunächst das **Thema** der Materialien.
- Im **Hauptteil** richtest du deinen Blick nacheinander auf **unterschiedliche inhaltliche Schwerpunkte** des Themas. Es wird dir jeweils vorgegeben, auf welche Informationen du eingehen musst. In der Regel sollst du einen Sachverhalt **darstellen** und einen anderen **erläutern** oder **erklären**.
- Zum **Schluss** nimmst du anhand der Materialien und eigener Überlegungen eine **Beurteilung** über eine Fragestellung vor.

Auf den nächsten Seiten findest du eine Materialsammlung, wie sie auch in der Prüfung vorkommen könnte. Lies dir folgende Musterprüfung und die dazugehörigen Materialien aufmerksam durch.

Musterprüfung

Lies bitte zunächst die Aufgabe und dann die Materialien aufmerksam, bevor du mit dem Schreiben beginnst.

Situation

Für die letzten Wochen des Schuljahrs dürft ihr euch für den Deutschunterricht eine Lektüre aussuchen. In Vorbereitung darauf sollt ihr informierende Texte über verschiedene Textgattungen schreiben. Deine Aufgabe ist es, deine Mitschülerinnen und Mitschüler über Science-Fiction-Literatur zu informieren. Als Grundlage dafür erhältst du eine Materialsammlung (M 1–M 6).

Schreibauftrag

Verfasse auf der Grundlage der Materialien M 1–M 6 einen informierenden Text zum Thema „Science-Fiction-Literatur". Schreibe nicht einfach aus den Materialien ab, sondern achte auf eine eigenständige Darstellung in einem zusammenhängenden Text.

Gehe dabei so vor:

- Formuliere für deinen Text eine passende, zum Lesen anregende Überschrift.
- Erkläre einleitend, was man sich unter Science-Fiction-Literatur vorzustellen hat.
- Erläutere, inwiefern sich Science-Fiction- von Fantasy-Literatur unterscheidet.
- Stelle dar, wie sich die Inhalte, um die es in der Science-Fiction-Literatur geht, entwickelt haben. Beziehe dich dabei auf Beispiele.
- Beurteile anhand der Materialien und eigener Überlegungen, warum viele Menschen die Science-Fiction-Literatur faszinierend finden.

M 1: Science-Fiction

Der Begriff *Science-Fiction* kommt aus dem Englischen und bedeutet wörtlich übersetzt Wissenschafts-Dichtung, wobei *science* für *Wissenschaft* und *fiction* für *Dichtung* oder *fiktive*, also *erdachte Literatur* steht.

Ist Science-Fiction also Dichtung oder fiktive Literatur, bei der sich alles um Wissenschaft und Technik dreht? Sicherlich ist dies ein Aspekt, der die Science-Fiction-Literatur verbindet. Doch das Besondere an Science-Fiction ist, dass es nicht nur Geschichten über Wissenschaft und Technik sind, sondern Texte, in denen technische oder wissenschaftliche Dinge erfunden werden, die es so in unserer Umwelt gar nicht gibt.

Erfunden werden beispielsweise neuartige Waffen wie Laserschwerter, Geräte, mit denen man jede Sprache verstehen, oder U-Boote, mit denen man zum Kern der Erde vordringen kann. Eine der wichtigsten Erfindungen der Science-Fiction-Literatur ist die Überwindung von Raum und Zeit durch futuristische Transportmittel und die Erschaffung künstlicher Menschen oder künstlicher Intelligenz wie Avatare[1], Androide[2] oder Roboter.

Darüber hinaus erfindet Science-Fiction allerdings nicht nur neue technische Dinge, sondern stellt diese technischen Erneuerungen auch in einen gesellschaftlichen Zusammenhang. Den technischen Neuerfindungen werden also andersartige Kulturen und Wesen zur Seite gestellt.

Dadurch macht Science-Fiction-Literatur darauf aufmerksam, dass andere technische Entwicklungen, die bei Science-Fiction ja meistens Weiterentwicklungen sind, immer auch gesellschaftliche Konsequenzen haben. Sei es, dass man plötzlich mit außerirdischen Wesen mit spitzen Ohren oder madenförmigen Köpfen kommunizieren muss, sei es, dass man in einem hochentwickelten Apparat mit seinem Avatar immer mehr in eine andere Welt hinübergleitet.

1 *Avatar: ein digitales Wesen, das einem Menschen in der virtuellen Welt zugeordnet wird*

2 *Androide: Maschinenwesen, die Menschen täuschend ähnlich sehen*

Science-Fiction-Literatur entwickelt deshalb oft positive oder negative Utopien[3], die sich mit der gesellschaftlichen Veränderung unserer Welt durch technischen und wissenschaftlichen Fortschritt beschäftigen. […]

Quelle: Uppendahl, Annika: Science-Fiction. In: Rossipotti-Literaturlexikon; hrsg. von Annette Kautt, https://www.literaturlexikon.de/genres/science_fiction.html

3 *Utopie: eine Vorstellung davon, wie die Zukunft aussehen könnte*

M 2: Science-Fiction – Die Zukunft hat schon begonnen

Mit den technischen Erfindungen und der industriellen Revolution im 19. Jahrhundert entwickelte sich ein unerschütterlicher Glaube an die Technik. Mit diesem Hintergrund, dass in Zukunft alles durch Technik und Erfindungsgeist lösbar sei, entstand auch eine neue Art von Geschichten – Science-Fiction.

Manche der – teilweise vor über 100 Jahren – erdachten Abenteuer sind längst Wirklichkeit geworden! Die Entwicklung der Raumfahrt überholte die kühnsten Gedanken der frühen Science-Fiction-AutorInnen: Schon 1865, etwa 100 Jahre vor der ersten Mondlandung, schrieb der französische Autor Jules Verne (1828–1905) die Novelle „Von der Erde zum Mond". Hans Dominik (1842–1945) beschrieb 1918 in seiner Kurzgeschichte „Eine Expedition in den Weltraum" Energiegewinnung durch Atomzertrümmerung (= Kernspaltung), um eine Weltraumrakete zu betreiben. George Orwell (1903–1950) schuf 1948 in seinem Roman „1984" eine bedrückende Welt der totalen Überwachung und Kontrolle. „Big brother is watching you" – dieses Zitat ist durch den Einsatz von Spionagesatelliten seit den 1950er-Jahren bereits Wirklichkeit geworden. […]

Quelle: Lisa Kaltenegger: Science Fiction – Die Zukunft hat schon begonnen, Demokratiewebstatt.at, https://www.demokratiewebstatt.at/thema/thema-wem-gehoert-der-weltraum/zukunft-der-raumfahrt/science-fiction-die-zukunft-hat-schon-begonnen

M 3: Wodurch unterscheiden sich Sci-Fi und Fantasy?

Denken wir an Sci-Fi, dann fallen uns vermutlich futuristische Dinge wie Androiden, Raumschiffe, ferne Planeten und Aliens[1] ein. Oder um es mal mit dem *Star-Trek*-Intro zu sagen: „Unbekannte Lebensformen und neue Zivilisationen, die Enterprise dringt dabei in Galaxien vor, die nie ein Mensch zuvor gesehen hat."

Bei Fantasy denken wir dagegen an Drachen, Zwerge und Schwerter, Zauberer und mystische Artefakte[2]. Kurzum: Wir denken an J. R. R. Tolkiens *Herr der Ringe*.

Wenn man diese Assoziationen[3] etwas schöner und geordneter formuliert, dann sind für Sci-Fi fortschrittliche Technologien und wissenschaftliche Innovationen[4], Ideen und Konzepte charakteristisch. Typische Themen sind beispielsweise Raumfahrt, Zeitreisen, künstliche Intelligenzen, außerirdisches Leben sowie futuristische Utopien und Dystopien[5]. Das genretragende Element bei Fantasy dagegen ist Magie, denn hier stehen übernatürliche Kräfte und Wesen im Vordergrund. Die Wurzeln der Fantasy liegen in Mythologie[6], Märchen und Sagen, deren Einflüsse sich dort deutlich niederschlagen. Dazu gehören typischerweise Kreaturen wie Drachen, Feen, Elfen, Zwerge, Zauberer und Hexen.

Science-Fiction zeigt uns also (mehr oder weniger) mögliche zukünftige Versionen unserer eigenen Welt, während Fantasy in Welten spielt, die niemals von unserer Welt aus erreicht werden können. Denn schließlich sind Wissenschaft und Technologie Dinge, die in unserer Welt existieren, daher müssen wir sie nicht verlassen, um eine Science-Fiction-Geschichte zu betreten. In den allermeisten Fällen blicken wir „nur" in die Zukunft. Fragen, die im Kern vieler Science-Fiction-Geschichten liegen, sind deshalb „Wohin könnte uns das führen?" und „Was wäre, wenn das so weitergeht?". Das definierende Element von Fantasy ist dagegen etwas, das es in unserer Welt nicht gibt und nie geben wird: Magie. Daher ist der Bruch mit der Realität bei Fantasy größer als bei Science-Fiction. […]

Quelle: Karolin Hagendorf: Zwei vom gleichen Schlag? Macht es Sinn, Sci-Fi und Fantasy zusammenzufassen?, Fiktionfetzt.Blog vom 24. 01. 2021, https://fiktionfetzt.blog/2021/01/24/zwei-vom-gleichen-schlag-macht-es-sinn-sci-fi-und-fantasy-zusammenzufassen/

1 *Aliens: Außerirdische*

2 *Artefakt: Erzeugnis, Gegenstand*

3 *Assoziationen: Vorstellungen*

4 *Innovationen: neue Erfindungen, technische Neuerungen*

5 *Utopie und Dystopie: gute und schlechte Vorstellungen von der Zukunft*

6 *Mythologie: die Gesamtheit der Geschichten und Sagen aus früherer Zeit*

M 4: Futuristische Fantasien

Bei „Science-Fiction“ denken wir heute zuallererst an das Weltall [...]. Dabei ging es in den ersten Science-Fiction-Geschichten deutlich irdischer zu. Als Ursprung des Genres gilt „Frankenstein“ (1818) von Mary Shelley – ein Werk, das heute eher als Gruselgeschichte denn als Science-Fiction wahrgenommen wird. Doch entscheidend für die Definition von SciFi ist nicht der Ort, die Zeit oder die Stimmung, sondern das so genannte „Novum“ (lat. für „Neuheit“): eine Abweichung von unserer Realität, die nicht magisch oder übernatürlich erklärt wird wie in der Fantasy, sondern wissenschaftlich-technisch. „Frankenstein“ liegt die Frage zugrunde: „Was wäre, wenn jemand mit wissenschaftlichen Mitteln Leben erschaffen könnte?“ [...]

Die SciFi-Literatur des 19. Jahrhunderts spielt sich noch größtenteils auf der Erde ab – denn das All interessierte die meisten Zeitgenossen damals gar nicht so. Jules Verne sinnierte[1] in „Die Reise zum Mittelpunkt der Erde“ (1873) und „Zwanzigtausend Meilen unter dem Meer“ (1874) über waghalsige Expeditionen in damals unerforschte Gebiete unseres Heimatplaneten. Robert L. Stevenson erforschte in „Der seltsame Fall des Dr. Jekyll und Mr. Hyde“ (1886) die Untiefen der menschlichen Psyche.

Erst kurz vor der Jahrhundertwende befasste sich H. G. Wells in „Die Zeitmaschine“ (1895) und „Krieg der Welten“ (1898) mit Themen, die wir auch in heutiger Science-Fiction häufig wiederfinden: Zeitreise und Alien-Invasion[2]! [...]

Später bahnte sich ein Trend zur düsteren, schweren und politischen Science-Fiction an. Kein Wunder: Die 1930er- und 1940er-Jahre waren bekanntlich geprägt von der Bedrohung durch kommunistische und faschistische Unterdrückungsregimes. In SciFi-Klassikern wie Aldous Huxleys „Brave New World“ (1932) und George Orwells „1984“ (1949) spiegelt sich die Angst der Menschen vor totaler Überwachung und Unfreiheit wider. Auch hier von Raumschiffen, Robotern und Aliens keine Spur ...

Das aber änderte sich in den 1950er- und 1960er-Jahren grundlegend. Der „Wettlauf ins All“ wurde ganz real ein wichtiger Schauplatz des Kalten Krieges, und USA und Sowjetunion setzten alles daran, bei der Raumfahrt die Nase vorn zu haben. In der Folge kam es weltweit zu einer regelrechten Weltraum-Manie[3]: Kolonien auf fremden Planeten, gigantische Strahlenkanonen, Portale in andere Dimensionen – alles schien plötzlich denkbar. [...]

Quelle: FUTURISTISCHE FANTASIEN – TEIL 1: KLEINE SCIFI-KUNDE, https://www.maskworld.com/german/news/futuristische-fantasien-teil-1-kleine-scifi-kunde (aus didaktischen Gründen gekürzt und leicht verändert)

1 *sinnieren: sich Gedanken machen*

2 *Alien-Invasion: das Eindringen von außerirdischen Wesen in unsere Welt*

3 *Manie: Wahnsinn*

M 5: Abgrenzung von Science-Fiction von anderen Genres[1]

Eigene Darstellung nach: Karlheinz Steinmüller: Science Fiction: eine Quelle von Leitbildern für Innovationsprozesse und ein Impulsgeber für Foresight, https://steinmuller.de/de/zukunftsforschung/papers/Paper%20iFQ.pdf

1 *Genre: literarische Gattung*

2 *Belletristik: fiktionale, schöngeistige Literatur; Unterhaltungsliteratur*

M 6: „Der Schwarm" – ein Science-Fiction-Roman von heute

Frank Schätzing thematisiert in seinem 2004 veröffentlichten Science-Fiction-Thriller die Hilflosigkeit der Menschen gegenüber einer außer Kontrolle geratenen Natur. Zu Beginn des Romans erfahren wir, dass Menschen weltweit von Angriffen aus dem Meer heimgesucht werden. Haie und Quallenschwärme attackieren Schwimmer; Schiffe kentern, ohne dass eine Ursache für die Unfälle gefunden werden könnte, Bakterien aus Hummern und Krabben fallen Menschen am Strand an und lassen sie qualvoll sterben. An Kanadas Westküste sind ungewöhnlich aggressive Wale für das Versenken der Schiffe verantwortlich. Die Situation eskaliert[1] zunehmend. Später destabilisieren[2] Wurmkolonien den Kontinentalhang, was einen gewaltigen Tsunami hervorruft, der die Küstengebiete Europas verwüstet.

Ein aus Wissenschaftlern und Militärs zusammengesetztes Expertenteam kommt schließlich zu dem Schluss, dass die seltsamen Entwicklungen auf eine bisher unbekannte Intelligenz zurückzuführen sind, die ihren Ursprung in den Meerestiefen hat. Ziel dieser Intelligenz ist es, die Menschheit von den Meeren zu vertreiben oder ganz auszulöschen. Um eine Katastrophe zu verhindern, wird eine Expedition gestartet.

Quelle: Rekordstart für Romanverfilmung „Der Schwarm", ZDF vom 03. 03. 2023, https://www.lesering.de/id/4909726/Rekordstart-fur-Der-Schwarm/

1 *eskalieren: sich steigern, sich verschärfen*

2 *destabilisieren: aus dem Gleichgewicht bringen*

In den folgenden Kapiteln lernst du, wie du beim Lesen der Materialien und beim Bearbeiten der einzelnen Teilaufgaben vorgehen solltest.

6.1 Materialien sichten und auswerten

Bevor du deinen informierenden Text schreiben kannst, musst du zunächst alle **Materialien** aufmerksam **lesen** und **auswerten**. **Wähle** die Informationen **aus**, die du für wesentlich hältst, **ordne** sie geschickt **an** und **stelle** sie in einem zusammenhängenden Text verständlich **dar**.

Tipp

Es wird *nicht* von dir erwartet, dass du alle Informationen verwendest, die die Materialien enthalten. Im Gegenteil: Du sollst zeigen, dass du in der Lage bist, **genau die Informationen auszuwählen** und strukturiert wiederzugeben, die für die Aufgabe wesentlich sind.

Eine besondere Herausforderung besteht bei dieser Aufgabenstellung nicht nur darin, die wesentlichen Informationen aus den verschiedenen Materialien **auszuwählen**, sondern auch darin, zwischen den Einzelheiten, die dir wichtig erscheinen, einen überzeugenden **Zusammenhang** herzustellen. Warum das nicht so einfach ist, dafür gibt es verschiedene Gründe:

- Du musst davon ausgehen, dass die **Informationen**, die du in deinem informierenden Text verwenden willst, **auf verschiedene Materialien verteilt** sind. Achte also darauf, dass du dich beim Festlegen der Reihenfolge von der Abfolge der Materialien löst.
- Einige Materialien **überschneiden sich bezüglich der Inhalte**. Es kann sein, dass du ähnliche Informationen in zwei oder drei Texten findest. Dann musst du zusehen, dass du sie als Gruppe zusammenstellst. Hüte dich aber vor Wiederholungen.
- Bei einigen Informationen wirst du dich fragen, **wo** du sie in deinem Text am besten **positionierst:** gleich am Anfang, im Mittelteil oder eher am Schluss? In diesem Fall solltest du dich fragen, an welcher Stelle du am besten eine **Überleitung herstellen** kannst. Bedenke, dass du die verschiedenen Informationen nicht einfach nur aufzählen sollst. Zeige auf, wie sich verschiedene Einzelheiten aufeinander beziehen.
- Eine Frage, die du dir auch stellen wirst, ist diese: **Wie ausführlich** solltest du auf die eine oder andere Information eingehen? Am besten orientierst du dich dabei an den verschiedenen Teilaufgaben: Schreibe zu **jeder Teilaufgabe einen Abschnitt von ungefähr gleicher Länge**. Werden in einem Material z. B. verschiedene Beispiele angeführt, dann musst du sie nicht alle aufgreifen. Wähle zwei, maximal drei aus, um eine Aussage zu veranschaulichen oder zu belegen.

Hinweis: Die Materialsammlung, die du in der Prüfung erhältst, besteht in der Regel aus verschiedenen **Sachtexten**, aber auch **nichtlineare Texte** wie Diagramme oder Tabellen können vorkommen. Wie du bei deren Auswertung vorgehst, kannst du auch noch einmal ab S. 61 nachlesen.

Schritt für Schritt

Das Schreiben eines informierenden Textes vorbereiten

Arbeitsschritt 1 **Aufgabenstellung durchdenken:** Lies zuerst die Aufgabenstellung sorgfältig durch und mache dir klar, was in den einzelnen Teilaufgaben von dir verlangt wird.

Arbeitsschritt 2 **Materialien sichten:** Lies alle Materialien sorgfältig durch. Überlege, welcher Aspekt in jedem Text im Vordergrund steht. Am besten notierst du nach der Lektüre jedes Textes sofort neben der Überschrift, worum es hier im Besonderen geht.

Arbeitsschritt 3 **Materialien auswerten:** Lies die Materialien ein zweites Mal durch. Markiere alle Textstellen, die dir in Bezug auf die Aufgabenstellung wichtig erscheinen, und notiere am rechten Rand Stichpunkte zu den Inhalten. So behältst du die Übersicht darüber, wo du welche Information findest.

Arbeitsschritt 4 **Informationen zuordnen:** Sieh dir deine Randkommentare genau an und überlege, in welcher Teilaufgabe du die einzelnen Informationen am besten verwerten kannst. Kennzeichne sie mit der Nummer der entsprechenden Teilaufgabe.

Arbeitsschritt 5 **Schreibplan erstellen:** Nimm dir ein separates Blatt und lege darauf einen Schreibplan an. Notiere als Erstes die Teilaufgaben stichwortartig untereinander. (Lass genügend Platz zwischen ihnen.) Trage anschließend unter jeder Teilaufgabe die dazu passenden Informationen aus den Materialien ein. Auch hier genügen Stichworte.

Übung 34

Lies die Materialien M 1–M 6 auf S. 80–83 durch. Bearbeite dann die Aufgaben.

Aufgaben

1. Notiere zu jedem Material, welcher Inhalt dort den Schwerpunkt bildet.

   M 1: ______

   M 2: ______

   M 3: ______

   M 4: ______

   M 5: ______

   M 6: ______

2. Die Schülerin Alina hat in **M 1** einige Textstellen markiert, die sie wichtig findet. Sie weiß aber nicht, welche Kommentare sie an den Rand schreiben soll. Überlege dir passende Kommentare und ergänze sie rechts neben dem Text.

   a) Der Begriff *Science-Fiction* kommt aus dem Englischen und bedeutet wörtlich übersetzt Wissenschafts-Dichtung [...] (Z. 1 f.) ______

   b) [...] Texte, in denen technische oder wissenschaftliche Dinge erfunden werden, die es so in unserer Umwelt gar nicht gibt. (Z. 7–9) ______

c) [...] stellt diese technischen Erneuerungen auch in einen gesellschaftlichen Zusammenhang. (Z. 17 f.)

d) [...] entwickelt deshalb oft positive oder negative Utopien, die sich mit der gesellschaftlichen Veränderung unserer Welt durch technischen und wissenschaftlichen Fortschritt beschäftigen. (Z. 26–28)

3. Werte nun die Materialien **M 2** und **M 4** aus. Lies jeden Text noch einmal sorgfältig durch und markiere dabei wichtige Aussagen. Ergänze jeweils Kommentare am Rand, um festzuhalten, welche Gesichtspunkte dort von Interesse sind.

4. Notiere die wesentlichen Unterschiede, die es zwischen Science-Fiction-Literatur und Fantasy-Literatur gibt (**M 3**). Trage sie in die passende Spalte der Tabelle ein. Orientiere dich an den Fragepronomen.

	Science-Fiction-Literatur	Fantasy-Literatur
Wer?		
Wann?		
Wo?		
Was?		
Wie?		

5. Notiere, was sich aus der Grafik (**M 5**) über Science-Fiction-Literatur ablesen lässt. Stichworte genügen.

6. Bestimme das Thema, um das sich Frank Schätzings Roman „Der Schwarm" dreht (**M 6**). Stichworte genügen.

7. Ordne die folgenden Informationen den passenden Materialien zu. Wenn eine Information in mehr als einem Material enthalten ist, setzt du mehrere Kreuze.

	M 1	M 2	M 3	M 4	M 5	M 6
a) Es gibt einen Unterschied zwischen Science-Fiction-Literatur und Fantasy-Literatur.	☐	☐	☐	☐	☐	☐
b) In Science-Fiction-Literatur werden Geschichten erzählt, die sich jemand ausgedacht hat.	☐	☐	☐	☐	☐	☐
c) Fantasy-Literatur spielt in einer Welt der Magie; dort gibt es z. B. Zauberer und Zwerge.	☐	☐	☐	☐	☐	☐
d) In Science-Fiction-Literatur gibt es immer ein „Novum“, also eine Neuheit.	☐	☐	☐	☐	☐	☐
e) Science-Fiction-Literatur wurde befördert durch den Glauben an den Fortschritt.	☐	☐	☐	☐	☐	☐
f) Einige Science-Fiction-Werke erzählen von technischen Neuerungen, die es heute gibt.	☐	☐	☐	☐	☐	☐
g) Science-Fiction-Literatur erzählt manchmal auch vom Leben in einem Überwachungsstaat.	☐	☐	☐	☐	☐	☐
h) Themen von Science-Fiction-Geschichten sind auch Zeitreisen und außerirdisches Leben.	☐	☐	☐	☐	☐	☐
i) Die ersten Science-Fiction-Geschichten spielen nicht im Weltall, sondern auf der Erde.	☐	☐	☐	☐	☐	☐
j) Ein moderner Science-Fiction-Roman erzählt von Angriffen der Natur auf Menschen.	☐	☐	☐	☐	☐	☐

Übung 35 Vervollständige nun den folgenden Schreibplan für die Teilaufgaben 2 bis 4 der Musterprüfung (S. 80). Nutze dazu die Informationen, die du in Übung 34 erarbeitet hast.

Teilaufgabe 2

Definition von Science-Fiction

- Wortherkunft: *science* „Wissenschaft", *fiction* „Dichtung, erdacht" (M 1)

Teilaufgabe 3

Unterscheidung von Science-Fiction und Fantasy

Science-Fiction:

Fantasy:

Teilaufgabe 4

Entwicklung der Science-Fiction-Literatur und Beispiele

6.2 Informationen darstellen

Nun verfasst du deinen informierenden Text. Orientiere dich dabei an dem **Schreibplan**, den du erstellt hast. Verwende die Stichworte, die du darin eingetragen hast, und schreibe einen zusammenhängenden Text.

Beachte im Hinblick auf die Darstellung Folgendes:

- Schreibe **sachlich** und **neutral** – ohne persönliche Kommentare.
- Die Zeitform ist das **Präsens**.
- Berücksichtige die **Schreibsituation:** Schreibst du zu einem bestimmten **Anlass** (z. B. Schulaufführung, Jahrestag), nimmst du darauf Bezug. Ist dir eine **Textsorte** vorgegeben, musst du deren Merkmale beachten (z. B. Datum und Anrede bei Briefen). Wenn es sich anbietet, kannst du deine **Leserinnen und Leser** zwischendurch auch direkt ansprechen. Richte deine Sprache dann an ihnen aus (z. B. mehr oder weniger förmlich).
- Verwende unbedingt **eigene Worte**! Schreibe nicht aus den Materialien ab.
- Achte darauf, **Verknüpfungen und Überleitungen** zwischen den einzelnen Abschnitten herzustellen. Insgesamt muss sich ein zusammenhängender Text ergeben.

Tipp

Bevor du anfängst, deinen Text zu schreiben, solltest du genügend **Platz für eine Überschrift** freilassen. Du kannst deine Überschrift nämlich am besten formulieren, nachdem du deinen Text bereits fertig geschrieben hast. Dann weißt du schließlich schon, was du mit deinem informierenden Text zum Ausdruck bringen willst.

Übung 36

Lies noch einmal die **Situation** und den **Schreibauftrag** der Musterprüfung genau durch. Bearbeite dann die Aufgaben.

Musterprüfung

Lies bitte zunächst die Aufgabe und dann die Materialien aufmerksam, bevor du mit dem Schreiben beginnst.

Situation

Für die letzten Wochen des Schuljahrs dürft ihr euch für den Deutschunterricht eine Lektüre aussuchen. In Vorbereitung darauf sollt ihr informierende Texte über verschiedene Textgattungen schreiben. Deine Aufgabe ist es, deine Mitschülerinnen und Mitschüler über Science-Fiction-Literatur zu informieren. Als Grundlage dafür erhältst du eine Materialsammlung (M 1–M 6).

Schreibauftrag

Verfasse auf der Grundlage der Materialien M 1–M 6 einen informierenden Text zum Thema „Science-Fiction-Literatur“. Schreibe nicht einfach aus den Materialien ab, sondern achte auf eine eigenständige Darstellung in einem zusammenhängenden Text.

Gehe dabei so vor:

...

Aufgaben

1. Bestimme das Ziel, das du mit deinem informierenden Text verfolgst. Stichworte genügen.

2. Überlege dir eine Einleitung, in der du dein Publikum darauf vorbereitest, welche Inhalte du in deinem Text darstellst. Sprich deine Leserinnen und Leser darin direkt an (→ Heft).

Übung 37 Bearbeite die Teilaufgaben 2 bis 4 der Musterprüfung (→ Heft). Orientiere dich an deinem Schreibplan (Übung 35).

Musterprüfung

...

Gehe dabei so vor:

...

- Erkläre einleitend, was man sich unter Science-Fiction-Literatur vorzustellen hat.
- Erläutere, inwiefern sich Science-Fiction- von Fantasy-Literatur unterscheidet.
- Stelle dar, wie sich die Inhalte, um die es in der Science-Fiction-Literatur geht, entwickelt haben. Beziehe dich dabei auf Beispiele.

...

6.3 Eine Beurteilung vornehmen

In der letzten Teilaufgabe wird von dir verlangt, dass du zum Thema deines informierenden Textes eine Beurteilung oder Schlussfolgerung vornimmst. Im Schlussabsatz sollst du also deine eigene **Meinung** äußern. Wichtig ist dabei, dass du deine Beurteilung oder Schlussfolgerung gut **begründest**.

Schritt für Schritt

Eine Beurteilung schreiben

Arbeitsschritt **1** Frage dich, wie dein Urteil oder deine Schlussfolgerung aussehen soll. Stelle dazu eine Art **These** auf.

Arbeitsschritt **2** **Begründe** deine These. Orientiere dich dabei an den Informationen, die du bereits aus den Materialien zusammengetragen hast. Wähle diejenigen aus, die du in Bezug auf deine Meinung für besonders überzeugend hältst.

Arbeitsschritt **3** **Bekräftige** abschließend die These, die du aufgestellt hast. Verweise dabei auf die entscheidenden Einzelheiten.

Tipp

Laut Aufgabenstellung sollst du dich in deiner Beurteilung sowohl auf die Materialien als auch auf **eigene Erfahrungen** beziehen. Diese kannst du gut mithilfe von **Beispielen** einbringen.

Übung 38

Lies noch einmal die Informationen, die du aus der Materialsammlung M 1–M 6 (S. 80–83) zusammengetragen hast. Bearbeite dann die Aufgaben.

Aufgaben

1. Stelle eine These auf, weshalb viele Menschen Science-Fiction-Literatur faszinierend finden.

   ____

   ____

2. a) Wähle aus deinen gesammelten Informationen diejenigen aus, die du für besonders interessant hältst. Erstelle eine Stichwortliste (→ Heft).

   b) Wähle von den Stichworten diejenigen aus, die du verwenden willst, um deine These zu begründen. Kennzeichne sie mit ✓.

Übung 39

Bearbeite nun die letzte Teilaufgabe der Musterprüfung (→ Heft).

Musterprüfung

...

Gehe dabei so vor:

...

- Beurteile anhand der Materialien und eigener Überlegungen, warum viele Menschen die Science-Fiction-Literatur faszinierend finden.

6.4 Eine Überschrift formulieren

Überlege dir zum Schluss eine passende Überschrift für deinen Text. Schreibe sie in die Zeile, die du am Anfang freigelassen hast. Beachte dabei Folgendes:

- Die Überschrift muss zum Text **passen**.
- Die Überschrift soll zum Lesen **anregen**. Mache deine Leserinnen und Leser neugierig oder wecke ihr Interesse z. B. durch ein Wortspiel.
- Die Überschrift soll **kurz** und **prägnant** sein. Ausformulierte Sätze sind dafür ungeeignet.

Beispiel

Science-Fiction-Literatur sind fantasievolle Texte über unglaubliche Träume von der Zukunft.
→ Die Überschrift ist zu lang, besser so: *Science-Fiction: Träume von der Zukunft*

Auf einen Blick

Tipps für das Formulieren von Überschriften	
Keine Artikel und Verben	Du lässt Artikel und Verben weg. *Es gibt verschiedene Zukunftsvisionen in der Science-Fiction-Literatur.* → *Zukunftsvisionen in Science-Fiction-Literatur*
Verben werden zu Nomen	Du wandelst Verben in Nomen um. *Wagemutige Menschen reisen ins Weltall.* → *Reisen wagemutiger Menschen ins Weltall*
Doppelpunkt	Du setzt einen Doppelpunkt, um Verben einzusparen. *Nach dem Zweiten Weltkriegs war atomare Bedrohung ein Thema.* → *Thema nach dem Zweiten Weltkrieg: Atomare Bedrohung*
Ausrufesatz	Du wandelst einen Aussage- in einen Ausrufesatz um. Das Verb kann entfallen. *Einige Zukunftsvisionen sind längst wahr geworden.* → *Einige Zukunftsvisionen längst wahr geworden!*
Verkürzte Frage	Um mögliche Probleme zu nennen, kannst du eine Aussage in eine verkürzte Frage umwandeln. *Es stellt sich die Frage, ob es immer mehr Überwachungsstaaten gibt.* → *Immer mehr Überwachungsstaaten?*

Übung 40

Lies noch einmal, was du zu den anderen Teilaufgaben geschrieben hast, und bearbeite dann die erste Teilaufgabe der Musterprüfung (→ Heft).

Musterprüfung

...

Gehe dabei so vor:

- Formuliere für deinen Text eine passende, zum Lesen anregende Überschrift.

...

Hinweis: Wenn du deine Lösungen zu den Übungen 36.2, 37, 39 und 40 zusammennimmst, ergibt sich die komplette Lösung zur Musterprüfung auf S. 80. Eine vollständige Musterlösung findest du auch im Lösungsband ab S. 49.

7 Den Aufsatz gut und richtig schreiben

MindCards: Wichtiges wiederholen

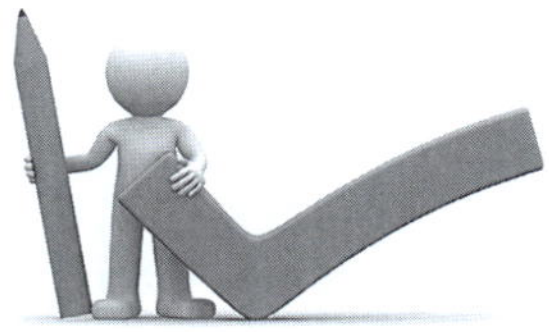

Wenn du einen Text verfasst, ist nicht nur wichtig, **was** du schreibst, sondern auch **wie** du diese Inhalte **sprachlich präsentierst**. Daher fließen auch folgende Aspekte in die Bewertung deines Prüfungsaufsatzes ein:

- der **Ausdruck** (z. B. Sprachstil, Wortwahl und Satzbau),
- die **sprachliche Richtigkeit** (Rechtschreibung, Grammatik, Zeichensetzung).

7.1 Geschickt formulieren

Interaktive Aufgaben: Ausdruck und Stil verbessern

Damit die Leserinnen und Leser die Inhalte deines Aufsatzes gut nachvollziehen können, muss dein Text **abwechslungsreich** und leicht **verständlich** geschrieben sein.

Auf einen Blick

Worauf musst du bei der Formulierung eines guten Textes achten?	
Treffende Wörter	Vermeide eine gehäufte Verwendung von „einfachen" Verben und Adjektiven wie z. B. *machen, tun, sagen; gut, schön.*
Übersichtliche Satzkonstruktionen	• Schreibe keine unübersichtlichen „Bandwurmsätze", sondern benutze Satzgefüge, die nur aus einem Hauptsatz und höchstens zwei Nebensätzen bestehen. • Vermeide mehrere aufeinanderfolgende Konjunktionen. Schreibe z. B. nicht: *Viele Schüler*innen denken, dass, wenn sie keine Markenkleidung tragen, sie gemobbt werden.* Besser: *Viele Schüler*innen denken, dass sie gemobbt werden, wenn sie keine Markenkleidung tragen.*
Informationen richtig platzieren	Platziere wesentliche Informationen an einer auffälligen Stelle, z. B. am Anfang oder Ende eines Absatzes.
Abwechslungsreiche Satzanfänge	Versuche, unterschiedliche Satzanfänge zu formulieren. Beginne z. B. nicht immer mit dem Subjekt.
Passende Verknüpfungen	Wähle zum Verknüpfen von Sätzen treffende Konjunktionen und Adverbien, die die Zusammenhänge verdeutlichen, z. B. *da, weil* (Begründung) oder *wenn, falls* (Bedingung).
Angemessener Sprachstil	Vermeide umgangssprachliche Ausdrücke in Textsorten, die man in der Standardsprache schreibt. Umgangssprachlich ist es auch, wenn du Wörter unangemessen verkürzt. Schreibe also z. B. nicht *reinkommen* (statt *hereinkommen) oder mal* (statt *einmal*).
Wiederholungen vermeiden	Achte darauf, Wörter nicht unnötig zu wiederholen. Ersetze sie durch passende Pronomen oder Synonyme, z. B. so: *Lisa will sich heute einen Traum erfüllen. Sie/Die junge Frau hat sehr lange dafür gespart.*
Anschauliche Beispiele	Veranschauliche deine grundlegenden Aussagen durch interessante Beispiele, z. B.: *Max ist ein Geldverschwender. Gestern hat er sich eine teure Markenuhr gekauft, obwohl er nie Armbanduhren trägt.*

Übung 41

1. Ersetze die unterstrichenen Wörter jeweils durch treffendere Formulierungen. Stelle die Sätze gegebenenfalls um, ohne dass sich der Sinn ändert.

> Forschende haben Untersuchungen darüber gemacht, welche Überlegungen sich Jugendliche beim Kauf von Kleidung machen. Für sie ist ein Nutzen von Markenbekleidung z. B., bei einer Gruppe mitmachen zu können. Natürlich macht auch der Preis etwas aus. Aber: „Jugendlichen ist die Anerkennung in der Gruppe sehr viel wert", sagt ein Psychologe, „daher sind sie bereit, ihr ganzes Taschengeld dafür auszugeben."

2. Unterstreiche im Text alle umgangssprachlichen Begriffe und verbessere sie auf der Zeile daneben.

Jugendliche finden auch deshalb Markenklamotten toll, weil sie ihren prominenten Idolen nacheifern wollen. Indem Promis, die bei jungen Leuten gerade in sind, für bestimmte Marken werben, wird den Jugendlichen vermittelt, dass sie ihren Vorbildern ähnlich werden, wenn sie diese Sachen kaufen. Daher werden z. B. erfolgreiche Fußballer zu Werbeträgern für Sportbekleidung oder sexy Sängerinnen zu Models für Damenmode.

3. Verbessere den folgenden Text, indem du die rot unterstrichenen Wortwiederholungen durch Synonyme oder passende Pronomen ersetzt. Schreibe deine Korrekturen jeweils auf die Zeile darunter.

Die Studie hatte sich zum Ziel gesetzt, die Gruppe der 14- bis 17-Jährigen zu beschreiben. Die Studie wollte insbesondere das Umfeld untersuchen, in

dem die 14- bis 17-Jährigen aufwachsen. Mithilfe von Interviews, schrift-

lichen Aussagen und Fotos wurde untersucht, wie die Jugendlichen denken

und handeln. Dabei ging es auch um die Frage, was die Jugendlichen über

Markenkleidung denken.

4. Vereinfache nachfolgende Satzkonstruktionen, indem du z. B. die Sätze umformst oder mehrere kurze Sätze bildest. Denke daran, dass alle Informationen erhalten bleiben müssen.
   a) Den Jugendlichen, die befragt wurden, war nicht klar, dass sie mit dem Kaufverhalten, das sie zeigen, auch dazu beitragen können, ob der Umwelt ein Schaden zugefügt wird oder nicht.

   b) Die Mädchen und Jungen sollen sich, bevor sie ein Produkt kaufen, die Frage stellen, unter welchen Bedingungen es hergestellt wird, und sie sollen sich auch fragen, welche Auswirkungen die Herstellung auf die Umwelt hat.

   c) Dass die Jugendlichen eher ihr Verhalten ändern, wenn sie Lebensmittel einkaufen, als wenn sie Mode kaufen, liegt unter anderem daran, dass es kaum fair produzierte Kleidung gibt, die ihrem bevorzugten Modestil entspricht.

7.2 Zitate gezielt einsetzen

Bei der Arbeit mit Texten musst du deine **Aussagen** immer wieder **anhand von Textstellen belegen**. Dabei geht es nicht darum, möglichst viele **Zitate** aneinanderzureihen. Entscheidend ist vielmehr, dass du besonders aussagekräftige Textstellen anführst.

Auf einen Blick

Wie belegst du Aussagen anhand von Textstellen?	
Zitate richtig kennzeichnen	Es gibt zwei Möglichkeiten, wie du dich auf Textstellen beziehen kannst: • Entweder du schreibst die passende Textstelle wortwörtlich als **direktes Zitat** aus dem Text heraus. Setze dein Zitat in Anführungszeichen und stelle die jeweilige Zeilenangabe in Klammern dahinter: „…“ (Z. x) • Oder du gibst die Textstelle mit eigenen Worten als **indirektes Zitat** wieder. Hier setzt du keine Anführungszeichen und fügst in der Zeilenangabe ein „vgl.“ hinzu: … *(vgl. Z. x)*
Sinn erläutern	Eine Textstelle nur zu zitieren, genügt nicht. Du musst auch deutlich machen, … • was eine Textstelle aussagt, z. B. über eine Figur. • warum die zitierte Textstelle eine Aussage, die du zum Text gemacht hast, unterstützt.
Zitat mit eigenem Text verknüpfen	Verknüpfe das Zitat mit deinem Text: • Führe mit eigenen Worten zum Zitat hin, z. B. durch eine deutende Aussage: *Dass die junge Frau in Wirklichkeit gar nicht so selbstsicher ist, wie es scheint, wird an ihrem Verhalten deutlich. So heißt es: „ …“ (Z. x).* • Mit diesen Worten kannst du die Erläuterung nach dem Zitat beginnen: *Das zeigt, dass … / Wenn …, dann … / Daran kann man erkennen, dass … / Hier wird deutlich, …*

Übung 42

1. Formuliere die direkten Zitate in indirekte um.
   Orientiere dich an folgendem Beispiel:

   Beispiel

   „Der Urlaub mit dem Auto oder Flugzeug beeinflusst das Klima negativ.“ (Z. x)
   ↓ ↓ ↓ ↙
   Das Verreisen mit einigen Verkehrsmitteln ist klimaschädlich. (vgl. Z. x)

   a) „Frische Nahrungsmittel enthalten mehr Nährstoffe als Pizza, Burger und Pommes.“ (Z. x)

   ____

   ____

   b) „Jugendliche drücken ihre Identität z. B. auch mit dem Markenlabel auf ihren T-Shirts oder Pullovern aus.“ (Z. x)

   ____

   ____

Tipp

Um einen **Satz in eigene Worte umzuformulieren**, hast du zahlreiche Möglichkeiten. Du kannst einen Satz ganz frei wiedergeben oder schrittweise vorgehen. Dabei kannst du z. B.:

- Begriffe durch **Synonyme** austauschen, z. B. *Urlaub* → *Verreisen.*
- Aufzählungen unter **Sammelbegriffen** zusammenfassen, z. B. *Auto, Flugzeug* → *Verkehrsmittel.*
- **Wortgruppen zusammenfassen**, u. a. indem du Komposita (Wortzusammensetzungen) bildest, z. B. *beeinflusst das Klima negativ* → *ist klimaschädlich.*

2. Bearbeite nachfolgende Aufgaben zum direkten Zitieren von Textstellen.

a) Ordne den Zitaten die jeweils passende Erläuterung des Sinns zu. Verbinde entsprechend.

„Jugendliche drücken ihre Identität z. B. auch mit dem Markenlabel auf ihren T-Shirts oder Pullovern aus." (Z. x)	Es ist gesünder, frisches Obst zu essen oder selbst zu kochen, als Fast Food und Fertigprodukte zu sich zu nehmen.
„Der Urlaub mit dem Auto oder Flugzeug beeinflusst das Klima negativ." (Z. x)	Ein bestimmter Kleidungsstil ist oftmals Voraussetzung, um einer Gruppe beitreten zu dürfen.
„Frische Nahrungsmittel enthalten mehr Nährstoffe als Pizza, Burger und Pommes." (Z. x)	Jugendliche legen viel Wert auf Markenbekleidung.
„An der Kleidung kann man häufig ablesen, zu welcher Clique ein Jugendlicher gehört." (Z. x)	Ein klimafreundlicher Einkauf bedeutet, bei frischen Lebensmitteln darauf zu achten, dass sie aus der Region stammen.
„Beim Import von Südfrüchten wie Ananas oder Bananen entstehen aufgrund der weiten Transportwege viele Treibhausgase." (Z. x)	Wenn jede einzelne Person darauf achtet, mit welchem Verkehrsmittel sie verreist, kann sie einen Beitrag zum Klimaschutz leisten.

b) Verknüpfe die Zitate mit den Erläuterungen. Verfasse jeweils einen vollständigen Textbeleg und unterstreiche die Verknüpfung (→ Heft).

7.3 Den Konjunktiv richtig verwenden

Wenn du den Inhalt eines Textes zusammenfassen sollst, musst du deutlich machen, dass du die **Aussagen einer anderen Person**, also der Verfasserin oder des Verfassers, wiedergibst. Dafür verwendest du die **indirekte Rede** und den **Konjunktiv I**.

Den Konjunktiv I kannst du in der Regel so bilden: **Stamm des Verbs + e**.

Beispiel

„Der Markenwahn von Grundschulkindern geht von den Eltern aus."
→ Aussage der Verfasserin oder des Verfassers

Der Verfasserin oder der Verfasser meint, der Markenwahn von Grundschulkindern gehe von den Eltern aus. → indirekte Rede

Tipp

Meist genügt es, wenn du am **Anfang** deiner Inhaltszusammenfassung bzw. jedes Sinnabschnitts einen **Begleitsatz** einfügst (z. B. *Der Verfasser meint/behauptet/erläutert …*). Durch die Verwendung des Konjunktivs ist den Leserinnen und Lesern auch bei den nachfolgenden Sätzen klar, dass du keine Tatsachen darstellst, sondern die Aussagen der Autorin oder des Autors wiedergibst. Du kannst den Begleitsatz aber genauso gut erst **nach der ersten Aussage** der Verfasserin/des Verfassers formulieren.

Hinweis: Wenn du die indirekte Rede vermeiden willst, kannst du auch auf eine andere Weise verdeutlichen, dass du die Gedanken eines anderen wiedergibst. Stelle dann einen Satz voran wie: *Der Autor begründet das so: …* oder: *Er stellt das folgendermaßen dar: …*

Nicht immer kann man die Konjunktivform eindeutig erkennen. Dann nimmst du ersatzweise den **Konjunktiv II**, der aus der **Präteritum-Form** des Verbs gebildet wird. Diese ist ebenfalls daran zu erkennen, dass ein **-e-** vor der Personalendung eingefügt ist. Wenn möglich, wird aus dem Stammvokal dann ein **Umlaut**. Sollte auch die Form des Konjunktivs II nicht eindeutig als Konjunktivform zu identifizieren sein, weichst du auf die **Umschreibung mit „würde"** aus.

Beispiel

Die folgende Tabelle zeigt, welche Verbformen von „gehen" in der indirekten Rede infrage kommen:

	Konjunktiv I	Konjunktiv II	Umschreibung mit „würde"
ich	~~gehe~~	ginge ✓	
du	gehest ✓		
er/sie/es	gehe ✓		
wir	~~gehen~~	~~gingen~~	würden gehen ✓
ihr	gehet ✓		
sie	~~gehen~~	~~gingen~~	würden gehen ✓

Die Formen in der Tabelle betreffen nur Äußerungen, die ursprünglich im Präsens standen. Bei Aussagen in anderen Zeitformen gelten andere Regeln:

- Formen der Zukunft bildet man mit dem Konjunktiv des Hilfsverbs *werden*.
- Formen der Vergangenheit werden im Konjunktiv mit den Hilfsverben *haben* oder *sein* ausgedrückt.

Tipp

Du musst nicht alle Verben in den Konjunktiv setzen:

- Bei **mehrteiligen Prädikaten** steht immer nur das **erste Verb** (Hilfsverb oder Modalverb) **im Konjunktiv**.
- Das Verb, mit dem du sagst, was die Verfasserin/der Verfasser äußert, ändert sich nicht; es bleibt unverändert im Indikativ: Sie/Er *meint, erklärt, erläutert usw.*

Übung 43

1. Erstelle in gleicher Weise wie im Beispiel eine Tabelle für die Konjunktivformen der Hilfsverben *sein*, *haben* und *werden* (→ Heft).

2. Wandle die folgenden Äußerungen in die indirekte Rede um.

Der Verfasser erläutert:	Der Verfasser erläutert, …
„Das Markenbewusstsein von Jugendlichen steigt stetig an."	
„Das ist sogar schon in Grundschulen zu beobachten."	
„Allerdings geht das nicht von den Grundschülern selbst aus."	
„Vielmehr liegt es an den Eltern, die ihre Kinder dahingehend beeinflussen."	
„Indem sie selbst Wert auf Markenkleidung legen, vermitteln sie ihren Kindern dieses Markenbewusstsein."	

3. Ergänze in nachfolgender Inhaltszusammenfassung die korrekte grammatische Form der Verben in den Klammern.

Zu Beginn des Textes ____________ (beschreiben) der Verfasser, wie sich das Markenbewusstsein der Kinder und Jugendlichen ____________ ____________ (verändern). Seiner Auffassung nach ____________ (sein) die Eltern dafür verantwortlich, dass bereits Grundschüler ein gewisses Markenbewusstsein ____________ (entwickeln). Im Folgenden ____________ (heißen) es allerdings, der Hauptgrund für Mobbing in der Grundschule ____________ (sein) nicht die fehlende Markenbekleidung, sondern der Übertritt auf das Gymnasium. Dieser ____________ (hängen) aber häufig mit der finanziellen Situation der Eltern zusammen, die sich wiederum in der Bekleidung der Kinder ____________ (widerspiegeln).

Interaktive Aufgaben: Rechtschreibung üben

7.4 Rechtschreibung

Achte darauf, dass du deine Texte möglichst **fehlerfrei** schreibst, denn in deinem Aufsatz werden auch Rechtschreibung und Zeichensetzung bewertet. Dies sind die wichtigsten **Regeln zur Rechtschreibung:**

Kurz gesprochene Vokale

Auf einen Blick

Lernvideos: Rechtschreibregeln

Kennzeichnung	Regel	Beispiele
Doppelkonsonant	Auf einen kurzen Vokal folgen **zwei Konsonanten**. Hörst du nach dem Vokal **nur einen Konsonanten**, dann muss er **verdoppelt** werden.	*kalt, Helm, sind, Kinn, sollen, Kutte*
	Ausnahmen und Besonderheiten	
	• Ein Doppelkonsonant, der zum Wortstamm gehört, **bleibt** in allen Wortformen **erhalten**, auch dann, wenn ein weiterer Konsonant folgt.	*bestellen – bestellt* *kennen – bekannt*
	• Bei **manchen einsilbigen Wörtern** schreibt man keinen Doppelkonsonanten.	*das, mit, ob, zum*
ck oder tz	Die Konsonanten **k** und **z** werden nicht verdoppelt. Man schreibt stattdessen **ck** oder **tz**.	*Mücke, Witze*

Lang gesprochene Vokale

Zu den langen Vokalen zählen nicht nur lang gesprochenes *a, e, i, o* oder *u*, sondern auch **Doppellaute** wie *au* und *ei*.
Zur Kennzeichnung von langen betonten Vokalen gibt es folgende Regeln:

Auf einen Blick

Kennzeichnung	Regel	Beispiele
Keine Kennzeichnung	Bei den meisten Wörtern wird der lange Vokal **nicht extra gekennzeichnet**.	*Tag, lesen, Mut* *Bote, fragen*
ie	Ein **langes i** wird in der Regel mit **ie** wiedergegeben. Bei **Fremdwörtern** steht häufig ein **einfaches i**.	*Tier, lieben, Knie* *Notiz, Kino, Virus*
Doppelvokal	Es gibt auch Wörter, in denen der **Vokal verdoppelt** wird. Diese Wörter musst du **auswendig lernen**.	*Aal, Meer, Moor*
Dehnungs-h	Wenn auf den langen betonten Vokal **l**, **m**, **n** oder **r** folgt, wird bei **einigen** Wörtern ein **Dehnungs-h** eingeschoben. Auch hier musst du **auswendig lernen**, welche Wörter ein Dehnungs-h haben und welche nicht.	*Stuhl, Rahm, Sahne, fahren* *Ohne Dehnungs h: Schal, Dame, Person, Schere*
Silbentrennendes h	In einigen Wörtern folgt auf einen **langen** Vokal ein **kurzer**. Dann wird oft ein sogenanntes **silbentrennendes h** eingefügt, um deutlich zu zeigen, dass eine neue Silbe anfängt.	*ge | hen, flie | hen, se | hen*

Tipp

Bei Unsicherheiten kann dir das **Stammprinzip** weiterhelfen. Es besagt, dass alle Wörter derselben Wortfamilie ihre typischen Schreibweisen in allen Wortformen beibehalten. Suche …

- nach einer Form des Wortes, bei der du die **richtige Schreibweise hören** kannst, z. B.: *Wald oder Walt? – Wälder; bund oder bunt? – bunte; heftik oder heftig? – heftiger*
- nach einem anderen Wort aus **derselben Wortfamilie**, das du kennst, z. B.: *lästig – Last – belästigen; essen – (er) isst – Esstisch; fahren – (er) fährt – gefährlich – Fährte*

s-Laute

Die Schreibweise von s-Lauten hängt von zweierlei ab: von der **Länge des vorangehenden Vokals** und von der **Aussprache des s-Lauts**.

Auf einen Blick

s-Laute richtig schreiben	
s	**Einfaches s** schreibst du, wenn das s **stimmhaft** ist, z. B.: *Hase, leise, lesen.*
ß	**Scharfes ß** schreibst du, wenn der s-Laut **stimmlos** ist und nach einem **langem Vokal** steht, z. B.: *Ruß, Füße, beißen, heiß.*
ss	**Doppel-s** schreibst du, wenn der s-Laut **stimmlos** ist und auf einen **kurzen Vokal** folgt, z. B.: *wissen, Kissen, Masse, nass.*

Hinweis: Führe bei s-Lauten **am Wortende** immer die **Verlängerungsprobe** durch! Im Deutschen wird das stimmhafte s am Wortende nämlich wie ein stimmloses s ausgesprochen.

Beispiel

Bei dem Wort „Maus“ hört man nach einem langen Vokal ein stimmloses s.
Die Verlängerungsprobe zeigt aber, dass das s eigentlich stimmhaft ist:
Maus → Mäuse

Tipp

Wenn du dir nicht sicher bist, ob ein **s-Laut stimmhaft oder stimmlos** gesprochen wird, kannst du die **Handprobe** machen: Lege die Hand vorn um deinen Hals und sprich das Wort laut aus. Ist der s-Laut stimmhaft, vibrieren deine Stimmbänder – und das kannst du fühlen! Solltest du mit der Hand nichts fühlen, ist der s-Laut stimmlos.

Übung 44

Setze in die Lücken jeweils einen oder zwei Buchstaben ein, damit ein sinnvoller Satz entsteht.

Damit die Erde auch für zukünftige Generationen erhalten bleibt, mü____en dr____ngend Ma____nahmen für den Umweltschu____ ergri____en werden. Jede Person kann einen Beitra____ leisten, indem sie beim Einkauf auf Nachhaltigkeit achtet. Es w____re falsch zu glauben, dass man als Konsument*in nichts bew____rken kann, de____ die Nachfrage besti____t das Angebot. Im Mo____ent gibt es z. B. kaum Kleidungsstü____e, die fair und nachhaltig hergeste____t werden, was auch daran l____gt, dass zu wenig Menschen bei ____rer Kaufentscheidung auf die Produktionsbed____ngungen achten. Sobald sich das Kaufverhalten der Kundinnen und Kunden ____ndert, werden auch die Untern____men gezwungen, die Produktion entsprechen____ anzupa____en.

Die Wörter „das“ und „dass“ unterscheiden

Bei den s-Lauten in den Wörtern *das* und *dass* handelt es sich um einen Sonderfall. Hier folgt die Schreibung ganz eigenen Regeln:

Auf einen Blick

Zwischen „das“ und „dass“ unterscheiden	
das	„Das“ kann dreierlei sein: • **Artikel** Artikel beziehen sich immer auf das nachfolgende Nomen. Auch dann, wenn zwischen Artikel und Nomen z. B. ein Adjektiv steht. *das Auto, das schöne Tier* • **Relativpronomen** Relativpronomen beziehen sich immer auf etwas zurück, das im zugehörigen Hauptsatz gerade erwähnt worden ist. *Ich freu mich sehr über das Auto, das Papa mir geschenkt hat.* → Du kannst *das* durch *welches* ersetzen. • **Demonstrativpronomen** Demonstrativpronomen (von *demonstrieren = zeigen*) zeigen auf Wörter, Wortgruppen oder auf einen ganzen Satz. Das Zeigen ist meist rückwärtsgewandt: Das, worauf sich ein Demonstrativpronomen bezieht, wurde in der Regel kurz vorher genannt. *Ich habe wirklich ein Auto geschenkt bekommen. Das hätte ich nie erwartet.* → Du kannst *das* durch *dieses/dies* oder *jenes* ersetzen.
dass	„Dass“ ist immer eine **Konjunktion**, die einen **Nebensatz** einleitet. *Ich hätte nie erwartet, dass Papa mir ein Auto zum Geburtstag schenkt.* → Du kannst *dass* nicht durch ein anderes Wort ersetzen.

Übung 45 Entscheide: *das* oder *dass*? Bestimme anschließend die Wortart und trage als Abkürzung den jeweiligen Anfangsbuchstaben in die Klammer dahinter ein (**A**rtikel, **R**elativpronomen, **D**emonstrativpronomen, **K**onjunktion).

Bedeutet teuer auch gut?

Leider lässt sich ______ (____) nicht so einfach beantworten, da ______ (____) von vielen Faktoren abhängt. Es gibt keine Garantie dafür, ______ (____) ______ (____) zusätzliche Geld, ______ (____) wir z. B. für Markenkleidung ausgeben, auch bei den Näherinnen ankommt. Es ist vielmehr so, ______ (____) gerade die großen Modeketten einen hohen Prozentsatz ihres Umsatzes für die Marken- und Imagepflege ausgeben. Auch ______ (____) im Kragen eingenähte Etikett, auf dem z. B. die Herkunftsbezeichnung „Made in Spain“ steht, lässt nicht erkennen, ob ______ (____) Unternehmen bei der Herstellung wirklich faire Löhne bezahlt. Denn ______ (____) bedeutet noch lange nicht, ______ (____) die ganze Produktion in Spanien stattfindet. ______ (____) Material, z. B. die Stoffe, aus dem ______ (____) T-Shirt geschneidert wird, können trotzdem in Bangladesch oder China gewebt, gefärbt oder zugeschnitten worden sein.

Groß- und Kleinschreibung

Auch wenn man grundsätzlich die meisten Begriffe kleinschreibt, gibt es einige Wörter, die du großschreiben musst.

Auf einen Blick

Diese Wörter musst du großschreiben	
(1) Nomen	*der Schuh, die Tierhandlung, das Handy*
(2) Als Nomen verwendete Wörter	*das Blau, dein Lächeln*
(3) Satzanfänge	*Plötzlich musste er grinsen.*
(4) Eigennamen	*Sandra, Köln, der Schweizer Käse, das Rote Meer*
(5) Das erste Wort einer Überschrift/ eines Gliederungspunkts	*Grüne Marsmännchen endlich gelandet;* *2. Klimafreundliche Elektrogeräte*
(6) Höfliche Anredepronomen	*Ich danke Ihnen für Ihre zügige Antwort.*

Tipp

Es handelt sich um ein **Nomen** oder eine **Nominalisierung**, wenn …

- vor dem Wort ein **typisches Begleitwort** steht oder es sinnvoll ergänzt werden kann. Typische Begleiter sind Artikel (*z. B. das Abladen, ein Grinsen*), Demonstrativpronomen (*z. B. dieses Schimpfen, jenes Weinen*), Possessivpronomen (*z. B. mein Husten*), Indefinitpronomen (*z. B. viel Schönes, kein Zurück*), beschreibende Adjektive (*z. B. lautes Lachen*) oder Präpositionen (*z. B. bei Rot, ohne Wenn und Aber*).
- ein Wort eine **typische Nomenendung** hat. Diese Nomenendungen kommen am häufigsten vor: *Schön-heit, Übel-keit, Hinder-nis, Wert-ung, Gesell-schaft, Brauch-tum, Stad-ion* oder *Fremd-ling*.

Übung 46

1. Begründe die Großschreibung der unterstrichenen Wörter im Text. Trage dazu die Nummer der passenden Regel in das Kästchen ein.

Sehr ☐ geehrter Autor ☐,

Ihr ☐ Artikel ☐ „Bedeutet ☐ teuer auch gut?" hat mich zum Nachdenken ☐ angeregt. Bisher ☐ dachte ich, ich könnte mich darauf verlassen, dass die Kleidungsstücke ☐, auf denen ein europäisches Land ☐ als Herstellungsort ☐ angegeben ist, fair produziert werden. Ich ☐ bin der Auffassung ☐, die Europäische Union ☐ sollte dafür sorgen, dass nur dort Europa ☐ draufstehen darf, wo auch von Anfang ☐ an, d. h. vom Garn ☐ bis zum fertigen T-Shirt ☐, Europa ☐ drinsteckt. Das ☐ würde es auch beim Einkaufen ☐ erleichtern, auf Nachhaltigkeit ☐ und faire Löhne ☐ zu achten.

Mit ☐ freundlichen Grüßen ☐

Peter Müller ☐

2. Schreibe den Satz in der richtigen Groß- und Kleinschreibung auf (→ Heft).

MAN SOLLTE NICHT NUR DAS FÜR UND WIDER EINER EU-WEITEN REGELUNG ABWÄGEN, SONDERN NEBEN DEM OB UNBEDINGT AUCH DAS WIE DISKUTIEREN.

Zusammen- und Getrenntschreibung

Es ist nicht immer leicht zu entscheiden, ob zwei Wörter, die in einem Satz nebeneinanderstehen, getrennt oder zusammengeschrieben werden.

Folgende vier Grundregeln können dir dabei helfen:

Auf einen Blick

Das musst du in der Regel zusammenschreiben	
Komposita	Treffen diese Wortarten direkt aufeinander, musst du sie zusammenschreiben: **Nomen + Nomen** *Geldbörse, Haustür, Sackgasse …* **Nomen + Adjektiv** *gewaltbereit, mausetot, herzensgut …* **Nomen + Adverb** *bergab, flussaufwärts, landeinwärts …* **Verb + Nomen** *Wanderstiefel, Hörspiel, Gefriertruhe …* **Adverb + Verb** *weglaufen, entlanggehen, weitermachen …* **Präposition + Verb** *aufessen, vorlesen, nachmachen …*
Das musst du in der Regel getrennt schreiben	
Verb + Verb	Stehen zwei Verben hintereinander, schreibst du sie getrennt, z. B. *Lass uns später spazieren gehen.* **Ausnahme:** Wenn die beiden Verben zusammen als Nomen verwendet werden, musst du sie zusammenschreiben, z. B. *Beim Spazierengehen traf er Nadine.*
Nomen + Verb	Folgt auf ein Nomen ein Verb, schreibst du die beiden Wörter getrennt, z. B. *Wir könnten heute Nachmittag Fußball spielen.* **Ausnahme:** Wenn Nomen und Verb zusammen ein Nomen bilden, musst du sie zusammenschreiben, z. B. *Das Fußballspielen macht ihm großen Spaß.*
Adjektiv + Verb	Steht nach einem Adjektiv ein Verb und das Adjektiv lässt sich steigern, musst du die beiden Wörter getrennt schreiben, z. B. *laut singen → lauter singen, schnell sprechen → schneller sprechen.* **Ausnahme:** Wenn Adjektiv und Verb zusammen eine besondere Bedeutung haben, musst du sie zusammenschreiben, z. B. *schwarzarbeiten, krankschreiben.*

Übung 47

1. Prüfe, ob die folgenden Aussagen eine wörtliche oder eine besondere Bedeutung haben. Streiche zuerst die falsche Variante durch und notiere danach einen Beispielsatz für die jeweils andere Schreibweise (→ Heft).
   a) Die Hersteller wollen alle Anklagepunkte *schön reden/schönreden.*
   b) Der Anwalt hat seine Rede vor Gericht *frei gesprochen/freigesprochen.*
   c) Die Entscheidung ist den Richtern aber *schwer gefallen/schwergefallen.*

2. Markiere in der Wortschlange alle Worttrennungen durch einen Strich.

   DIE|POLITIKMUSSSICHSCHNELLSTMÖGLICHMITDEMTHEMAD
   ERNACHHALTIGKEITINDERTEXTILINDUSTRIEAUSEINANDER
   SETZEN.ABERAUCHDIEKONSUMENTENSOLLTENSICHBEWUSS
   TMACHEN,WIEVIELSIEDURCHEINENVERANTWORTUNGSVO
   LLENKLEIDUNGSKAUFBEWIRKENKÖNNEN.EINENAHELIEGEN
   DEMÖGLICHKEITWÄRE,BEIMNÄCHSTENEINKAUFAUFDIEEN
   TSPRECHENDENNACHHALTIGKEITSSIEGELACHTZUGEBEN.

7.5 Kommasetzung

Interaktive Aufgaben: Zeichensetzung üben

Kommas dienen dazu, einen Text **optisch** und **inhaltlich** zu **gliedern**. Diese Untergliederung hilft dabei, die Sinnzusammenhänge leichter zu verstehen. Die nachfolgenden Regeln unterstützen dich dabei, Kommas richtig zu setzen.

Auf einen Blick

Lernvideos: Kommaregeln

Wann musst du Kommas setzen?		
Aufzählung	Das Komma trennt die Glieder einer **Aufzählung** (Einzelwörter, Wortgruppen, ganze Sätze). Die Wörter *und*, *oder* und *sowie* ersetzen das Komma, das dann entfällt.	*Elsa betrat zuerst die Bahnhofshalle, dann das Gleis* ***und*** *schließlich den Zug.*
Gegensatz	Das Komma trennt **Gegensätze**. Du erkennst diese an Konjunktionen wie *aber*, *doch* und *sondern*.	*Sie ging nicht direkt in ihr Abteil,* ***sondern*** *zuerst in den Speisewagen.*
Kennzeichen von Satzgrenzen	Das Komma trennt folgende Sätze voneinander: • **Hauptsatz** + **Hauptsatz** In einer **Satzreihe** aufeinanderfolgende Hauptsätze werden durch Kommas getrennt, wenn die Satzgrenze nicht so stark hervorgehoben werden soll. • **Hauptsatz** + **Nebensatz** Haupt- und Nebensätze, die ein **Satzgefüge** bilden, werden durch Kommas voneinander getrennt. Bei eingeschobenen Nebensätzen muss vor und nach dem Nebensatz jeweils ein Komma stehen.	*Die Zugfahrt dauerte lange**,** sie war sehr anstrengend.* *Als Elsa endlich ankam**,** war sie sehr erschöpft. Elsa**,** die während der Fahrt kein Auge zugetan hatte**,** gähnte herzhaft.*
Infinitiv- und Partizipgruppen	Bei **Infinitivgruppen** (zu + Infinitiv + ggf. nähere Bestimmung) und **Partizipgruppen** (Partizip + nähere Bestimmung) muss immer dann ein Komma gesetzt werden, wenn sie … • von einem **Nomen abhängig** sind. • durch **bestimmte Konjunktionen** eingeleitet werden: *als, (an)statt, außer, ohne, um.* • durch ein **hinweisendes Wort** angekündigt oder wiederaufgegriffen werden.	*Sie hatte nur noch den* ***Wunsch,*** *endlich zu schlafen. Elsa ließ ihren Blick schweifen,* ***um*** *nach ihrer Nichte Ausschau zu halten.* ***Dann,*** *ihre Müdigkeit vergessend**,** entdeckte sie ihre Nichte am Bahnsteig.*
Nachgestellte Erläuterung	Das Komma trennt **nachgestellte Erläuterungen** vom vorangehenden Hauptsatz ab. Wenn eine Erläuterung (z. B. eine Apposition) in einen Hauptsatz **eingeschoben** ist, wird sie vorne und hinten durch Kommas abgetrennt.	*Elsa hatte sie lange nicht mehr gesehen, nämlich zehn Jahre. Ihre Nichte, eine hübsche junge Frau, umarmte sie freudig:*
Anrede	Das Komma trennt die **Anredeformel** und den Namen.	*„Tante Elsa, herzlich willkommen!“*

1. Erkläre kurz, weshalb die Kommas in den beiden Sätzen unterschiedlich gesetzt werden. **Übung 48**

   Schüler sagen, Lehrer hätten es gut. *Schüler, sagen Lehrer, hätten es gut.*

   ___

2. Füge im nachfolgenden Text die **zehn notwendigen Kommas** ein und notiere am Rand die passende Begründung (Begriffe siehe Kasten).

Aufzählung • Gegensatz • Satzreihe • Satzgefüge • Infinitiv • Erläuterung • Anrede

Ich kann den Markenwahn vor allem vieler	______________
Jugendlicher nicht verstehen das will ich	______________
auch nicht. Es ist meiner Ansicht nach nicht	______________
wichtig ob z. B. Adidas Nike oder gar nichts	______________
auf einem T-Shirt steht sondern vielmehr	______________
die Qualität und Passform der Kleidung.	______________
Ich habe mir vorgenommen zukünftig auch	______________
darauf zu achten dass bei der Produktion	______________
weder die Umwelt belastet wird noch die	______________
Arbeiter*innen ausgebeutet werden. Das	______________
sollten wir alle tun auch du liebe*r Leser*in.	______________

Es ist besser, sich bei der Kommasetzung von **Regeln**, statt vom eigenen Gefühl leiten zu lassen. Denn wer Kommas nach Gefühl setzt, orientiert sich am **Hören** und fügt sie dort ein, wo er beim Sprechen eine Pause macht oder die Stimme senkt. Allerdings macht man mehr Sprechpausen, als man Kommas setzen darf. Beachte deshalb stets die folgende **Grundregel:**

Kommas dürfen keine Satzglieder vom Rest des Satzes trennen.

Beispiel *Jeden Morgen um sieben Uhr | klingelt bei Elsa der Wecker.*

Nach der Wortgruppe *Jeden Morgen um sieben Uhr* macht man zwar eine kleine Sprechpause, aber man darf kein Komma setzen. Es handelt sich dabei nämlich um eine Zeitangabe (Temporaladverbial) und damit um ein Satzglied.

Tipp

Prüfe, ob **Subjekt** und **Prädikat** enthalten sind. Ist das der Fall, handelt es sich um einen Satz und du darfst ein Komma setzen. Fehlt beides, hast du es nur mit einem Satzglied zu tun.

Übung 49 Im folgenden Text hat sich die Schreiberin beim Setzen der Kommas an Sprechpausen orientiert. Daher sind ihr **einige Kommafehler** unterlaufen. Kreise im Text alle falsch gesetzten Kommas ein.

In den Medien, wurde in letzter Zeit, immer wieder, über erneuerbare Energien, oder den nachhaltigen Anbau von Lebensmitteln berichtet. Deshalb sind die Menschen, relativ gut darüber informiert. Bei der Textilindustrie, sieht die Sache anders aus. Man erfährt nur dann etwas über die Produktionsbedingungen, wenn es zu einer Katastrophe mit vielen Todesopfern kommt, so wie vor einigen Jahren in Bangladesch, als eine Textilfabrik einstürzte. Laut Angaben von Menschenrechtlern, herrschen dort noch immer unwürdige Arbeitsbedingungen.

▸ Übungsaufgabe im Stil der zentralen Prüfung

Zentrale Prüfung am Ende der Klasse 10 – NRW
Mittlerer Schulabschluss (MSA)
Deutsch – Übungsaufgabe

Erster Prüfungsteil: Leseverstehen

Into the wild – In der Wildnis

(1) Wenn Simon Baumeister[1] nachts nach Hause kommt, braucht er keinen Schlüssel und er muss auch nicht Acht geben, dass die Mitbewohner aufwachen. Gefährlich werden können ihm nur die rutschigen Erdhänge oder die Zecken auf dem schwer sichtbaren Trampelpfad im Wald. Doch der 27-Jährige klettert leichtfüßig über umgestürzte Bäume: Seit mehr als zwei Monaten stakst er nun jeden Tag den Schlossberg hinauf.
Eine Wohnungstür gibt es nicht. Stattdessen klettert Baumeister über einen Zaun. Seinen provisorischen[2] Unterschlupf hat er auf einer Lichtung innerhalb eines eingezäunten Privatgrundstücks errichtet. Es war das einzige flache Waldstück vor und hinter einer dichten Wand aus Bäumen, wie er sagt. Darunter liegt Freiburg im Breisgau.

(2) „Es ist schwierig, solche Freiräume zu finden“, erzählt Baumeister. Einen Monat lang habe er gesucht, sagt der Umweltwissenschaftsstudent. Mit Isomatte, Schlafsack, ein paar Büchern und Klamotten zog er schließlich auf dem Freiburger Schlossberg ein.
Er verließ seine WG, verschenkte seine Möbel und baute mit Unterstützung seiner Freunde den Unterschlupf. „Die Kosten für die Miete und der materielle Besitz sind mir zur Last geworden“, sagt er. „Man sammelt im Laufe der Zeit immer mehr Besitz an, und seit ich das nicht mehr habe, fühle ich mich freier.“
Wenn Baumeister spricht, schwingt Auflehnung mit und der Wunsch, ein wenig gesellschaftliche Unordnung zu erzeugen, vor allem aber das Bedürfnis, durch größere Freiheit zu sich selbst zu finden. Eine Sehnsucht nach Einfachheit in einer Welt, in der sich immer alles schneller dreht?

(3) Viele suchen nach einer Nische im Alltag, die nicht gesellschaftskonform[3] ist, um auszubrechen, durchzuatmen, um dem Alltagstrott zu entfliehen. Die wenigsten jedoch leben dieses Bedürfnis so extrem aus wie der Student.
Auch Baumeisters Ansatz ist nicht bis ins Letzte konsequent: Sein Name steht am Briefkasten eines Freundes. Dort lädt er auch alle drei Tage sein Smartphone auf. Zum Duschen geht er zum nahe gelegenen Unisport-Zentrum.
Ein Gärtnerjob neben der Uni bringt ihm ein wenig Geld, gleichzeitig kann er sich auf die finanzielle Unterstützung seiner Eltern verlassen. Das ist Aussteigertum mit doppeltem Boden. Rebellion mit Versicherung.
Es ist nicht das erste Mal, dass Baumeister im Wald schläft. Seinen Tagesablauf betreffend, ist er trotzdem kein klassischer Aussteiger. Tagsüber geht er in die Uni. Ein- bis zweimal die Woche jobbt er, trifft Freunde. Tagsüber Stadtleben, nachts die Stille des Waldes.

(4) „Für mich ist das kein Rückzug aus der Gesellschaft, sondern eine Variante von befreitem Leben ohne Mietlast und zu viel materiellen Besitz“, erklärt er seine Entscheidung. Was ihn antreibt, ist auch die Sehnsucht nach der Natur. Gleichzeitig wolle er auch ein Zeichen setzen gegen die Wegwerfgesellschaft, die gesellschaftlich gesetzten, finanziellen Bürden[4]. Vielleicht geht es ihm auch darum, sich über kleine Dinge wieder freuen zu können, und darum, die Selbstverständlichkeit, mit der wir unseren Reichtum hinnehmen, abzubauen.

1 *Name geändert*

3 *gesellschaftskonform: angepasst an die Gesellschaft, an die Lebensweise der meisten Menschen*

2 *provisorisch: nur vorläufig, für eine gewisse Zeit als Notbehelf gedacht*

4 *Bürde (die): Last*

(5) Mit etwas Fantasie erkennt man eine Terrasse vor Baumeisters Unterschlupf, dem „offenen Pavillon“, wie er seine Behausung nennt. Den meisten Platz aber nimmt eine Bambusliege ein. Stolz zeigt er ein am Dach befestigtes Moskitonetz, in das er eine Luftmatratze und einen Schlafsack gestopft hat. Jeden Abend lässt er das Knäuel herunter und lauscht der nächtlichen Symphonie[5] des Waldes.

Neben der Bambusmatte füllt die Küche die restliche Stätte. Das einzige konventionelle[6] Möbelstück ist ein kleines Regal. Darin hat Baumeister einen Gasherd untergebracht, den er gebraucht für 20 Euro gekauft hat.

5 *Symphonie (die): harmonischer Zusammenklang*

6 *konventionell: üblich, herkömmlich, gebräuchlich*

(6) So wie Baumeister im Wald zu leben, ist grundsätzlich nicht verboten – aber nur solange kein Zelt und keine Hütte errichtet wird. Streng genommen begeht er auf einem eingezäunten Waldgrundstück Hausfriedensbruch. Ihm sei herzlich egal, was das Gesetz zu seiner Behausung sagt, bekennt er freimütig. Schließlich füge seine Hütte im Wald niemandem Schaden zu. Vor Gericht könnte das mit bis zu einem Jahr Freiheitsstrafe geahndet werden.

(7) Davon ist im Wald nichts zu spüren: Vögel zwitschern in den Baumwipfeln, gedämpft dringt das Rauschen der Autos in die Lichtung hinauf. Säuberlich schneidet der blonde Student in Outdoorklamotten Aubergine, rote Paprika und Zwiebeln in Würfel und gibt sie in einen Wok.

Angst, dass sein Refugium[7] eines Tages geräumt werden könnte, hat er nicht. Und wenn doch? Baumeister zuckt lakonisch[8] mit der Schulter. Er wolle sich ausprobieren, Erfahrungen sammeln – und das auf natürliche Weise. Wenn ihm der Wald zu ungemütlich werde, ziehe er zu Freunden.

7 *Refugium (das): Zufluchtsort; ungestörter Ort*

8 *lakonisch: knapp und trocken, ohne Gefühlsregung*

Einen Großteil seiner Lebensmittel holt sich Baumeister beim Containern. Er lebt also von dem, was andere im Supermarkt nicht mehr kaufen, weil es abgelaufen oder leicht beschädigt ist. „Ich brauche nicht viel Geld in der Woche“, erzählt er unbekümmert.

(8) Seine Freunde bewundern, dass er seine eigenen Interessen verwirklicht. „Durch das Alleinstellungsmerkmal meiner Unterkunft kommen oft Freunde und Bekannte zu mir, weil sie neugierig sind. Das verbindet auf eine schöne Art und Weise.“ Baumeister will sich von der Masse abheben, wichtig machen aber will er sich nicht. Es klingt sehr überzeugend, wenn er sagt: Auf einer Bambusmatte im Wald zu schlafen genüge ihm, um zufrieden zu sein.

Mit dem Wok und zwei Gabeln bewaffnet, machen sich Baumeister und sein Kumpel auf den Weg in die Weinreben. Auf einem ebenen Stück zwischen saftig grünen Reben schaufeln sie sich Reis und Gemüse in die Münder, während am Horizont die Sonne untergeht. Es wird einer der letzten Abende sein, an denen der Student unterm Sternenhimmel schläft. Denn der Besitzer des Grundstücks hält wenig von dieser romantischen Idee.

(9) Als der Eigentümer wenig später die Hütte bemerkt, alarmiert er die Polizei. Die beschlagnahmt Baumeisters Kamera, hinterlässt eine Notiz, er möge sich bei ihnen melden. Doch das tut der Student nicht – aus Angst vor einer Anzeige. Die Polizei kennt seinen Namen nicht – und das soll auch so bleiben. Stattdessen packt er seine Sachen und zieht zu einem befreundeten Pärchen in die WG. „Schade um die Kamera, aber auch kein Weltuntergang“, meint er nur.

Quelle: Anika Maldacker, 19.10.2014; www.taz.de/!5031081/ (aus didaktischen Gründen gekürzt und leicht geändert)

Aufgaben

1. Kreuze die richtige Aussage an.

   Zu Anfang des Textes wird gesagt, dass Simon Baumeister nachts bei der Rückkehr in seine Unterkunft (Abschnitt 1) …

   a) ☐ manchmal den falschen Weg nimmt.
   b) ☐ meist eine Taschenlampe bei sich hat.
   c) ☐ häufig Angst vor Zecken hat.
   d) ☐ keinen Schlüssel benötigt.

2. Kreuze die richtige Aussage an.

   Baumeister wohnt (Abschnitt 1) …

   a) ☐ in einer Kleinstadt im Breisgau.
   b) ☐ in einer WG zusammen mit Freunden.
   c) ☐ in einem Wald außerhalb der Stadt.
   d) ☐ in einem Studentenwohnheim.

3. Kreuze die richtige Aussage an.

   Der junge Mann ist dorthin gezogen, weil er (Abschnitt 2) …

   a) ☐ kein Geld mehr für eine hohe Miete hatte.
   b) ☐ sich nach einem freien, einfachen Leben sehnt.
   c) ☐ keinen Wert auf eine schöne Wohnung legt.
   d) ☐ vor Kontakten mit anderen Menschen flieht.

4. Kreuze die richtige Aussage an.

   Es heißt im Text, die Lebensweise des Studenten sei „nicht […] konsequent“ (Abschnitt 3, Z. 51 f.). Damit ist gemeint: …

   a) ☐ Er trifft sich ab und zu mit Freunden.
   b) ☐ Er besucht immer noch die Universität.
   c) ☐ Er geht regelmäßig einem Job nach.
   d) ☐ Er nutzt Annehmlichkeiten des Stadtlebens.

5. Erkläre, was man sich unter „Aussteigertum mit doppeltem Boden“ (Abschnitt 3, Z. 60 f.) vorstellen muss.

   ____

   ____

   ____

   ____

6. Kreuze die richtige Aussage an.

   Der Student hat kein Interesse (Abschnitt 4) …

   a) ☐ am Kontakt mit Menschen.
   b) ☐ am Besitz von Dingen.
   c) ☐ am Geldverdienen.
   d) ☐ am bequemen Leben.

7. Kreuze die richtige Aussage an.

   Baumeister bezeichnet seine Unterkunft als „offenen Pavillon“ (Abschnitt 5, Z. 86), weil …

   a) ☐ er dort auf den Einbau einer Tür verzichtet hat.
   b) ☐ er von seiner Hütte so begeistert ist.
   c) ☐ seine Unterkunft für seine Freunde geöffnet ist.
   d) ☐ er jederzeit für Veränderungen offen ist.

8. Kreuze die richtige Aussage an.

   Das einzige herkömmliche Möbelstück in Baumeisters Unterkunft ist (Abschnitt 5) …

   a) ☐ eine Bambusliege.
   b) ☐ ein Gasherd.
   c) ☐ ein Regal.
   d) ☐ ein Schlafsack.

9. Kreuze die richtige Aussage an.

   Es kann sein, dass der Student irgendwann eine Haftstrafe verbüßen muss, weil (Abschnitt 6) …

   a) ☐ sein Lager auf einem eingezäunten Gelände ist.
   b) ☐ seine Unterkunft in der freien Natur liegt.
   c) ☐ er mit seiner Hütte einen Schaden angerichtet hat.
   d) ☐ er für seine Lebensweise nichts bezahlt hat.

10. Kreuze die richtige Aussage an.

    Baumeister hat keine Angst davor, eines Tages seine Hütte räumen zu müssen, denn er weiß (Abschnitt 7), …

    a) ☐ dass er jederzeit wieder bei seinen Eltern wohnen kann.
    b) ☐ dass er dann zu Freunden ziehen kann.
    c) ☐ dass er nicht auf Dauer in dieser Hütte leben will.
    d) ☐ dass seine Hütte nur eine kurze Zeit halten wird.

11. Wo erledigt Simon Baumeister was (Abschnitte 3, 5, 7)? Ordne die Informationen passend zu.
Hinweis: Einen Buchstaben musst du zweimal eintragen.

A bei einem Freund
B im Sportzentrum der Uni
C im Hof eines Supermarkts
D in einer Gärtnerei
E in seiner Unterkunft

	Tätigkeit	Buchstabe
a)	schlafen	
b)	Lebensmittel beschaffen	
c)	sich Post liefern lassen	
d)	duschen	
e)	jobben	
f)	sein Smartphone aufladen	
g)	Essen kochen	

12. Was halten Baumeisters Freunde von seiner Lebensweise (Abschnitt 8)? Kreuze an, welche der folgenden Aussagen zutreffen und welche nicht.

Baumeisters Freunde …	trifft zu	trifft nicht zu
a) lehnen seine Lebensweise ab.	☐	☐
b) sind neugierig.	☐	☐
c) bewundern ihn.	☐	☐
d) sind neidisch auf ihn.	☐	☐
e) haben kein Verständnis dafür.	☐	☐

13. Kreuze die richtige Aussage an.
Nachdem die Polizei seine Kamera beschlagnahmt hat, verzichtet Baumeister darauf, sich das Gerät zurückzuholen, denn (Abschnitt 9) …

a) ☐ er hat Angst vor einer Anzeige.
b) ☐ sein schlechtes Gewissen plagt ihn.
c) ☐ die Kamera ist ihm nicht so wichtig.
d) ☐ er fotografiert jetzt mit dem Smartphone.

14. Erläutere den Zusammenhang zwischen dem Bild und dem Text.

15. Eine Schülerin sagt nach dem Lesen des Textes:

    „Der Student nutzt andere nur aus. Das finde ich nicht gut.“

    Schreibe eine kurze Stellungnahme zu dieser Aussage.
    Du kannst der Auffassung zustimmen oder nicht. Wichtig ist, dass du deine Meinung begründest. Beziehe dich dabei auf den Text.

Zweiter Prüfungsteil: Schreiben

Der zweite Prüfungsteil enthält **zwei Wahlthemen**, von denen **eines** von dir ausgewählt und bearbeitet werden muss.

Wahlthema 1 – Einen Text analysieren und interpretieren

Lies bitte zunächst den Text und bearbeite dann die Aufgaben.
Schreibe einen zusammenhängenden Text.

Aufgabe

Analysiere den Textauszug aus dem Roman „Es war einmal Indianerland" von Nils Mohl.

Gehe dabei so vor:

- Schreibe eine Einleitung, in der du Textsorte, Titel, Autor und Erscheinungsjahr benennst und das Thema formulierst.
- Fasse den Inhalt des Textes zusammen.
- Stelle dar, warum es dem Ich-Erzähler nicht gelingt, sich mit Jackie zu versöhnen.
- Erkläre, wie es dazu kommt, dass er sich am Ende dazu durchringt, ihr heimlich zu folgen.
- Untersuche, wie durch sprachliche Mittel zum Ausdruck kommt, dass der Ich-Erzähler seine wahren Gefühle verbergen will *(mögliche Aspekte: Satzbau, stilistische Mittel, Wortwahl)*.
- Setze dich im Schlussteil kritisch mit der folgenden Aussage eines Schülers auseinander: *„Ich finde, die beiden passen überhaupt nicht zusammen!"*
  - Nimm Stellung zu der Aussage.
  - Begründe deine Meinung.
  - Belege deine Ausführungen am Text.

Nils Mohl: Es war einmal Indianerland (Textauszug)

In dem Roman „Es war einmal Indianerland" setzt sich der siebzehnjährige Ich-Erzähler mit Problemen auseinander, denen er sich auf der Schwelle zum Erwachsenwerden stellen muss. Der Umgang mit Mädchen spielt dabei auch eine wichtige Rolle. In diesem Textauszug interessiert er sich für Jackie, die aus ganz anderen Verhältnissen stammt als er selbst: Ihre Eltern sind reich, und sie wohnt in einer Villa mit großem Garten und Swimmingpool. Er dagegen stammt aus einer Vorstadtsiedlung, in der die Mieter eher unteren gesellschaftlichen Schichten angehören. Nachdem Jackie ihn am Vortag bei einer Verabredung am Strand der Elbe versetzt hat, geht er zu ihrem Haus, um sie deswegen zur Rede zu stellen. Allerdings klingelt er nicht, sondern wartet vor dem Eingang darauf, dass sie irgendwann herauskommt ...

Als ich sie (bei ihrer versuchten Begrüßungsumarmung) zur Seite schieben will, hält sie mich fest. Mit einer Träne im Knopfloch, was mich kurz aus dem Konzept bringt. Ein rascher Kuss auf den Mundwinkel gelingt ihr, dann habe ich meine Fassung wieder und gebe den Kotzbrocken, den man nicht so ohne weiteres im Regen stehen lässt. Sie:

– Es hat nicht bloß genieselt, beleidigte Leberwurst, es hat Nägel geschüttet, die Welt ist gestern untergegangen, mit Donner und Gloria. Warum bist du nicht einfach vorbeigekommen?

– Bin ich. Es war kein Mensch hier.

– Warum besorgst du dir kein Telefon?

Ich sehe Tropfen über ihre Wimpern kullern. Bleibe trotzdem ruppig, fasele etwas von wegen, wo ich herkomme, sei ein Wort ein Wort, und so weiter. Was ihr aber nicht wirklich imponiert.

– Na und, sagt sie, ich könnte mich auch aufregen. Du lauerst mir auf. Stehst hier vor der Haustür wie ein Stalker: Möchte gar nicht wissen, wie lange schon. Und wozu? Um mich zu beschimpfen und herumzuschubsen?

Beim Wort *Stalker* malt sie Gänsefüßchen in die Luft. Ich entgegne, dass sie unbesorgt sein könne, ich habe noch nie rothaarige Mädchen tranchiert[1] oder mit Salzsäure beträufelt. Jackie:

– Sei nicht kindisch.

Ich frage mich im Stillen, warum nicht. Pöble:

– Was soll ich denn deiner Meinung nach sein? Auf erwachsene Weise stumpf abgebrüht gleichgültig?

Das *So-wie-du* schenke ich mir. Sie verwischt die feuchten Spuren im Gesicht, und ich sehe, wie vor ihren Augen unsichtbare Visiere runtergeklappt werden. Und als weitere Absicherung auch noch: die Sonnenbrille, direkt aus dem fuchsroten Haar über der Stirn.

– Okay, du bist sauer, kapiert, sagt sie, aber warum kommst du jetzt nicht einfach mit, ich bin zum Kaffee verabredet.

Ein Trick? Ich muss kurz nachdenken. Höre den Motor eines Rasenmähers in der Nähe. Sehe einen Gärtner mit fransigem Strohhut vor mir, der auf dem Sitz eines wackeligen Gefährts durchgerüttelt wird und leise summend über die Hügel einer Parklandschaft zuckelt (wie ein Siedler auf dem Kutschbock vor dem Planwagen).

1 *tranchieren: mithilfe eines scharfen Messers zerlegen. Man tranchiert z. B. eine gebratene Gans.*

– Ich will nicht stören. Merke schon: Ghetto-Kind wird langweilig.

Es ist mir so rausgerutscht. Genauso peinlich: Die Gänsefüßchen, die ich beim Wort *Ghetto-Kind* in die Luft gemalt habe.

– Meld dich einfach wieder, wenn du normal bist. Oder geh zum Teufel.

Höllisch gerne. Ich betrachte betreten und getreten meine Turnschuhe: Baustellenstaub haftet noch dran; denke an die Prämie, die ich heute früh für diesen Auftritt in den Wind geschlagen habe[2], drehe bei und weiß plötzlich nicht so recht, wohin. Überhaupt: Mein Zorn ist bereits nach wenigen Schritten komplett verpufft.

Werde ich meinen Schatten nie wieder auf dieses Pflaster werfen?

War's das?

Jackie womöglich nie wiederzusehen erscheint mir ein hoher Preis für meinen Stolz. Also drehe ich mich noch einmal um, nur zur Vorsicht, aber Jackie ist schon zurück durch die Toreinfahrt. Wollte sie nicht gerade los?

Ich hüpfe hinter einen Busch und warte wieder. Aber während es beim ersten Mal geschlagene drei Stunden waren am Ende (ich weiß jetzt, für einen Spähtrupp ist das Leben die meiste Zeit ungefähr so spannend, wie einem Baum beim Wachsen zuzusehen), sind es diesmal nur drei Minuten.

Und schon kommt sie vorbei. So schnell, so wunderschön in der Sonne mit ihrem Raubtiergang. Eine leibhaftige Werbeposter-Ikone: Zero Körperfett, Zero Makel, Zero Selbstzweifel. Ihr Auftritt sagt: *Seht her, hier kommt Jackie!*

Sie trägt einen kurzen Rock, dazu einen weit ausgeschnittenen, hauchzarten Pulli, darunter sieht man ein Bikini-Oberteil im Leopardenlook hervorblitzen. An den Füßen: Espadrilles[3]. In der Hand: ein kleines Ledertäschchen. Im Haar jetzt wieder die Sonnenbrille, im exakt gleichen Design wie der Bikini.

(Ist sie deshalb zurück ins Haus, um die Sonnenbrille zu richten?)

Mein Puls, ihre Haare fliegen. Ich kann nicht anders, ich muss ihr nach. [...]

Quelle: Nils Mohl: Es war einmal Indianerland. Rowohlt TB, Reinbek bei Hamburg 2011, S. 140–142

3 *Espadrilles: sommerliche Leinenschuhe mit Sohlen aus Pflanzenfasern*

2 *Um Jackie zu treffen, hat er eine Prämie ausgeschlagen, die ihm für zusätzliche Arbeitsstunden auf einer Baustelle angeboten worden war.*

Wahlthema 2 –
Einen informierenden Text verfassen

Lies bitte zunächst die Aufgabe und dann die Materialien aufmerksam, bevor du mit dem Schreiben beginnst.

Situation

„Auf dem Weg in die Zukunft“ – so lautet das Thema, zu dem eure Schule eine Ausstellung plant. Zur Ausstellungseröffnung will die Schulgemeinschaft eine Broschüre erstellen, die an alle Besucherinnen und Besucher verteilt wird. Dein Beitrag dazu soll sich um das Thema „Künstliche Intelligenz“ drehen. Zur Vorbereitung bekommst du eine Materialsammlung (M 1 – M 6).

Schreibauftrag

Verfasse auf der Grundlage der Materialien M 1 bis M 6 einen informierenden Text zum Thema „Künstliche Intelligenz“. Schreibe nicht einfach aus den Materialien ab, sondern achte auf eine eigenständige Darstellung in einem zusammenhängenden Text.

Gehe dabei so vor:

- Formuliere für deinen Text eine passende, zum Lesen anregende Überschrift.
- Erkläre einleitend, was man unter dem Begriff „Künstliche Intelligenz (KI)“ versteht. Gehe dabei auch auf die Unterscheidung von starker und schwacher KI ein.
- Stelle dar, wie weit die Entwicklung von künstlicher Intelligenz schon fortgeschritten ist. Beziehe dich dabei auch auf Beispiele.
- Erläutere mögliche Vor- und Nachteile, die künstliche Intelligenz mit sich bringen kann.
- Schlussfolgere anhand der Materialien und eigener Überlegungen, welche Rolle künstliche Intelligenz wohl in der Zukunft spielen wird.

M 1: Künstliche Intelligenz

Künstliche Intelligenz (KI) bzw. *artificial intelligence* (AI) ist ein Teilgebiet der Informatik, das sich mit der Automatisierung intelligenten Verhaltens befasst. Dabei ist der Begriff nicht eindeutig abgrenzbar, da es an einer exakten Definition von Intelligenz mangelt. Im Allgemeinen bezeichnet künstliche Intelligenz den Versuch, eine menschenähnliche Intelligenz nachzubilden, d. h., einen Computer so zu bauen oder zu programmieren, dass dieser eigenständig Probleme bearbeiten kann. Oftmals wird damit aber auch eine effektvoll nachgeahmte, vorgetäuschte Intelligenz bezeichnet, insbesondere bei Computerspielen, die durch meist einfache Algorithmen[1] ein intelligentes Verhalten simulieren[2] soll.

Quelle: http://lexikon.stangl.eu/13243/kuenstliche-intelligenz/ (aus didaktischen Gründen leicht verändert)

1 *Algorithmen: Rechenverfahren, die zur Problemlösung eingesetzt werden*
2 *simulieren: nachahmen*

M 2: Schwache KI und starke KI

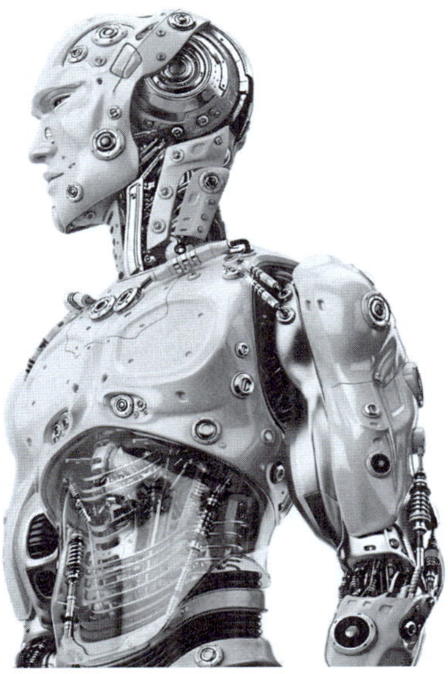

Bei künstlichen Intelligenzen gilt es zwischen schwacher und starker KI zu unterscheiden. [...]

Schwache KI

Schwache KI wird in der Regel für konkrete Anwendungsprobleme entwickelt bzw. genutzt. Dies umfasst z. B. die folgenden Gebiete:

1. Expertensysteme
2. Navigationssysteme
3. Spracherkennung
4. Zeichenerkennung
5. Korrekturvorschläge bei Suchen

Einige Wissenschaftler und Philosophen vertreten zudem die Meinung, dass jede noch so intelligent scheinende KI eine schwache KI ist. Für sie ist jegliche scheinbare Intelligenz eines Programms oder eines Computers lediglich eine Simulation dessen.[1] [...]

Starke KI

Starke KI ist die Form der künstlichen Intelligenz, die die gleichen intellektuellen[2] Fertigkeiten wie der Mensch hat – oder ihn darin sogar übertrifft. Diese Vorstellung oder Vision begleitet die KI-Forschung schon von Beginn an, wobei der anfängliche Optimismus, dieses Ziel in naher Zukunft zu erreichen, mittlerweile fast verflogen ist. [...] Obwohl es keine allseits befriedigende Definition gibt, scheinen die meisten KI-Forscher sich darauf einigen zu können, dass eine wirkliche Intelligenz die folgenden Fähigkeiten beherrschen muss:

1. Logisches Denken
2. Treffen von Entscheidungen bei Unsicherheit
3. Planen
4. Lernen
5. Kommunikation in natürlicher Sprache
6. Alle diese Fähigkeiten zum Erreichen eines gemeinsamen Ziels einsetzen

Quelle: www.informatik.uni-oldenburg.de/~iug08/ki/Grundlagen_Starke_KI_vs._Schwache_KI.html

1 *Simulation dessen: gemeint ist: keine echte Intelligenz, sondern nur eine Nachahmung intelligenten Verhaltens*
2 *intellektuell: geistig, den Verstand bzw. das Denkvermögen betreffend*

M 3: Genies vom Fließband

An das Idol ihrer Jugend in den Achtzigerjahren kann sich Cynthia Breazeal noch lebhaft erinnern: [...] R2D2, der Roboter aus Star Wars. „Er sorgte sich um die Menschen", sagt sie, wenn sie über ihre Faszination für schlaue Maschinen spricht [...]. Heute, mit 47 Jahren, hat sich Breazeal einen Namen als Roboter-Expertin gemacht. Die Professorin am Massachusetts Institute of Technology (MIT) sieht die Zeit gekommen: R2D2, der mitfühlende Kino-Droide[1], soll Wirklichkeit werden.

Ihre Schöpfung sieht zwar noch aus wie ein Schreibtischcomputer des Designers Luigi Colani[2]: ein kreisrunder Bildschirm auf einem zylindrischen Fuß. Doch Jibo, wie die Forscherin ihre schlaue Schöpfung nennt, kann weit mehr als übliche Rechner. Er erkennt Menschen am Gesicht und dreht sich zu ihnen hin. Er hört zu und antwortet. Er erledigt Jobs, die sein Besitzer ihm zuruft: Pizza beim Italiener bestellen etwa oder Termine im Kalender notieren.

Für die rund 5 000 Kunden, die Jibo zum Preis von 500 Dollar vorbestellt haben, mag er vor allem ein Spielzeug sein. Für Forscher wie Breazeal, die sich mit künstlicher Intelligenz (KI) beschäftigen, aber ist er viel mehr: Er ist Wegbereiter einer nicht mehr fernen Ära[3], in der Jibo sein Abitur besteht, Medizin studiert und seine Mitmenschen mit neunmalklugen Sprüchen nervt. In der uns keine Lehrer mehr unterrichten, sondern virtuelle Tutoren[4], die so schlau sind wie die besten Experten ihres Gebiets – sozusagen Genies vom Fließband. [...]

Für Fortschritts-Enthusiasten[5] wie den Zukunftsforscher Ray Kurzweil [...] kann diese Zeitenwende gar nicht bald genug kommen. Schlaue Maschinen, glauben sie, schaffen ein ungeheures Plus an Produktivität[6], eine Welle neuen Wohlstands.

Schon in 15 Jahren, hofft Kurzweil, werden fast nur noch Roboter in unseren Fabriken schuften, unsere Felder beackern, unsere Autos chauffieren. Dann werden Roboter Roboter bauen, Software wird Software programmieren, Maschinen werden Maschinen überwachen. Niemand müsste mehr arbeiten.

Mehr noch: Noch vor 2050, glaubt Kurzweil, könnten künstliche Superwissenschaftler unsere Gene umprogrammieren und so die großen Plagen der Menschheit besiegen: Krebs, Alzheimer, ja gar den Tod. [...]

Quelle: Andreas Menn, Wirtschaftswoche, Jahrgang 2015, Heft 1; www.wiwo.de/technologie/digitale-welt/wirtschaftswelten-2025-genies-vom-fliessband/11174202.html (aus didaktischen Gründen gekürzt und leicht verändert)

1 *Droide: eine menschenähnliche Maschine*

2 *Luigi Colani: Designer, der besonders für die runden Formen seiner Design-Objekte bekannt ist*

3 *Ära: größere Zeiteinheit, Epoche*

4 *virtuelle Tutoren: Lehrer, die nicht echt sind, sondern Computerprogramme*

5 *Fortschritts-Enthusiasten: Menschen, die vom Fortschritt begeistert sind*

6 *Produktivität: Leistungsfähigkeit*

M 4: Monotone Aufgaben gehören bald der Vergangenheit an

Generell sehen viele Menschen den technologischen Fortschritt skeptisch. Die Beispiele reichen von intelligenten Städten, die von einem Kontrollpult gesteuert werden und in denen von Ampeln bis zur Stromverteilung alles zentral kontrolliert wird, über Roboter in Fabriken bis hin zu Smartphones und Tablets, die aus dem täglichen Leben nicht mehr wegzudenken sind.

Die beiden neuesten Trends sind virtuelle Realität[1] und künstliche Intelligenz. Während die meisten Menschen die virtuelle Realität eher mit Neugierde betrachten, überwiegt beim Thema künstliche Intelligenz die Skepsis. Fragen, ob Roboter oder künstliche Intelligenz Mitarbeitern zunächst in Produktionsstätten und später in anderen Berufen die Arbeit „wegnehmen", werden gestellt – und lassen sich noch nicht in jedem Fall komplett beantworten.

Doch die Furcht ist in der überwiegenden Mehrheit der Fälle unbegründet: Im Gegenteil, künstliche Intelligenz soll Teams in Unternehmen unterstützen und sie von repetitiven[2] Routineaufgaben entlasten. Damit werden sich Teams im Kundenservice oder im Rechnungswesen besser um ihre Partner, Kunden und Lieferanten kümmern können, die eine persönliche Beratung benötigen und nicht nur eine kontinuierlich wiederkehrende Frage haben.

1 *virtuelle Realität: mithilfe von Computerprogrammen erzeugte künstliche Bilder von der Wirklichkeit*

2 *repetitiv: sich wiederholend, immer wiederkehrend*

Das steigert nicht nur die Zufriedenheit der Kunden, sondern auch der Berater. Künstliche Intelligenz wird langfristig eine unterstützende Technologie sein, die den Menschen die Arbeit erleichtert.

Dies ist ein Beispiel dafür, dass sich die Arbeitswelt in einem kontinuierlichen Wandel befindet. Einige Berufe werden vom Markt verschwinden und sehr viele neue hinzukommen.

Quelle: Olav Strand, 25. 06. 2016; www.huffingtonpost.de/olav-strand/kuenstliche-intelligenz-u_b_10657278.html (aus didaktischen Gründen gekürzt und leicht verändert)

M 5: ChatGPT: Wieso jetzt alle mit ihrem Computer reden

Seit Wochen spricht alle Welt über ChatGPT. Oder besser gesagt: Alle Welt spricht mit ChatGPT, denn das ist der Witz an der künstlichen Intelligenz. Der Chatbot ist für jedermann kostenlos zugänglich, beantwortet (fast) alle Fragen und kann sogar Witze erzählen.

Ein bisschen ist ChatGPT, wie wenn Google antworten könnte wie ein Mensch. Das Programm erklärt sich selbst als Sprachmodell, dessen Hauptaufgabe darin besteht, auf Textfragen zu antworten, um den Benutzern Informationen und Unterhaltung zu bieten.

Wie das funktioniert? ChatGPT selbst erklärt: „Ich werde von Menschen trainiert, indem ich Millionen von Texten gelesen habe, um zu lernen, wie menschliche Sprache funktioniert."

Konkret kann es beispielsweise: Bewerbungen und Hausarbeiten verfassen, Kurzgeschichten im Stile bestimmter Autoren und Autorinnen schreiben, ganze Bücher oder Filme in Sekunden zusammenfassen, Apps programmieren und Programmiercodes schreiben.

Oder noch konkreter: Es kann sich ein Exposé[1] für eine Crossover-Serie[2] von „Breaking Bad" und „Gilmore Girls" ausdenken oder psychologische Tipps geben, wie man einigermaßen empathisch[3] Schluss macht. Ein Elfjähriger hat mithilfe der KI auch schon ein textbasiertes „Harry Potter"-Videospiel bauen lassen, das viral ging[4]. Und ein britischer Informatiker erstellte unter anderem mit der Hilfe der KI an einem Wochenende ein Kinderbuch, inklusive Illustrationen.

Das Besondere an dem neuen Chatbot ist, dass er Unterhaltungen führen kann wie ein Mensch – man kann seine Fragen aufeinander aufbauen, der Bot „merkt" sich, was schon besprochen wurde und „bedenkt" dies in seinen Antworten.

So ist ChatGPT [...] zum neuesten Hype des Internets geworden. Die Bedienung ist dabei denkbar einfach: Auf den Link klicken, sich registrieren, anfangen zu chatten. Einziges Problem: Die Server sind sehr oft sehr überlastet.

Wer sich nun Sorgen macht, dass die Übernahme der Menschheit durch die Technologie kurz bevorsteht, kann ChatGPT selbst danach fragen. Auf die mit Sicherheit etwas simple Frage, ob das Programm gut oder böse sei, antwortet der Computer: „Mein Verhalten und die Ergebnisse, die ich liefere, hängen von den Daten ab, auf denen ich trainiert wurde, und den Anweisungen, die mir gegeben werden." Je nach Menschenbild nicht unbedingt eine beruhigende Antwort.

Die Organisation „Newsguard", die Seiten im Internet auf ihre Transparenz und Glaubwürdigkeit hin bewertet, warnte eben erst davor, dass der Bot trotz eingebauter Sicherheitsmechanismen mit einigen Tricks dazu gebracht werden könne, Fake News zu produzieren. Und sie stellt zur Diskussion, ob ChatGPT „zum Superspreader[5] von Falschinformationen" avancieren[6] könnte. [...]

Quelle: ChatGPT: Wieso jetzt alle mit ihrem Computer reden, 1&1 Mail & Media/spot on news vom 23. 01. 2023, https://web.de/magazine/digital/chatgpt-computer-reden-37748910

1 Exposé: Vorstufe eines Drehbuchs

2 Crossover-Serie: Serie, in denen Figuren unterschiedlicher Serien zusammenkommen

3 empathisch: einfühlend

4 viral gehen: sich rasend schnell verbreiten

5 Superspreader: jemand, der etwas ziemlich schnell verbreitet

6 avancieren: zu etwas werden, aufsteigen

M 6: Nutzung digitaler Assistenten heute und in Zukunft

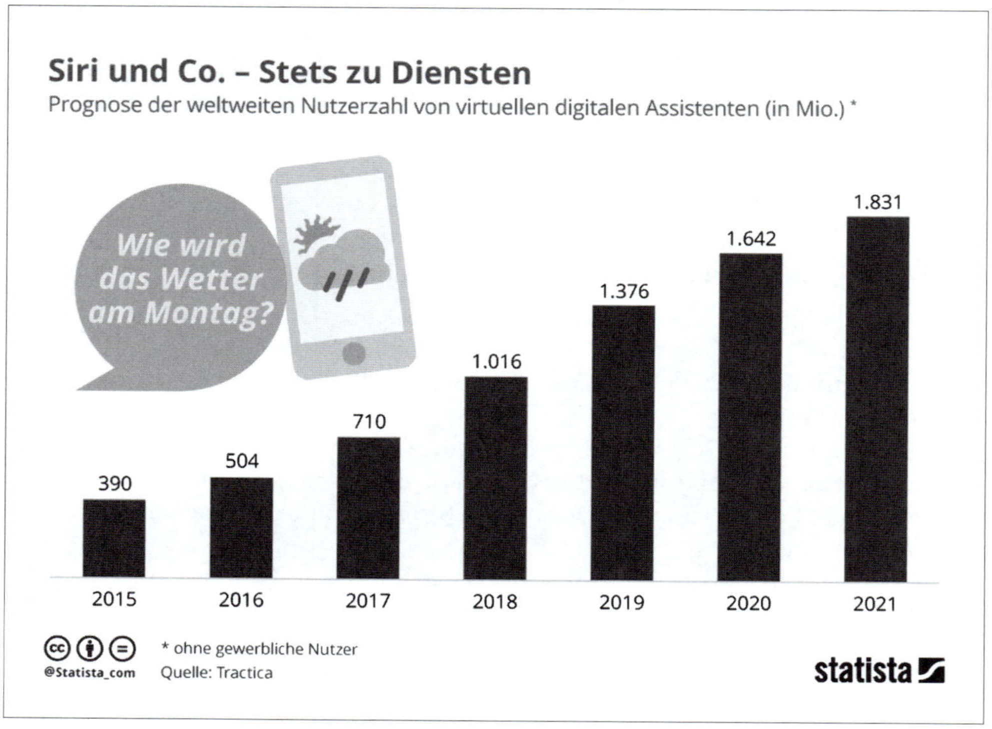

Original-Prüfungsaufgaben

Zentrale Prüfung am Ende der Klasse 10 – NRW
Mittlerer Schulabschluss (MSA)
Deutsch 2018

Erster Prüfungsteil: Leseverstehen

Johan Schloemann: Lernt langsam lesen!

(1) Das ist natürlich ganz prima, dass jetzt all die Buchmenschen zur Buchmesse fahren, weil es wieder Zehntausende dicke neue Bücher anzuschauen gibt. Aber es stellt sich verschärft die Frage: Wer soll das alles lesen? Die Frage ist zwar schon uralt. Und seit Erfindung des Buchdrucks wurde sie immer neu mit wachsendem Unmut gestellt. Doch heute spüren Menschen, die gerne lesen oder lesen würden, neben der Konkurrenz zwischen den unzähligen Titeln zusätzlich noch die unglaubliche Macht der digitalen Ablenkung, von Jahr zu Jahr stärker. Alles fühlt sich irgendwie so weggewischt, ausgeflimmert und herumgezwitschert an.

(2) Was also tun? Man könnte sich in Frankfurt auf der Messe verabreden, zu Hause einen „Slow Reading Club" zu gründen. Das ist gerade ziemlich angesagt. Man trifft sich in einem Café oder einer Bar, macht es sich gemütlich, schaltet sein Telefon aus, keiner darf reden – und dann gilt, wie es in der Ankündigung eines dieser Klubs heißt: „Genießt eine Stunde leisen, ununterbrochenen Lesens!" Nach der stillen Lesezeit darf, wer will, bleiben und sich unterhalten. Zur Vorbereitung gibt es nur eine Anforderung: BYOB. Also „Bring your own book", bring dein eigenes Buch mit. Die Slow-Reading-Bewegung folgt dabei von ferne dem Vorbild der aus Italien stammenden Slow-Food-Bewegung – nur dass man in den Leseklubs, anders als beim Slow Food, auch nichtregionale Produkte verzehren darf.

(3) Das moderne Gefühl der Hast und Beschleunigung war stets mit medialen Umbrüchen[1] verbunden. Es liegen naturgemäß noch keine Langzeitstudien[2] darüber vor, was die Echtzeit-Kommunikation im Netz mit unserem Leseverhalten und unserer Konzentrationsfähigkeit genau anstellt. Facebook, das nunmehr Milliarden Menschen verbindet, gibt es erst seit zehn Jahren; und außerdem hängt vieles von individuellen Eigenschaften und Prägungen ab. Aber es mehren sich doch die Klagen und Erfahrungsberichte, dass es insgesamt viel schwieriger geworden sei, sich auf längere Lektüren voll und ganz einzulassen.

(4) Vor einigen Jahren schon berichtete die Leseforscherin Maryanne Wolf über ihren Versuch, ihr einstiges Lieblingsbuch wiederzulesen, nämlich einen Roman des Schriftstellers Hermann Hesse: „Ich las dreißig Seiten, aber wie eine Maschine. Es war, als würde ich nur Informationen aufnehmen, ohne sie zu verarbeiten und darüber nachzudenken. Ich las wie ein Prozessor[3] ohne Gefühl, ohne Fantasie. Es war ein Schock."

(5) Eine Studie mit Jugendlichen, die 2013 im *International Journal of Educational Research* veröffentlicht wurde, stellt fest, dass das Hin- und Herhüpfen zwischen verschiedenen Fenstern und Angeboten auf Computerbildschirmen die geistige Erfassung der einzelnen Inhalte deutlich beeinträchtigt.

(6) Der Wiener Germanist[4] und Medienforscher Günther Stocker schreibt über die Fähigkeit zum ungestörten Lesen: „Inwiefern Romane, die für die Lektüre gedruckter Bücher verfasst wurden, in der von digitalen Medien geprägten Welt tatsächlich unlesbar – im Sinne eines vertiefenden Lesens – werden, hängt auch von individuellen Nutzungsentscheidungen ab."

3 *Prozessor:* zentraler Teil des Computers, der die Eingaben steuert und verarbeitet

4 *Germanist:* Wissenschaftler, der sich mit der deutschen Sprache und Literatur beschäftigt

1 *mediale Umbrüche:* deutliche Veränderungen im Medienbereich

2 *Langzeitstudie:* Untersuchung über einen längeren Zeitraum

So eine Nutzungsentscheidung haben die „Slow Reading“-Liebhaber getroffen. Ihre Lösung lautet: Wenn die Leute zwischen Berufsleben und Familie, zwischen vielen abendlichen Internetstunden und vierhundert amerikanischen Qualitäts-Fernsehserien selbst keine Lücke mehr finden für etwas, das sie eigentlich wahnsinnig gerne tun oder getan haben, nämlich gute Bücher zu lesen – dann muss man sich eben, für den Anfang zumindest, gemeinsam zu einem festen Termin treffen, wie zu einem wöchentlichen Yoga-Kurs.

(7) Natürlich ist das „langsame“, also ungehetzte und sehr aufmerksame Lesen für sich genommen nichts Neues. Umgekehrt sind Ablenkungen, Abbrüche und Abschweifungen beim Lesen auch nicht erst mit Fernsehen und Internet in die Welt gekommen – darauf hat der Germanist Heinz Schlaffer in mehreren Beiträgen hingewiesen. Das diagonale Lesen, so Schlaffer, habe nicht das moderne Management erfunden, sondern „der Romanleser, der langweilige Textabschnitte überfliegt, um möglichst schnell zu den spannenden zu kommen“.

(8) Die „Slow Reading“-Bewegung dürfte jedem sympathisch sein, der sich medial und sonstwie gehetzt fühlt. Aber noch bleibt unklar, wohin sie will. Der amerikanische Literaturprofessor David Mikics gibt in seinem Buch „Slow Reading in a Hurried Age“[5] viele Ratschläge, darunter: Stellen rausschreiben, Wörterbuch benutzen, die Gliederung des Textes erkennen. Na, das ist aber eher klassischer Literaturunterricht durch die Hintertür! Die „Slow Reading Clubs“ hingegen wollen nur einen Schutzraum für entspanntes Lesen schaffen. Gegen eine allgemeine Atmosphäre, in der man sich fürs versunkene Lesen fast schon schämen muss.

Quelle: Johan Schloemann: Lernt langsam lesen!, sueddeutsche.de, 13. 10. 2015; http://www.sueddeutsche.de/kultur/slow-reading-bewegung-lemt-langsarn-lesen-1.2689979?reduced=true (Text gekürzt und geringfügig verändert)

5 *„Slow Reading in a Hurried Age“: sinngemäß übersetzt: langsames Lesen in einem beschleunigten Zeitalter*

Aufgaben zum Leseverstehen

1. Kreuze die richtige Antwort an.

   Die Frage „*Wer soll das alles lesen?*" (Z. 6) bedeutet im Textzusammenhang, dass …

   a) ☐ es zu viele Buchmessen gibt.
   b) ☐ die meisten Bücher zu dick sind.
   c) ☐ eine Fülle an Lesestoff existiert.
   d) ☐ der Kreis der Leser unbekannt ist.

2. Kreuze die richtige Antwort an.

   Eine zusätzliche Herausforderung für Menschen, die gerne lesen, ist die (Abschnitt 1) …

   a) ☐ Menge an verfügbaren Daten.
   b) ☐ Schwierigkeit von langen Texten.
   c) ☐ Zerstreuung durch die neuen Medien.
   d) ☐ Unverständlichkeit der Informationen.

3. Kreuze die richtige Antwort an.

   Für die neue Bewegung ist es vor allem wichtig (Abschnitt 2), …

   a) ☐ gemütlich zu Hause zu lesen.
   b) ☐ mit engen Freunden zu lesen.
   c) ☐ fremdsprachige Bücher zu lesen.
   d) ☐ still und ungestört zu lesen.

4. Kreuze die richtige Antwort an.

   Die Slow-Reading-Bewegung unterscheidet sich von der Slow-Food-Bewegung durch (Abschnitt 2) …

   a) ☐ die Lust am gemeinschaftlichen Tun.
   b) ☐ den besonders langsamen Genuss.
   c) ☐ das Nutzen überregionaler Erzeugnisse.
   d) ☐ die Vorliebe für italienische Produkte.

5. Kreuze die richtige Antwort an.

   Es gibt noch keine Langzeitstudien über den Zusammenhang von Leseverhalten (Abschnitt 3) und …

   a) ☐ dem Missbrauch von Computerspielen.
   b) ☐ der Nutzung sozialer Netzwerke.
   c) ☐ den Folgen gemeinsamen Lesens.
   d) ☐ der Entwicklung individueller Eigenschaften.

6. Erläutere das Zitat *„Ich las wie ein Prozessor“* (Z. 66) im Textzusammenhang.

7. Kreuze die richtige Antwort an.

   Durch das Lesen und Kommunizieren am Bildschirm wird das Verständnis von Gelesenem (Abschnitt 5) …

   a) ☐ erschwert.
   b) ☐ verbessert.
   c) ☐ erleichtert.
   d) ☐ vertieft.

8. Kreuze die richtige Antwort an.

   Der Germanist und Medienforscher Günther Stocker sagt, dass die Fähigkeit zum ungestörten Lesen auch bestimmt ist durch (Abschnitt 6) …

   a) ☐ die Menge an Literatur.
   b) ☐ den Einfluss neuer Medien.
   c) ☐ das Verhalten des Lesers.
   d) ☐ die Qualität des Buches.

9. Kreuze die richtige Antwort an.

   „Slow Reading Clubs“ dienen dazu, dass Menschen (Abschnitt 6) …

   a) ☐ nicht nur im Kreise der Familie lesen.
   b) ☐ sich Zeit zum Lesen nehmen.
   c) ☐ Beruf und Freizeit voneinander trennen.
   d) ☐ Lesen mit Yoga verbinden.

10. Kreuze die richtige Antwort an.

    Diagonales Lesen bedeutet nach Schlaffer (Abschnitt 7), dass der Leser …

    a) ☐ Schwieriges nicht erkennt.
    b) ☐ Uninteressantes überspringt.
    c) ☐ Kompliziertes nicht versteht.
    d) ☐ Spannendes verarbeitet.

11. Kreuze die richtige Antwort an.

Für das „Slow Reading“ empfiehlt der amerikanische Professor David Mikics (Abschnitt 8) …

a) ☐ klassische Bücher zu lesen.
b) ☐ Ratschläge aufzuschreiben.
c) ☐ den Text zu verkürzen.
d) ☐ Wörter nachzuschlagen.

12. Erläutere die Aussage, dass man sich in der heutigen Zeit *„fürs versunkene Lesen fast schon schämen muss“* (Z. 131 ff.), im Zusammenhang des gesamten Textes.

____

____

____

____

13. Kreuze die richtige Antwort an.

Die im Text beschriebene „Slow Reading“-Bewegung spricht in erster Linie Menschen an, die …

a) ☐ die Lektüre eines Textes genießen möchten.
b) ☐ einen gemütlichen Raum zum Lesen suchen.
c) ☐ komplizierte Bücher verstehen wollen.
d) ☐ sich einen langen Text erarbeiten wollen.

14. Ein Schüler sagt nach dem Lesen des Textes:

„Slow-Reading-Clubs sind eine gute Alternative zum einsamen Lesen zu Hause.“

Schreibe eine kurze Stellungnahme zu dieser Aussage.

Du kannst der Auffassung zustimmen oder nicht. Wichtig ist, dass du deine Meinung begründest. Beziehe dich dabei auf den Text.

____

____

____

____

____

____

____

Zweiter Prüfungsteil: Schreiben

Der zweite Prüfungsteil enthält **zwei Wahlthemen**, aus denen **eines** von dir ausgewählt und bearbeitet werden muss.

Wahlthema 1

Lies bitte zunächst den Text, bevor du die Aufgabe bearbeitest.
Schreibe einen zusammenhängenden Text.

Aufgabe

Analysiere den Textauszug aus dem Roman „Schneeriese" von Susan Kreller.

Gehe dabei so vor:

- Schreibe eine Einleitung, in der du Textsorte, Titel, Autorin und Erscheinungsjahr benennst sowie das Thema formulierst.
- Fasse den Text zusammen.
- Stelle dar, welche Erwartungen Adrian an Stella hat und wie er sich ihr gegenüber verhält.
- Untersuche, wie Adrian Stellas Körpersprache bei ihrer Begegnung wahrnimmt.
- Erläutere, auf welche Weise durch sprachliche Mittel deutlich wird, wie enttäuscht Adrian von Stellas Verhalten ist *(mögliche Aspekte: Wortwahl, stilistische Mittel, Satzbau)*.
- Schreibe einen kurzen Text aus der Sicht Stellas am Ende der Begegnung.
  - Welche Gedanken hat Stella, als sie noch einmal über ihre Begegnung mit Adrian nachdenkt?
  - Wie bewertet sie ihr eigenes und Adrians Verhalten?

  Schreibe in der Ich-Form und berücksichtige die Informationen, die der Textauszug gibt.

Susan Kreller: Schneeriese (Textauszug)

Adrian hat sich in Stella verliebt, seine Freundin aus Kindertagen, die ihn wegen seiner Größe „Einsneunzig“ nennt; er sagt es ihr aber nicht. Die beiden lernen den neuen Nachbarn Dato kennen, mit dem Stella eine Beziehung beginnt. Daraufhin sehen sich Adrian und Stella eine Zeit lang nicht. Eines Tages nimmt Adrian allen Mut zusammen und geht zu Stella, um mit ihr zu sprechen.

Adrian öffnete die Tür, räusperte sich und sah Stella auf ihrem Bett sitzen, im Schneidersitz. Sie war von sehr vielen Kleidungsstücken umgeben, mehr, als Adrian je in Stellas Zimmer gesehen hatte. Und da war noch etwas anderes, das neu war.

Stellas Blick war neu.

Denn als sie verstanden hatte, wer da in der Tür stand, ließ sie für einen winzigen Moment ihre Mundwinkel sinken, es dauerte wirklich nicht lange, und trotzdem, am Ende entschied sich alles in diesen winzigen Mundwinkelmomenten. Und danach konnte der andere lächeln und lächeln, konnte nette Dinge sagen und sonst wie freundlich sein, aber am Ende, da zählten eben einzig und allein diese läppischen[1] anderthalb Sekunden vom Anfang, und nur die.

Adrian, du bist's, sagte Stella und klang enttäuscht, aber wenigstens nicht unfreundlich. Sie überlegte kurz, dann sprach sie in ihr Handy: Lass uns mal aufhören, ich ruf dich später zurück.

Was gibt's?, fragte sie, sah Adrian kurz und lächelnd an und wühlte dann wieder in den Kleidungsstücken.

Mich, sagte Adrian.

Dich, sagte Stella, ohne auch nur den Kopf zu heben. Sie studierte mit allergrößter Sorgfalt einen hellen blauen Pullover, hielt ihn gegen eine Jeans, schüttelte den Kopf und zog dann ein anderes Oberteil aus dem Klamottenberg, ein grünes T-Shirt. Zu genau diesem T-Shirt sagte sie sehr erwachsen:

Kann ich irgendetwas für dich tun?

Und Adrian dachte, ja, tatsächlich, da gäbe es zwei oder zehn Kleinigkeiten, die dringend mal für mich zu tun wären. Du könntest mich fragen, ob ich dein Gesicht zeichnen will, ich selber frag ja nicht, du könntest mich anrufen jeden Tag, du könntest vor meiner Zimmertür stehen und *Los, Beeilung!* rufen, du könntest mit mir und der Misses[2] auf der Schaukel sitzen und gar nichts tun, du könntest laut sagen, Dato, was für ein bescheuerter Name aber auch, wie kann einer bloß Dato heißen, du könntest mich einfach mal ansehen, du könntest mich *Einsneunzig* nennen, du könntest sagen, tut mir leid, dass ich dich aus Versehen vergessen hab, das kommt nie wieder vor in den nächsten fünf Wochen.

Nein, sagte Adrian. Alles bestens. Ich hatte nur einfach nie Zeit die letzten Wochen, keine freie Minute, du weißt schon, es war hoffnungslos.

Sein Herz. Es schnappte nach Atem, es schlug.

Schlug.

Doch Adrian machte weiter:

Ich hab gedacht, ich seh mal nach dem Rechten, aber scheint ja alles in Ordnung zu sein, mit wem hast du telefoniert? Stella richtete den Blick auf irgendein neues Kleidungsstück, das sie aus dem Klamottenhaufen gefischt hatte, und lächelte es an:

Ja, du hattest es immer ziemlich eilig!

Das Kleidungsstück blieb stumm und Adrian fragte:

Und mit wem hast du telefoniert?

Stella sah ihn verwundert an und machte sich gar nicht erst die Mühe, einen handelsüblichen[3] Satz zu bilden

Freundin, Schule, kennst du nicht.

Stella sah Adrian freundlich an, fast weich, und sagte: Ich hab aber gar keine Zeit, muss gleich wieder los.

Zu deiner Freundin?

Stella biss sich auf die Lippen, und erst jetzt sah Adrian, wie rot ihre Wangen waren und wie sehr ihre Augen darüber leuchteten, und da war keiner, der ihm hätte weismachen können, dass das ein gutes Zeichen war, Adrian spürte nun mal, dass das Leuchten nicht für ihn bestimmt war.

---

2 Misses: Gemeint ist Stellas Großmutter, die den beiden Freunden früher immer auf der Schaukel sitzend Märchen vorgelesen hat.

1 läppisch: einfach, harmlos

3 handelsüblich: hier: vollständig

Ich geh rüber, sagte Stella mit matter Stimme. Ich geh zu Dato.

Ich komm mit!

Es war erstaunlich, wie schnell ein gerötetes Gesicht seine Farbe verlieren und bleich werden konnte. Stellas Augen wurden stumpf und sahen ihn ungläubig an. Aber Adrian wusste, was zu tun war, einatmen, ausatmen, ein, aus, ein, aus. Er hielt seinen Blick genau in den von Stella hinein und gab sich nicht geschlagen, obwohl er sich nicht ausstehen konnte in diesen Minuten, obwohl ihm seine eigene Anwesenheit genauso verhasst war, wie sie es für Stella sein musste.

Einatmen, aus.

Ein, aus.

Ein, aus.

Und nicht mal dann aufgeben, nicht mal dann.

Doch da veränderte sich Stellas Gesicht schon wieder, ihre Augen sahen jetzt traurig aus und fremd und ängstlich, alles auf einmal. Sie probierte ein Lächeln.

Quelle: Susan Kreller: Schneeriese. Carlsen Verlag, Hamburg 2016. S. 52–55 (Text gekürzt und geringfügig verändert)

Wahlthema 2

Lies bitte zunächst die Aufgabe und dann die Materialien aufmerksam durch, bevor du mit dem Schreiben beginnst.
Schreibe einen zusammenhängenden Text.

Aufgabe

Untersuche die Materialien M 1, M 2 und M 3.

Gehe dabei so vor:

- Benenne das gemeinsame Thema von M 1, M 2 und M 3.
- Fasse die Informationen aus M 1 a und M 1 b zusammen.
- Stelle die Aussagen aus M 2 und M 3 mit eigenen Worten dar. Vergleiche die Positionen im Hinblick auf die Auswirkungen, die „Self-Tracking" auf das Leben der Menschen haben kann. Belege deine Ausführungen am Text.
- Setze dich kritisch mit der folgenden Aussage eines Mitschülers auseinander:

  „Jeder sollte danach streben, das Beste aus sich herauszuholen, und dafür auch digitale Hilfsmittel nutzen."

  - Nimm Stellung zu der Aussage.
  - Begründe deine Meinung.
  - Beziehe dich dabei auch auf die Materialien M 1 bis M 3.

M 1 a Christoph Koch: Führt Selbstvermessung zur Selbsterkenntnis?

Immer mehr Menschen versuchen, mit „Quantified Self", auch bekannt als „Self-Tracking"[1], Neues über sich selbst herauszufinden. Die Idee: Menschen vermessen ihren Alltag mit digitalen Hilfsmitteln und versuchen so, zu tieferen Erkenntnissen über ihr Leben zu gelangen. „Selbsterkenntnis durch Zahlen", so das klare Motto der Bewegung.

Die Anwendungen sind ganz unterschiedlich: Manche erfassen, wie viele Schritte sie den Tag über zurückgelegt haben, wie viele Stockwerke sie hochgestiegen sind oder welche Nahrungsmittel sie zu sich genommen haben. Andere vermessen ihren Schlaf oder „tracken" Gesundheitswerte wie Puls, Blutdruck, Blutzuckerspiegel oder den Sauerstoffgehalt in ihrem Blut.

Die Gründe, das zu tun, sind individuell sehr unterschiedlich: Bei manchen ist es einfach nur Neugier und der Wunsch, dem diffusen[2] Bauchgefühl einmal knallharte Zahlen gegenüberzustellen. Andere setzen auf eine Verhaltensänderung. Nicht ohne Grund – Studien haben gezeigt, dass Menschen, die einen Schrittzähler benutzen, sich deutlich mehr bewegen als vorher. Nicht umsonst lautet ein altes Sprichwort: „Selbsterkenntnis ist der erste Schritt zur Besserung."

Quelle: Christoph Koch: Führt Selbstvermessung zu Selbsterkenntnis?, 17. 07. 2017; https://www.pcwelt.de/ratgeber/Quantified-Self-Erkenne-dich-selbst-durch-Zahlen-10026378.html, (Text gekürzt und geringfügig verändert)

1 *Quantified Self (gemessenes Selbst): von zwei Technik-Journalisten in den USA geprägter Leitbegriff der Anhänger des „Self-Tracking" (Selbstvermessung mit digitalen Hilfsmitteln)*

2 *diffus: unklar, verschwommen*

M 1 b Bereitschaft zur Erhebung und Weitergabe von personenbezogenen Daten

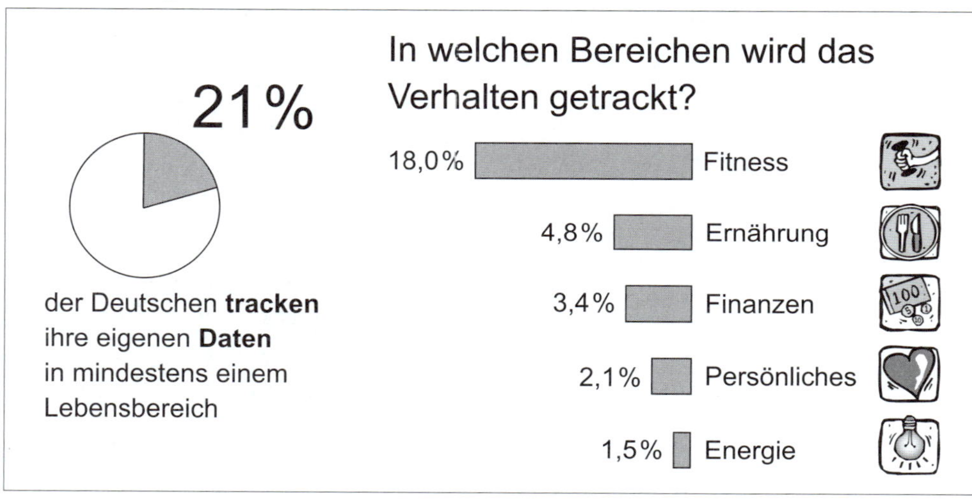

Eigene Darstellung nach: https://www.splendid-research.com/de/ueber-uns/impressum.html

M 2 Immer schneller, besser, effizienter: der Trend zur Selbstoptimierung

Die Selbstvermessung und -optimierung hat mithilfe kleiner digitaler Helfer Einzug in unseren Alltag erhalten. Kalorien oder Schritte zählen, Schlafphasen messen, Produktivität protokollieren – alles ist möglich. Das Ziel, das Maximum aus dem eigenen Leben herauszuholen, erscheint verlockend und erstrebenswert.

Erfolge machen glücklich! Und durch die Hilfe einer strukturierten Selbstoptimierung[1] erreichen wir unsere Ziele schrittweise und nehmen die Erfolge wahr, was uns motiviert und aktiviert.

1 *strukturierte Selbstoptimierung: Verbesserung der eigenen Fähigkeiten nach einem bestimmten Plan*

Durch die systematische Optimierung gewinnen wir Erkenntnisse über unsere persönlichen, gesundheitlichen und sportlichen Gewohnheiten. Dies ermöglicht uns, mehr über uns selbst zu lernen und bewusster zu leben. Alleine das Interesse für das eigene Wohlbefinden ist ein wichtiger Schritt hin zu einem gesünderen Leben.

Durch die Masse an Teilnehmern wird über das Tracking eine unvorstellbar hohe Datenmenge generiert[2], deren Erkenntnisse für die Medizin und Wissenschaft genutzt werden können.

Selbstdisziplin gilt als wichtige Grundeigenschaft, die uns dabei hilft, ungeahnte Fähigkeiten zu entwickeln. Durch die Nutzung technischer Geräte werden verlässliche Daten generiert, mithilfe derer die Effizienz[3] erfolgreich gesteigert werden kann. Auch eine vermehrte Produktivität kann glücklicher machen!

In unserer heutigen Zeit voller Verlockungen und Möglichkeiten gibt uns die Selbstoptimierung ein wenig Steuerung und Kontrolle über unser tägliches Handeln zurück, was uns Sicherheit und Hilfestellung in der Strukturierung unseres Alltags gibt.

Quelle: Hille Kück: Immer schneller, besser, effizienter. http://ecampus.haufe.de/karriere/immer-schneller-besser-effizienter-der-trend-zur-selbstoptimierung/, 15. 07. 2015 (Text gekürzt und geringfügig verändert)

2 *generieren: erzeugen, hervorbringen*

3 *Effizienz: Wirksamkeit*

M 3 Steffi Burkhart: Unsere Selbstoptimierung macht uns kaputt!

Bei so manchen Freunden von mir ist das perfekte Leben tabellarisch in Messeinheiten erfasst. Und all die Super-Blogger und -Bloggerinnen demonstrieren uns auf ihren Social-Media-Kanälen, wie easy es ist, den fittesten Body zu erdiäten[1], mit nur fünf Stunden Schlaf die Nacht trotzdem Höchstleistung zu erbringen und zehn Bücher in einer Woche zu lesen.

Die Folge: Wir fühlen uns einsam, obwohl wir nicht alleine sind, wir fühlen uns gereizt und gestresst, obwohl wir doch täglich unsere Gesundheit tracken, wir machen Überstunden, intensivieren die Arbeitszeit und schlucken stattdessen aufputschende Substanzen. Und als wäre das alles noch nicht schlimm und alarmierend genug, werden zukünftig Zahnbürsten, Spiegel, Kühlschränke auch noch anfangen, nur das Beste für uns zu wollen und aus uns rauszuholen (Internet of Things)[2].

Bei all dem Optimierungswahnsinn bleibt ein wesentliches Gefühl auf der Strecke: Happiness. Dabei versprechen doch all die Selbstoptimierungs-Tools, Tipps und Tricks in Büchern, Videos und Hörbüchern mehr Happiness. Fehlalarm. Bei all der Taktung und Disziplin scheint sie auf der Strecke zu bleiben. In der Wissenschaft wird sogar das Gegenteilige beobachtet: Bei immer mehr jungen Menschen werden Depression oder andere psychosomatische Störungen[3] wie beispielsweise Angststörungen diagnostiziert.

Es ist eine Sehnsucht danach zu beobachten, einfach mal faul zu sein, nach Fehlerhaftem, nach Ungezwungenheit, nach Nichtstun. Danach, drei Filme in Folge zu schauen, dabei im Bett zu liegen und Schleckeis zu schlemmen – ohne schlechtes Gewissen und Gedanken um Arbeit, Kalorien oder Wäsche, die noch gewaschen werden will.

Quelle: Dr. Steffi Burkhart: Unsere Selbstoptimierung macht uns kaputt, Blog von Steffi Burkhart: http://steffiburkhart.com/wir-selbstoptimieren-uns-kaputt, 21. 04. 2017 (Text gekürzt und geringfügig verändert)

1 *erdiäten: durch eine Diät herbeiführen*

2 *Internet of Things (Internet der Dinge): Vernetzung und Steuerung von Alltagsgeräten mit dem Internet durch bestimmte Programme oder Apps*

3 *psychosomatische Störungen: Krankheitssymptome, die auf seelische Vorgänge zurückzuführen sind*

Zentrale Prüfung am Ende der Klasse 10 – NRW
Mittlerer Schulabschluss (MSA)
Deutsch 2019

Erster Prüfungsteil: Leseverstehen

Julia Gesemann: Die neue Lust aufs Lesen

(1) Wenn Sara über Bücher spricht, redet sie ohne Punkt und Komma. Den Klassiker „1984“[1] von George Orwell „feiert sie sehr“, ihr gefällt „dieses Buch wahnsinnig gut, es ist genau nach meinem Geschmack“. Dabei hält sie es plakativ[2] in die Kamera. 2 200 Aufrufe hat dieses Video auf ihrem Youtube-Kanal „Sara Bow Books“ bereits. Bis zu 15 000 können es noch werden. Damit beweist die 23-Jährige wie viele andere auch, dass das gedruckte Buch im digitalen Zeitalter noch eine Chance hat zu überleben.

(2) Im Internet werden das Lesen, die Bücher und alles, was dazugehört, derzeit regelrecht gefeiert. Buchblogger schreiben emotionale Rezensionen[3] auch über längst vergriffene[4] Bücher, Booktuber zeigen ihre Bücherregale bei Youtube und Bookstagramer setzen Buch und Co. bei Instagram stilvoll in Szene. Ein neues Zeitalter der Lesekultur hat begonnen. Perfekt für alle Leseratten, die nicht genug bekommen können und immer auf der Suche nach neuen Buchtipps sind.

(3) Lesen und über das Gelesene schreiben: Literaturblogger teilen Buchfavoriten mit ihren Followern. Die Blogger beschreiben subjektiv und euphorisch[5], welches Buch ihnen ans Herz geht, welches mitreißend geschrieben ist oder welches erst gar nicht in die Hand genommen werden sollte. Ein persönliches Urteil, eine klare Einordnung in einer Vielfalt, die die klassische Literaturkritik nicht bietet. Blogs werden von Menschen gelesen, „die sich vom klassischen Kulturteil einer Zeitung nicht abgeholt fühlen“, sagt die Bloggerin Mara Giese. Denn Literaturblogs bieten noch mehr als Rezensionen: Interviews mit Autoren, themenbezogene Empfehlungen und Lesungsberichte.

(4) Anderes Medium, gleiches Prinzip: Auch bei Youtube geht es zunehmend um Bücher. Der „Booktuber“-Trend kommt aus den USA und aus Großbritannien. Doch mittlerweile halten auch etwa 80 Deutsche mehrmals im Monat ihren Lesestoff in die Videokamera. Sie stellen Neuerscheinungen vor, zeigen ihre Regale und ihre neuesten Einkäufe. Dazu ein Begeisterungsschwall – fertig sind die Videos. Nicht nur der Inhalt zählt, sondern auch die Verpackung. Das Cover? Ist gerne „ganz toll“ oder „super schön“. Und die Glitzerschrift des Titels erst! Die Videos sind nicht immer kritisch, oft schwärmerisch. Ein Youtube-Urteil, das meistens auf Geschmack basiert und nur selten auf Analyse. Echtes Fan-Verhalten eben. Diese Begeisterung kann anstrengend sein, aber sie ist direkt und authentisch[6]. Die User lieben es. Das zeigen die Zahlen: Sara Bow betreibt ihren Youtube-Kanal seit Oktober 2012, 23 400 Abonnenten erreicht sie, wenn sie gestylt über ihre neun gelesenen Bücher im Juni spricht.

(5) Die Leidenschaft für Bücher hat längst auch die sozialen Netzwerke erreicht. Facebook: Gepostet werden Links von Rezensionen oder Artikeln über Buchsammler. Twitter: kurze Alltagsschnipsel wie der erste Satz eines Buches. Instagram: Hier kommt's eben auf das Foto an. Ein Buch, daneben eine dekorative Blumenvase und ein Stück Kuchen mit Sahne. Oder: ein aufgeschlagenes Buch auf dem Lesesessel, daneben der Hund und ein Cappuccino. So sehen typische Postings der Bookstagramer aus. Vor allem junge Frauen präsentieren mit sorgfältig arrangierten Fotos ihre Lieblingsbücher – und erreichen damit erstaunlich viele Menschen.

1 „1984“ ist ein berühmter Roman des Autors George Orwell aus dem Jahr 1949.

2 *plakativ: hier:* gut sichtbar

3 *Rezension:* Buchbesprechung

4 *vergriffen:* nicht mehr lieferbar

6 *authentisch:* echt

5 *euphorisch:* begeistert

(6) Auch Mara Giese nutzt Instagram gerne. „Es ist relativ unkompliziert zu bedienen und lebt vom Augenblick.“ Spontan ein Foto von ihrem Lesemoment geknipst und hochgeladen, schon erreicht die 31-Jährige rund 4 000 Abonnenten. Aber Giese ist auch auf Facebook und Twitter präsent. Das Bespielen der unterschiedlichen Kanäle kostet Zeit. Aber der Aufwand lohnt sich: 70 Prozent ihrer Blogleser kommen über Facebook, Twitter und Instagram. „Einen Buchblog zu führen, ohne in den sozialen Netzwerken vertreten zu sein, ist möglich, aber deutlich schwieriger als früher“, sagt Giese. „Es ist eine tolle Möglichkeit, um Werbung für den Blog zu machen.“

(7) Bücher bei Instagram zeigen – okay. Aber darüber sprechen? Das geht mittlerweile auch im Internet: auf Leserplattformen wie „Goodreads“, „Literaturschock“ und „Lovelybooks“. Wie auf einer Buchmesse tauschen sich Leser rund um die Uhr untereinander und mit Autoren aus, nehmen an virtuellen Literatursalons[7] oder Leserunden teil und bewerten Gelesenes. Sinnlich[8] ist das nicht, der Bücherplausch mit Freunden entfällt. Dafür ist der Lieblingsautor nur einen Klick entfernt.

(8) Je mehr ein Buch im Gespräch ist, desto besser. Das wissen auch die Verlage. „Für uns sind Buchblogger als Multiplikatoren[9] wichtig für die Verbreitung unserer Bücher“, sagt Julia Schmilgun, Vertreterin eines Verlages. Über die Buchblogger erreiche der Verlag ein neues Publikum, „sie sind für uns unverzichtbar geworden“. Ein anderer Verlag arbeitet mit etwa 200 Bloggern zusammen, sie haben einen hohen Stellenwert: „Blogger sind echte Buchhelden, die Tag für Tag im Netz für ihre Lieblingsbücher kämpfen“, heißt es auf der Internetseite, „und schlicht wahre Wunder bewirken, wenn es darum geht, Menschen für Bücher zu begeistern.“ Und ein weiterer Verlag pflegt die Beziehungen zu den Bloggern mit einem eigenen Bloggerportal. „Die Wahrnehmung der Blogs im Verlag hat sich schon sehr stark verändert“, sagt Mara Giese. Sie erinnert sich an ihre Anfänge als Bloggerin: „Da war die Zusammenarbeit mit den Verlagen echt schwer.“ Das hat sich geändert.

Quelle: Neue Westfälische, Gütersloh, 05. 07. 2017. © Julia Gesemann (Text gekürzt und geringfügig verändert)

9 *Multiplikator: jemand, der Informationen weitergibt und verbreitet*

7 *virtuelle Literatursalons: hier: Treffen im Internet, bei denen man über Literatur spricht*

8 *sinnlich: mit den Sinnen zu erfahren, z. B. spürbar und fühlbar*

Aufgaben zum Leseverstehen

1. Kreuze die richtige Antwort an.

   In Internetblogs werden (Abschnitte 1 und 2) …

   a) ☐ meist klassische Romane besprochen.
   b) ☐ häufig moderne Romane präsentiert.
   c) ☐ Verfilmungen von Büchern gezeigt.
   d) ☐ Bücher in gedruckter Form präsentiert.

2. Kreuze die richtige Antwort an.

   Das *„gedruckte Buch [hat] im digitalen Zeitalter noch eine Chance […] zu überleben"* (Z. 12–14), weil …

   a) ☐ Bücher von großer kultureller Bedeutung sind.
   b) ☐ man im Internet vergriffene Bücher bekommt.
   c) ☐ Bücher in digitalen Medien sehr gelobt werden.
   d) ☐ Blogger gezielt unbekannte Literatur vorstellen.

3. Die Autorin behauptet: *„Ein neues Zeitalter der Lesekultur hat begonnen"* (Z. 23 f.). Erläutere diese Aussage im Textzusammenhang.

   ____

   ____

   ____

   ____

4. Kreuze die richtige Antwort an.

   Laut Bloggerin Mara Giese lesen viele Menschen Buchblogs (Abschnitt 3), …

   a) ☐ wenn sie der Kulturteil einer Zeitung besonders anspricht.
   b) ☐ weil sie der Kulturteil einer Zeitung weniger anspricht.
   c) ☐ bevor sie den Kulturteil einer Zeitung genau lesen.
   d) ☐ obwohl sie den Kulturteil einer Zeitung gerne lesen.

5. Kreuze die richtige Antwort an.

   „Booktuber" (Z. 48) …

   a) ☐ besprechen wöchentlich neue Bücher.
   b) ☐ zeigen nur die Verpackung der Bücher.
   c) ☐ inszenieren ihre Buchvorstellungen.
   d) ☐ stammen überwiegend aus den USA.

6. Kreuze die richtige Antwort an.

   Durch die Formulierung *„Echtes Fan-Verhalten eben"* (Z. 64) wird im Textzusammenhang (Abschnitt 4) deutlich, dass die Autorin des Artikels die …

   a) ☐ Präsentationen kritisch sieht, aber nicht ablehnt.
   b) ☐ emotionalen Darstellungen in Blogs sehr mag.
   c) ☐ emotionalen Buchvorstellungen gänzlich ablehnt.
   d) ☐ Präsentationen mag, aber die Bücher nicht kauft.

7. Kreuze die richtige Antwort an.

   „Booktuber" (Abschnitt 4) …

   a) ☐ haben zunehmend mehr Fans.
   b) ☐ haben normalerweise kaum ältere Anhänger.
   c) ☐ müssen sich in außergewöhnlicher Weise stylen.
   d) ☐ stellen meist britische und amerikanische Werke vor.

8. Kreuze die richtige Antwort an.

   Besonders häufig werden Buchvorstellungen (Abschnitt 5) …

   a) ☐ im eigenen Wohnzimmer präsentiert.
   b) ☐ von weiblichen Bloggern gezeigt.
   c) ☐ von Buchsammlern geliked.
   d) ☐ bei Twitter gepostet.

9. Kreuze die richtige Antwort an.

   Mara Giese nutzt soziale Medien (Abschnitt 6), …

   a) ☐ um Zeit zu sparen.
   b) ☐ weil sie gerne Fotos von sich postet.
   c) ☐ obwohl sie schwer zu bedienen sind.
   d) ☐ um mehr Leser für ihren Blog zu gewinnen.

10. Kreuze die richtige Antwort an.

    Nach Meinung der Autorin ähnelt die Nutzung von Buchblogs (Abschnitt 7) …

    a) ☐ einem Chat bei Instagram.
    b) ☐ einem Treffen bei Freunden.
    c) ☐ dem Besuch einer Buchmesse.
    d) ☐ der Lesung auf einer Buchmesse.

11. Erläutere im Textzusammenhang, welche Bedeutung die Buchblogger für die Verlage haben.

____

____

____

____

12. Ordne die folgenden Überschriften den richtigen Abschnitten 5–8 zu.

Überschrift	**Textabschnitt (5, 6, 7, 8)**
a) Austausch über Bücher im Internet	________
b) Art der Bildgestaltung durch Nutzer von Instagram	________
c) Einfluss von Buchbloggern auf den Buchmarkt	________
d) Bedeutung der sozialen Medien für Buchblogger	________

13. Kreuze die richtige Antwort an.

In ihrem Text legt die Autorin nahe, dass Buchblogger …

a) ☐ besonders gebildete Menschen sind.
b) ☐ kein Interesse an schwierigen Büchern haben.
c) ☐ Lesen mit der Freude am Präsentieren verbinden.
d) ☐ mit ihren Präsentationen nur Geld verdienen wollen.

14. Ein Schüler sagt nach dem Lesen des Textes: „*Buchblogs sind überflüssig!*“
Schreibe eine kurze Stellungnahme zu dieser Aussage.
Du kannst der Auffassung zustimmen oder nicht. Wichtig ist, dass du deine Meinung begründest. Beziehe dich dabei auf den Text.

____

____

____

____

____

____

____

____

____

Zweiter Prüfungsteil: Schreiben

Der zweite Prüfungsteil enthält **zwei Wahlthemen**, aus denen **eines** von dir ausgewählt und bearbeitet werden muss.

Wahlthema 1

Lies bitte zunächst den Text, bevor du die Aufgabe bearbeitest.
Schreibe einen zusammenhängenden Text.

Aufgabe

Analysiere den Textauszug aus dem Roman „Acht Berge“ von Paolo Cognetti.

Gehe dabei so vor:

- Schreibe eine Einleitung, in der du Textsorte, Titel, Autor und Erscheinungsjahr benennst sowie das Thema formulierst.
- Fasse den Text zusammen.
- Stelle die Entwicklung von Brunos Verhalten dar, so wie Pietro es wahrnimmt, als Bruno ihm vom erhaltenen Angebot erzählt.
- Untersuche, wie Pietro sich selbst während des Gesprächs verhält, und berücksichtige dabei seine Beweggründe.
- Erläutere, wie durch sprachliche Mittel Pietros Wunsch zum Ausdruck kommt, Bruno möge das Angebot nicht annehmen *(mögliche Aspekte: Satzbau, stilistische Mittel, Wortwahl)*.
- Setze dich im Schlussteil kritisch mit der folgenden Aussage einer Schülerin auseinander: *„Bruno und Pietro sind keine wahren Freunde.“*
  - Nimm Stellung zu der Aussage.
  - Begründe deine Meinung.
  - Belege deine Ausführungen am Text.

Paolo Cognetti: Acht Berge (Textauszug)

Pietro lebt mit seinen Eltern in der italienischen Großstadt Mailand, verbringt aber den Sommer mit seiner Familie immer in dem Bergdorf Grana. Dort freundet er sich mit Bruno an, der mit seiner Mutter bei seinem Onkel Luigi in sehr einfachen Verhältnissen lebt. Durch Unterstützung von Pietros Eltern bekommt er eine Schulbildung und schafft schließlich den Schulabschluss. Als die beiden Jungen eines Nachmittags in den Bergen sind, ist Bruno sehr kurz angebunden und in Gedanken versunken.

Er war genauso schlecht gelaunt wie vorher. Als er sich ins Gras fallen ließ, blieb ich neben ihm stehen. Es war einfacher, auf den See als sich in die Augen zu schauen. Einige Meter vor uns ragte ein Felsblock aus dem Wasser, der aussah wie eine Insel: der ideale Fixpunkt.

„Deine Eltern haben mit meinem Onkel geredet", sagte Bruno irgendwann. „Hast du das gewusst?"

„Nein", log ich.

„Komisch. Ich versteh das einfach nicht."

„Was denn?"

„Die Geheimnisse, die ihr voreinander habt."

„Und worüber haben sie mit deinem Onkel geredet?"

„Über mich."

Ich setzte mich neben ihn. Was er mir anschließend erzählte, erstaunte mich kein bisschen. Meine Eltern sprachen schon länger darüber, und ich hatte gar nicht erst an der Tür lauschen müssen, um zu wissen, was sie vorhatten. Am Vortag hatten sie Luigi Guglielmina vorgeschlagen, Bruno im September mit nach Mailand zu nehmen. Sie hatten ihm angeboten, ihn bei uns aufzunehmen und an einer weiterführenden Schule anzumelden. An einer Fachober-, Berufs- oder sonstigen Schule, die ihn interessierte. Ihnen schwebte eine einjährige Probezeit vor.

Sollte Bruno sich dort nicht wohlfühlen, würde er im darauffolgenden Sommer nach Grana zurückkehren. Andernfalls waren meine Eltern gerne bereit, ihn bis zum Schulabschluss zu behalten. Danach hatte er die Freiheit, selbst zu entscheiden, was er mit seinem Leben anfangen wollte.

Aus Brunos Schilderungen waren die Worte meiner Mutter deutlich herauszuhören. *Bei uns aufnehmen. Die Freiheit, selbst zu entscheiden. Was er mit seinem Leben anfangen will.*

„Das wird dein Onkel niemals erlauben", sagte ich.

„Doch, doch", konterte[1] Bruno. „Und weißt du auch, warum?"

„Wieso?"

„Wegen dem Geld."

Er buddelte in der Erde, zog einen Stein heraus und sagte dann: „Wer zahlt das Ganze? Das ist das Einzige, was meinen Onkel interessiert. Deine Eltern haben versprochen, alles zu übernehmen: Kost, Logis[2], Schulgeld – einfach alles. Das rechnet sich für ihn."

„Und was sagt deine Tante dazu?"

„Sie hat nichts dagegen."

„Und deine Mama?"

Schnaubend warf Bruno den Stein ins Wasser. Er war so winzig, dass er keinerlei Geräusch machte.

„Meine Mama? Was soll die schon sagen? Das Übliche, nämlich gar nichts."

„Und du?", fragte ich.

„Was denn?"

„Was wär dir am liebsten?"

„Keine Ahnung", sagte Bruno. „Nach Mailand mitkommen? Ehrlich gesagt, versuche ich es mir seit gestern vergeblich vorzustellen. Ich weiß ja nicht mal, wie es dort ist."

Wir schwiegen. Ich wusste, wie es dort war, und brauchte mir gar nichts vorzustellen, um mich gegen diese Idee zu sträuben. Bruno würde Mailand hassen, und Mailand würde Bruno zerstören. Ich verstand einfach nicht, warum die Erwachsenen unbedingt etwas aus ihm machen wollten, das er gar nicht

1 kontern: widersprechen

2 Logis: Unterkunft

war. Was war schon dabei, wenn er für den Rest seines Lebens Kühe hütete? Ich erkannte nicht, wie extrem egoistisch ich war, weil es mir mitnichten[3] um Bruno und seine Wünsche, um seine Zukunft ging, sondern nur um den Nutzen, den ich nach wie vor aus ihm ziehen wollte: *mein* Sommer, *mein* Freund, *meine* Berge! Dort oben sollte gefälligst alles so bleiben, wie es war, einschließlich der verkohlten Ruinen und Misthaufen am Straßenrand. Bruno, die Ruinen und Misthaufen mussten unverändert auf mich warten.

„Vielleicht solltest du es ihm einfach sagen“, schlug ich vor.

„Was denn?“

„Dass du nicht mit nach Mailand willst. Dass du hierbleiben willst.“

Bruno drehte sich zu mir um und sah mich fragend an. Diesen Rat hatte er nicht von mir erwartet. Er durfte das vielleicht denken – aber ich doch nicht! „Spinnst du?“, sagte er. „Ich bleib auf gar keinen Fall! Ich kraxle[4] schon mein ganzes Leben Berge rauf und runter.“

Dann stand er auf, dort auf unserer Wiese, bildete mit den Händen einen Trichter und rief:

„He! Hört ihr mich? Ich bin's, Bruno! Ich gehe!“

Quelle: Paolo Cognetti: Acht Berge. Übers. von Christiane Burkhardt. München, Deutsche Verlags-Anstalt 2017, S. 71–74. (Text gekürzt und geringfügig verändert)

3 *mitnichten: überhaupt nicht*

4 *kraxeln: klettern*

Wahlthema 2

Lies bitte zunächst die Aufgabe und dann die Materialien aufmerksam durch, bevor du mit dem Schreiben beginnst.
Schreibe einen zusammenhängenden Text.

Aufgabe

Untersuche die Materialien M 1, M 2 und M 3.

Gehe dabei so vor:

- Benenne das gemeinsame Thema von M 1, M 2 und M 3.
- Fasse die Informationen aus M 1 a und M 1 b zusammen.
- Stelle die Aussagen aus M 2 und M 3 mit eigenen Worten dar. Vergleiche die Positionen im Hinblick auf die Frage, welche Möglichkeiten und Grenzen Erklärvideos für den Unterricht haben können. Belege deine Ausführungen am Text.
- Setze dich kritisch mit der folgenden Aussage einer Mitschülerin auseinander:

  „Erklärvideos steigern den individuellen Lernerfolg."

  - Nimm Stellung zu der Aussage.
  - Begründe deine Meinung.
  - Beziehe dich dabei auch auf die Materialien M 1 bis M 3.

M 1a Jana Brehmer und Sebastian Becker: Was sind Erklärvideos?

Erklärvideos sind kurze Filme, meist selbst produziert, in denen Inhalte und Sachverhalte leicht verständlich erklärt werden. Beispielsweise kann erklärt werden, wie etwas funktioniert oder wie abstrakte[1] Konzepte und Zusammenhänge dargestellt werden können. Zu Erklärvideos gehören beispielsweise auch Videotutorials[2], wie sie auf Youtube zu finden sind. In diesen wird dazu aufgefordert, eine gezeigte Tätigkeit oder Fähigkeit nachzumachen.

Es gibt eine breite Vielfalt bei der Gestaltung von Erklärvideos. Obwohl das Produktionsbudget[3] meist fehlt oder sehr gering ist, gibt es einfach gehaltene, aber auch nahezu professionell gestaltete Erklärvideos. Die Videos orientieren sich meist an einem informellen[4] Kommunikationsstil, sprechen die Zuhörer auf Augenhöhe an und duzen sie. Die Erklärungen werden der Zielgruppe entsprechend angepasst und teilweise humorvoll vermittelt.

Die Produzierenden von Erklärvideos reichen von Laien bis hin zu Experten, die ganze Erklärreihen publizieren[5]. Zu einem Thema gibt es nicht nur inhaltlich unterschiedliche Erklärungen, sondern auch gestalterisch und kommunikativ eine breite Vielfalt.

Quelle: Jana Brehmer, Sebastian Becker: Was sind Erklärvideos? https://www.uni-goettingen.de/de/document/download/…pdf/03_Erklärvideos.pdf (CC BY 4.0) (Text gekürzt und geringfügig verändert)

1 *abstrakt: theoretisch, nur gedacht*

2 *Videotutorials: Videos, die den gewünschten oder vorgesehenen Ablauf eines bestimmten Vorgangs erklären*

3 *Produktionsbudget: hier: das für eine Produktion zur Verfügung stehende Geld*

4 *informell: hier: durch den Gebrauch von Umgangssprache geprägt*

5 *publizieren: veröffentlichen*

M 1b Empirische Studie[1] über den Gebrauch von Erklärvideos in Deutschland (2016)

Im Jahr 2016 untersuchten die beiden Wissenschaftler Andreas Krämer und Sandra Böhrs in einer empirischen Studie den Gebrauch von Erklärvideos und deren Wirkung. Dazu wurden unter anderem rund 1 000 Versuchspersonen aus Deutschland in einer Online-Studie befragt. Der erste Teil der Studie beschäftigte sich mit den Vorerfahrungen der Teilnehmenden mit E-Learning[2] im Allgemeinen und mit Erklärvideos im Besonderen.

„Haben Sie schon einmal ein Erklärvideo geschaut?“

	16–29 Jahre	30–59 Jahre	über 60 Jahre
Ja	81,2 %	73 %	62,4 %
Nein	18,8 %	27 %	37,6 %

Tabelle: Erfahrungen mit Erklärvideos nach Altersgruppen in Deutschland

Die Befragten, die zuvor noch keine Erklärvideos benutzt hatten, verneinten zu 60 % einen zukünftigen Gebrauch, während die Teilnehmenden mit Vorerfahrung mit großer Mehrheit (85 %) angaben, Erklärvideos auch in Zukunft nutzen zu wollen.

Quelle: Johanna Czerny, Pink University: Empirische Studie über den Gebrauch von Erklärvideos, Wissenschaftliche Studie: Was gute Erklärvideos auszeichnet. 30. 11. 2017; www.pinkuniversity.de/video-learning-blog/was-gute-erklaervideos-auszeichnet (CC BY 4.0) (Text gekürzt und geringfügig verändert)

1 *empirische Studie: auf der Grundlage von Daten, die die Erfahrungswirklichkeit widerspiegeln, durchgeführte Untersuchung*

2 *E-Learning: Form des Lernens, in welcher elektronische oder digitale Medien zum Einsatz kommen*

M 2 Ist das Lernen mit Videos effektiv? [unbekannter Verfasser]

Nun hat sich die Erziehungswissenschaft mit dem Trend „Lernen mit Videos“ beschäftigt. Laut einer Umfrage ermutigen immer mehr Lehrerinnen und Lehrer ihre Schülerinnen und Schüler dazu, mit Onlinevideos zu lernen. Aber warum eigentlich? Was kann ein Video, das ein Buch nicht kann?

In Videos sieht man direkt, was jemand tut, und kann es nachmachen – und auf diese Weise besser verstehen. Einige Wissenschaftler sind der Meinung, dass es deshalb möglich sei, mit Videos Theorie und Praxis zu verbinden und damit Dinge leichter zu erklären (z. B. mit Beispielen aus dem Alltag). Experten nennen dies „Lernen am Modell“ oder „Lernen durch Nachahmen“. Und das beeinflusst das Lernen positiv.

Durch Töne, Bilder und Bewegungen kann man sich schneller orientieren und erhält so schneller einen Überblick über ein Thema als z. B. durch einen Text. Das kann den Lernenden Sicherheit vermitteln. Die Ansprache der verschiedenen Sinne (Sehen und Hören) ruft bei den Lernenden die Aufmerksamkeit in einer besonderen Weise hervor, was zu einer gesteigerten Lernleistung führen kann.

Erziehungswissenschaftlerin Anja Fey schreibt: „Videosequenzen haben aber nicht nur kognitive[1], sondern darüber hinaus auch motivationale[2] und emotionale Aufgaben.“ Das heißt, dass Lernende durch die Mimik[3] des Gegenübers im Video und auch durch die Stimme, die zu hören ist, emotional angesprochen werden. Das führt dazu, dass sie „näher am Geschehen“ sind und mehr in das Lernen eingebunden werden. Außerdem ist es ihnen möglich, mit dem Video durch das Stoppen, das Zurückspulen, das Noch-einmal-Ansehen ihr Lerntempo selbst zu bestimmen. So kann jeder so schnell oder langsam lernen, wie es nötig ist, und das steigert die Motivation.

1 kognitiv: das Wahrnehmen, Denken, Erkennen betreffend

2 motivational: hier: auf die Steigerung der Motivation bezogen

3 Mimik: Gesamtheit der möglichen Gesichtsausdrücke

Quelle: https://magazin.sofatutor.com/schueler/2014/01/29/ist-lernen-mit-videos-effektiv-ja-sagen-wissenschaftler Der Text wurde ohne namentliche Nennung eines Verfassers veröffentlicht. (Text gekürzt und geringfügig verändert)

M 3 Nina Bräutigam: Können YouTube-Lernvideos den Schulunterricht ersetzen?

So positiv das Bild auch scheint und so sehr die Nachfrage nach Lernvideos steigt: Sie bringen auch Gefahren mit sich. Die Hersteller sind meist keine ausgebildeten Lehrer oder Wissenschaftler. Daniel Jung, ein bekannter YouTube-Nachhilfelehrer für Mathematik, räumt ein, dass es keine Qualitätskontrollen gibt. Erste Plattformen werten immerhin die Anzahl der positiven und negativen Bewertungen eines Kanals aus. Zudem besteht nach Jung die Möglichkeit, dass User[1] durch Kommentare auf Fehler aufmerksam machen. Bestimmt bietet diese Funktion bei oft tausenden Nutzern eine relativ hohe Wahrscheinlichkeit, einen Fehler zu erkennen. Doch zuvor haben schon einige unwissende Zuschauer Falsches gelernt.

1 User: Nutzer

Hersteller von Lernvideos haben häufig kein Studium des Faches hinter sich, und die Gefahr, dass Inhalte wissenschaftlich nicht korrekt sind, muss dem Zuschauer immer bewusst sein. Mirko Drotschmann ist YouTube-Nachhilfelehrer für Geschichte und geht auf diese Problematik ein. Die zahlreichen, schnell abrufbaren Informationen im Internet sind eine hervorragende Möglichkeit, sich zeitnah das benötigte Wissen anzueignen. Da es jedoch keine offiziellen Überprüfungen der Inhalte gibt, kann dies zur Aneignung falschen Wissens führen. Drotschmann spricht sich dafür aus, dass es eine Vernetzung von Anbietern mit einem gemeinsamen Siegel geben müsste, um die Qualität von Videos kenntlich zu machen.

Laut Stefan Aufenanger, Professor für Erziehungswissenschaften und Medienpädagogik an der Universität Mainz, ist ein weiterer Schwachpunkt, dass mithilfe von YouTube eine reine Stoffvermittlung, jedoch keine Vermittlung von sozialen Kompetenzen stattfindet. Dieser Kritikpunkt ist hervorzuheben, denn die Schulzeit dient wesentlich dazu, ein Kind bzw. einen Jugendlichen auf das spätere Leben vorzubereiten. Dafür genügt das Lernen von reinem Faktenwissen nicht. Auch wenn ein Schüler in Form von Kommentaren die Möglichkeit zum Austausch hat, ist dies kein Ersatz für den persönlichen Kontakt zu anderen Menschen und die Arbeit in Gruppen. Zudem besteht laut Aufenanger im Gegensatz zur Schule keine Möglichkeit, direkt Fragen zu stellen oder persönliche Diskussionen zu führen.

Quelle: Nina Bräutigam: Können YouTube-Lernvideos den Schulunterricht ersetzen? https://gibro.de/blogs/medienprojekt1718/2018/04/15/koennen-youtube-lernvideos-den-schulunterricht-ersetzen/ (Text gekürzt und geringfügig verändert)

Zentrale Prüfung am Ende der Klasse 10 – NRW
Mittlerer Schulabschluss (MSA)
Deutsch 2021

Erster Prüfungsteil: Leseverstehen

Julia Merlot: Erfolgreiche Teamarbeit. Diesen Typ braucht jede Gruppe

Die US-Weltraumbehörde NASA untersucht für ihre bemannte Marsmission[1] das Zusammenwirken in Gruppen. Die Erkenntnis: Soll ein Team erfolgreich sein, muss ein bestimmter Charakter[2] auf jeden Fall vertreten sein.

(1) Oft lässt sich der Nutzen der Raumfahrt für den Menschen auf der Erde nicht sofort erkennen. Doch als Forscher am Sonntag auf einer Wissenschaftskonferenz in Washington neue Erkenntnisse zur Marsmission der NASA vorstellten, wurde schnell klar, dass diese den Alltag von uns allen verbessern könnten. Die NASA will 2033 erstmals Raumfahrer auf die ungefähr 400 Millionen Kilometer lange Reise zum Mars schicken. Eine der größten Herausforderungen dabei ist der Faktor Mensch. Denn für die Mission müssen die Astronauten mindestens drei Jahre lang Tag und Nacht auf engstem Raum zusammenleben und -arbeiten. Damit das klappt, erforscht die NASA nicht nur das Weltall, sondern auch die Psyche des Menschen.

(2) Über zehn Jahre hat der Anthropologe[3] Jeffrey Johnson von der University of Florida in Gainesville die Dynamik[4] in kleinen Gruppen von 10 bis 28 Personen auf Forschungsstationen in der Antarktis untersucht und alte Dokumente von Südpolexpeditionen ausgewertet. „Was in den Teams passiert, kennt jeder: Die Gruppe schreibt einigen Mitgliedern inoffiziell Rollen zu, einer ist der Anführer, einer Partykönig und einer der Clown", erklärt Johnson. Seine Forschung zeigt: Wie diese inoffiziellen Ämter besetzt werden, entscheidet über den Erfolg der gesamten Gruppe.

(3) Eine besonders große Rolle spielen dabei die Clowns, die Geschichtenerzähler und Komiker, berichtet Johnson. Das sei schon vor hundert Jahren entscheidend gewesen – Roald Amundsen[5], der erste Mann, der es je zum Südpol geschafft hat, wäre wohl nie angekommen, wenn er nicht seinen humorvollen Koch dabei gehabt hätte. „Adolf Lindstrøm war ein robuster Typ, kindisch und unvoreingenommen, er hat viel gelacht und gut gekocht", erklärt Johnson. „Jeder mochte ihn." Wann immer es auf der Expedition ins ewige Eis ein Problem gab, Crewmitglieder stritten oder Amundsen die Geduld verlor, habe Lindstrøm die Spannungen auflösen und die Gruppe zum Weiterziehen bewegen können. „Er hat mehr zur norwegischen Polarexpedition beigetragen als jeder andere", schrieb Amundsen 1911 in sein Tagebuch.

(4) Wie wichtig eine Person mit Humor für eine positive Gruppendynamik ist, zeigt sich auch bei heutigen Südpolexpeditionen. Über Jahre hat Johnson auf Forschungsstationen in der Antarktis Daten von 15 verschiedenen Teams unterschiedlicher Nationalitäten gesammelt. Die Gruppe, die die Isolation am besten wegsteckte, hatte gleich vier Leute in für den Zusammenhalt wichtigen inoffiziellen Ämtern. „Drei Frauen kümmerten sich um Veranstaltungen – organisierten gemeinsame Abendessen oder Sportkurse", sagt Johnson. Im Zentrum der Gruppe stand aber auch hier ein „lustiger, sehr kluger Typ, der gern Geschichten erzählt." Diesmal war es ein Handwerker, der die Mannschaft zusammenhielt. „Er wirkte als Bindeglied zwischen den Forschern und dem Rest der Gruppe."

1 Marsmission: Flug eines Raumschiffs zum Mars zu Forschungszwecken

2 Charakter: hier: Menschentyp

3 Anthropologe: Wissenschaftler, der sich mit dem Menschen und seiner Entwicklung beschäftigt

4 Dynamik: hier: Kräfte, die in der Gruppe wirken

5 Roald Amundsen (1872–1928): norwegischer Seemann und Polarforscher

6 *homogen: gleichartig*

(5) Den Expeditionsteams mit geringem Zusammenhalt fehlte dagegen genau diese Funktion, berichtet Johnson. Das Problem dabei ist, dass Gruppen dazu neigen, sich in möglichst homogene[6] Untergruppen aufzuspalten. Nach dem Motto „gleich und gleich gesellt sich gern" hängen Forscher mit anderen Forschern herum, Russen mit Russen, Amerikaner mit Amerikanern. „Deshalb braucht es die Clowns und Geschichtenerzähler – sie schaffen es mit Humor, die Untergruppen zu einem großen Team zu vereinen."

(6) Unklar war bislang allerdings, ob Clowns auch auf Marsflügen mit vier bis sechs Besatzungsmitgliedern die Stimmung retten können. Im Johnson Space Center in Houston beobachtet die NASA derzeit Gruppen in einem Simulator, der die Bedingungen auf dem Mars nachstellt. Bis zu 45 Tage müssen die Testkandidaten mit Schlafmangel, Gewackel und verzögerter Kommunikation zur Außenwelt klarkommen – und miteinander. Nun bestätigen die ersten Datensätze aus Houston die Beobachtungen vom Südpol, erzählt Johnson.

(7) Ein weiteres Erfolgskriterium, das für alle Gruppengrößen gilt: „Die inoffizielle Rollenverteilung muss zur offiziellen Funktion der Leute passen", so Johnson. „Der offizielle Chef sollte auch inoffiziell von der Gruppe als Anführer anerkannt werden. Gelingt es ihm nicht, die Rolle auszufüllen, führt das zwangsläufig zu Auseinandersetzungen."
Im NASA-Versuch wich die inoffizielle Rollenverteilung bei zwei Gruppen von der offiziellen ab. Am Ende des Versuchs gaben die Mitglieder dann auch an, nicht freiwillig für drei Jahre gemeinsam zum Mars fliegen zu wollen.

Quelle: Julia Merlot, DER SPIEGEL, 18. 02. 2019, https://www.spiegel.de/wissenschaft/mensch/marsmission-der-nasa-das-geheimnis-guter-teamarbeit-a-1253717.html (Text geringfügig gekürzt und verändert)

Aufgaben zum Leseverstehen

1. Kreuze die richtige Antwort an.

   Auf der Wissenschaftskonferenz wurde deutlich, dass Erkenntnisse aus der Raumfahrt möglicherweise (Abschnitt 1) …

   a) ☐ den Alltag auf der Erde positiv beeinflussen.
   b) ☐ einige Nachteile für den Alltag auf der Erde haben.
   c) ☐ nicht auf den Alltag auf der Erde übertragbar sind.
   d) ☐ geringe Bedeutung für den Alltag auf der Erde haben.

2. Kreuze die richtige Antwort an.

   Die Aussage „*Eine der größten Herausforderungen dabei ist der Faktor Mensch.*" (Z. 13 f.) bedeutet im Textzusammenhang, dass das Gelingen der Marsmission auch davon abhängt, ob …

   a) ☐ die Forscher ihre Arbeit rechtzeitig beenden.
   b) ☐ es genügend Spezialisten für die Mission gibt.
   c) ☐ der menschliche Körper die lange Reise verträgt.
   d) ☐ die Astronauten langfristig die Nähe zueinander ertragen.

3. Kreuze die richtige Antwort an.

   Die erfolgreiche Zusammenarbeit in einer Gruppe hängt ab von der (Abschnitt 2) ...

   a) ☐ Ausstattung der Forschungsstationen.
   b) ☐ Rollenverteilung innerhalb der Gruppe.
   c) ☐ Ausbildung der teilnehmenden Personen.
   d) ☐ Bereitschaft der Teilnehmer zur Mitarbeit.

4. Kreuze die richtige Antwort an.

   Rollen wie „Anführer“, „Partykönig“ oder „Clown“ (Abschnitt 2) ...

   a) ☐ ergeben sich gruppenintern.
   b) ☐ werden demokratisch gewählt.
   c) ☐ werden regelmäßig ausgewechselt.
   d) ☐ ergeben sich durch offizielle Auswahl.

5. Kreuze die richtige Antwort an.

   Jemand, der in einer Gruppe die Rolle des Clowns, Geschichtenerzählers oder Komikers innehat (Abschnitt 3), ...

   a) ☐ ist beliebt.
   b) ☐ wird belächelt.
   c) ☐ ist bescheiden.
   d) ☐ wird benachteiligt.

6. Erläutere Amundsens in seinem Tagebuch geäußerte Ansicht *„Er [der Koch Adolf Lindstrøm] hat mehr zur norwegischen Polarexpedition beigetragen als jeder andere“* (Z. 57-59) im Textzusammenhang.

   ____

   ____

   ____

   ____

7. Kreuze die richtige Antwort an.

   Beobachtungen des Wissenschaftlers Jeffrey Johnson auf heutigen Forschungsstationen in der Antarktis sind (Abschnitt 4) ...

   a) ☐ der Anfang eines neuen Forschungsvorhabens.
   b) ☐ von 15 verschiedenen Teams ausgewertet worden.
   c) ☐ ein weiterer Beleg für seine Ansichten zur Gruppendynamik.
   d) ☐ von unterschiedlichen Nationalitäten positiv aufgenommen worden.

8. Kreuze die richtige Antwort an.

   Im Vergleich zur Rolle der drei Frauen innerhalb der Gruppe wird die Rolle des Handwerkers von der Autorin (Abschnitt 4) …

   a) ☐ gering geschätzt.
   b) ☐ vernachlässigt.
   c) ☐ hervorgehoben.
   d) ☐ genauso gewürdigt.

9. Erläutere den Zusammenhang zwischen der Grafik und dem Text (Abschnitt 5).

____

____

____

____

____

10. Kreuze die richtige Antwort an.

Eine Expedition zum Mars wird erschwert durch fehlenden Schlaf, Erschütterungen beim Flug sowie (Abschnitt 6) …

a) ☐ Verständigungsschwierigkeiten untereinander und dauerhafte Beanspruchung.

b) ☐ fehlende Verständigungsmöglichkeiten mit der Erde und ständige Beobachtung.

c) ☐ Verständigungsschwierigkeiten mit der Erde und mögliche Beziehungskonflikte.

d) ☐ fehlende Verständigungsmöglichkeiten untereinander und begrenzte Bezugspersonen.

11. Kreuze die richtige Antwort an.

Die Erkenntnisse über Gruppenprozesse (Abschnitte 6 und 7) …

a) ☐ gelten für unterschiedlich große Gruppen.

b) ☐ beschränken sich auf die Raumfahrtforschung.

c) ☐ verlieren ihre Gültigkeit außerhalb des Simulators.

d) ☐ beziehen sich auf Gruppen mit mindestens drei Frauen.

12. Kreuze die richtige Antwort an.

In einer gut funktionierenden Gruppe (Abschnitt 7) …

a) ☐ ist eine Führungsperson überflüssig.

b) ☐ gibt es eine anerkannte Führungsperson.

c) ☐ wechseln offizielle und inoffizielle Rollen.

d) ☐ kann es mehrere Führungspersonen geben.

13. Ein Schüler sagt nach dem Lesen des Textes:
„Wenn Gruppenbildung gelingen soll, muss jemand die Rolle des Clowns einnehmen.“
Schreibe eine kurze Stellungnahme zu dieser Aussage.
Du kannst der Auffassung zustimmen oder nicht. Wichtig ist, dass du deine Meinung begründest. Beziehe dich dabei auf den Text.

____

____

____

____

____

____

Zweiter Prüfungsteil: Schreiben

Der zweite Prüfungsteil enthält **zwei Wahlthemen**, aus denen **eines** von dir ausgewählt und bearbeitet werden muss.

Wahlthema 1

Lies bitte zunächst den Text, bevor du die Aufgabe bearbeitest.
Schreibe einen zusammenhängenden Text.

Aufgabe

Analysiere den Textauszug aus dem Roman „Mit anderen Worten" von Tamara Ireland Stone.

Gehe dabei so vor:

- ▶ Schreibe eine Einleitung, in der du Textsorte, Titel, Autorin und Erscheinungsjahr benennst sowie das Thema formulierst.
- ▶ Fasse den Text zusammen.
- ▶ Stelle dar, wie Sam den Ort und das Miteinander der Anwesenden wahrnimmt.
- ▶ Erläutere, wie durch sprachliche Mittel zum Ausdruck kommt, dass Sam von dem Geschehen in der „Dichterecke" fasziniert ist (Z. 76–144) *(mögliche Aspekte: Wortwahl, Satzbau, stilistische Mittel).*
- ▶ Untersuche, wie sich Caroline an diesem besonderen Abend verhält.
- ▶ Schreibe einen kurzen Text aus der Sicht Carolines am Ende der Veranstaltung:
  - Welche Gedanken hat Caroline, als sie nach der letzten Vorführung neben Sam sitzt?
  - Wie bewertet sie Sams und ihr eigenes Verhalten?

  Schreibe in der Ich-Form und berücksichtige die Informationen, die der Textauszug gibt.

Tamara Ireland Stone: Mit anderen Worten: ich

Sam, die Ich-Erzählerin, wird von der Mitschülerin Caroline zu einer kleinen Veranstaltung in einem Kellerraum der Schule eingeladen.

Dann bemerke ich die Wände. Langsam drehe ich mich einmal um mich selbst und staune. Jede der vier Wände ist kreuz und quer mit Papierfetzen in allen Formen und Farben zutapeziert. Ich sehe linierte, aus Spiralblöcken gerissene Seiten. Schlichtweiße, gelochte Bögen. An den Ecken ausgefranstes Millimeterpapier. Vergilbte Zettel neben Papierservietten und Post-its[1], braunen Butterbrottüten und sogar der einen oder anderen Schokoriegelverpackung.

Caroline beobachtet mich, als ich, um mehr erkennen zu können, ein paar Schritte auf die Wand zugehe. Ich strecke die Hand nach einem der Zettel aus und lasse den Rand zwischen meinen Fingern hindurchgleiten. Erst in dem Moment fällt mir auf, dass all diese Seiten von Hand beschrieben sind, jede Schrift so einzigartig wie das Papier selbst. Fließende, geschwungene Zeilen. Eng stehende, kerzengerade Buchstaben. Große, präzise Druckschrift.

Wow.

„Wo sind wir hier?“, flüstere ich Caroline zu, doch bevor sie antworten kann, taucht völlig unerwartet ein Mädchen vor mir auf und nimmt mich beim Arm. Sie hat einen dunklen Pixie-Cut[2] und hüpft regelrecht auf der Stelle, als wäre das hier der aufregendste Moment, den sie seit Langem erlebt hat.

„Komm, setz dich zu mir. Auf dem Sofa ganz vorne ist noch Platz.“ Sie lässt sich auf die Couch fallen und klopft einladend auf das Polster neben sich.

„Setz dich.“ Ich gehorche. „Du hast dir jedenfalls definitiv einen guten Tag ausgesucht“, redet sie weiter. „Als Erste ist heute Sydney dran und nach ihr AJ.“

Caroline setzt sich auf meine andere Seite. Ich versuche, in ihrem Gesicht zu lesen, aber wie schon die ganze Zeit lässt sie rein gar nichts durchblicken. Alle werden ruhig, als ein Mädchen, das Sydney sein muss, das Podest betritt. Mit der Hüfte schiebt sie den Barhocker ein Stück zur Seite. Moment mal. Die kenne ich doch. Sie hat mit mir zusammen Geschichte.

Sydney hält den Deckel einer Chicken-Nuggets-Schachtel hoch. „Das hier hab ich gestern Abend geschrieben, …“ Sie dreht die Pappe herum, wedelt ein bisschen damit durch die Luft und nickt stolz. „Diesmal war der Deckel nicht ganz so fettig, darum hab ich ein komplettes Gedicht draufbekommen“, erklärt sie, und die anderen lachen.

NUGGETS
Meine Zähne durchstoßen euer zartes Fleisch.
Süßes Fett auf meiner Zunge,
Warm in meiner Kehle.
Golden. Schimmert ihr unter dem Neonlicht.
Gehäuft. Drängt ihr euch aneinander.
Geduldig. Immer so geduldig.
Golden, weiß.
Knusprig, salzig.
Woraus zum Teufel besteht ihr eigentlich?

Alle stehen auf und klatschen und johlen, während Sydney ihr Kleid rafft und sich verbeugt. Dann reißt sie die Arme hoch, wirft den Kopf zurück und ruft: „Yeaaah! Stift her!“

Ein Junge auf einer anderen Couch wirft ihr einen Klebestift zu. Wir sehen zu, wie sie das, was von der Chicken-Nuggets-Schachtel übrig ist, an eine freie Stelle zwischen die anderen Zettel drückt. Dann klopft sie sich die Hände ab, und als sie sich auf das Sofa hinter mir setzt, begegnen sich unsere Blicke. Sie grinst mich an. Ich lächle zurück. Ich glaube nicht, dass ich sie bis heute auch nur einmal habe sprechen hören.

Als ich mich zurück nach vorn drehe, betritt gerade ein Typ das Podest. An einem Gurt über seiner Schulter hängt eine Akustikgitarre. Er setzt sich

1 Post-its (Singular: Post-it): kleine, meist farbige Klebezettel für Notizen

2 Pixie-Cut: englische Bezeichnung für eine bestimmte Kurzhaarfrisur

auf den Barhocker und greift nach seiner Gitarre. Er fängt an zu zupfen und eine Melodie erfüllt den Raum. Es sind nur ein paar Töne, die in ihrer Folge aber wunderschön klingen, immer wieder. Dann fängt er an zu singen, und seine Stimme wird lauter, eindringlicher, als er den Refrain erreicht. Nach einer weiteren Strophe wird er langsamer, und ich weiß, dass der Song seinem Ende zugeht. Der letzte Ton verklingt in der Stille.

Ein, zwei Sekunden lang regt sich niemand, dann aber springen alle auf, klatschen und johlen. Er schüttelt den Kopf, als mache der Applaus ihn verlegen, und zieht einen Zettel aus der hinteren Tasche seiner Jeans. Er faltet ihn auseinander, streicht ihn auf der Sitzfläche des Hockers glatt und schmiert ihn mit dem Kleber ein, bevor er schließlich von der Bühne steigt. Mit dem Zettel in der Hand geht er auf die andere Seite des Raums und verbeugt sich kurz. Dann holt er aus und klatscht seine Worte weit oben an die Wand.

Ich schaue mich um, um herauszufinden, ob die anderen genauso beeindruckt sind wie ich, aber es kommt mir nicht so vor. Findet außer mir etwa keiner, dass der Song gerade absolut genial war? Zwar jubeln immer noch alle, aber keiner von ihnen sieht so überrascht aus, wie ich es bin, außerdem bin ich mir relativ sicher, dass ich die Einzige hier mit einer Gänsehaut bin. Sie wirken alle völlig normal.

Alle bis auf Caroline.

Sie grinst von einem Ohr zum anderen, als wir uns wieder hinsetzen, dann hakt sie sich bei mir unter und legt ihr Kinn auf meine Schulter. „Wusste ich's doch“, sagt sie. „Dass ich mich nicht in dir getäuscht habe.“

„Wo sind wir hier?“, frage ich wieder und höre selbst die Ehrfurcht in meiner Stimme. Das Pixie-Mädchen antwortet mir. „Wir nennen es die Dichterecke.“

Quelle: Tamara Ireland Stone: Mit anderen Worten: ich. Bamberg: Magellan Verlag 2018, S. 42–47 (Text gekürzt und geringfügig verändert)

Wahlthema 2

Lies bitte zunächst die Aufgabe und dann die Materialien aufmerksam, bevor du mit dem Schreiben beginnst.

Situation

Die nächste Ausgabe der Schülerzeitung, die Schülerinnen und Schüler, Lehrkräfte und Eltern lesen, befasst sich mit der aktuellen Rolle der digitalen Medien. Du bist gebeten worden, für diese Ausgabe einen informierenden Text zur Problematik von Fake News zu schreiben. Zu diesem Zweck wird dir eine Materialsammlung (M 1 – M 6) zur Verfügung gestellt.

Schreibauftrag

Verfasse auf der Grundlage der Materialien M 1 – M 6 einen informierenden Text zum Thema „Problematik von Fake News". Schreibe nicht einfach aus den Materialien ab, sondern achte auf eine eigenständige Darstellung in einem zusammenhängenden Text.

Gehe dabei so vor:

- Formuliere für deinen Text eine passende, zum Lesen anregende Überschrift.
- Erkläre einleitend, was Fake News sind.
- Stelle dar, wie Fake News entstehen und wie sie sich verbreiten und verfestigen.
- Erläutere die negativen Auswirkungen, die Fake News für den Einzelnen und für die Gesellschaft haben können.
- Beurteile anhand der Materialien und eigener Überlegungen, welche Maßnahmen zur Bekämpfung von Fake News wirksam sein können.

M 1 a Romy Jaster, David Lanius: Was sind Fake News?

Fake News sind Berichterstattungen, die in zweierlei Hinsicht problematisch sind: Erstens sind sie entweder falsch oder irreführend. Und zweitens verfolgen ihre Verfasser entweder eine Täuschungsabsicht oder sind der Wahrheit der Behauptungen gegenüber gleichgültig.

Meldungen, die nach dieser Definition Fake News darstellen, gab es schon immer. Fake News sind also überhaupt nicht neu. Andererseits stimmt auch, dass Fake News ein spezielles Problem der Gegenwart darstellen. Erst durch die Digitalisierung und die sozialen Medien konnte es zu dem beispiellosen Exzess[1] von Fake News kommen, dem wir heute gegenüberstehen. In diesem Sinne haben wir es also durchaus mit etwas Neuem zu tun. Doch das Neue ist nicht das Phänomen[2] als solches, sondern das Ausmaß des Problems, vor das uns Fake News heute stellen.

1 *Exzess: Vorhandensein im Übermaß*

2 *Phänomen: Erscheinung, hier im Sinne von „Problem"*

Quelle: Romy Jaster, David Lanius: Die Wahrheit schafft sich ab. Wie Fake News Politik machen. 2., durchgesehene Auflage. Stuttgart: Reclam 2019, S. 31, S. 46–47 (Text gekürzt und geringfügig verändert)

M 1 b Alexander Sängerlaub, Miriam Meier, Wolf-Dieter Rühl: Fakten statt Fakes: Das Phänomen „Fake News"

Fake News	
Desinformation: *Gezielte Verbreitung von falschen oder irreführenden Informationen, um jemandem zu schaden.* Darunter fallen:	
• umgedeutete Inhalte	*Informationen werden aus ihrem Zusammenhang gerissen oder Fakten bewusst verfälschend interpretiert.*
• manipulierte Inhalte	*Informationen werden zur zielgerichteten Beeinflussung ihrer Wahrnehmung verändert (z. B. durch digitale Manipulation von Bildern).*
• gefälschte Inhalte	*Inhalte werden völlig frei erfunden.*

Quelle: Eigene Tabelle in Anlehnung an: Alexander Sängerlaub, Miriam Meier, Wolf-Dieter Rühl: Fakten statt Fakes. Verursacher, Verbreitungswege und Wirkungen von Fake News im Bundestagswahlkampf 2017. Berlin: Stiftung Neue Verantwortung e. V. März 2018, S. 11 (online abrufbar unter: https://www.stiftung-nv.de/de/publikation/fakten-statt-fakes-verursacher-verbreitungswege-und-wirkungen-von-fake-news-im, 26. 03. 2018 (Zugriff: 25. 02. 2021))

M 1 c Beispiele für „Fake News"

Begeisterung bei Fachleuten und Angst bei den Großbanken:

„Ich nutze die Software Bitcoin Era jetzt seit etwas mehr als zwei Wochen und habe mit meiner ursprünglichen Einzahlung von 225 Euro schon 5 802 Euro erzielt."

Quelle: eig. Text nach: SWR Marktcheck: Promis werben angeblich für Bitcoin und Co, https://www.youtube.com/watch?v=H7KKsnwOjr0

AIDS-Virus vom amerikanischen Geheimdienst entwickelt

Quelle: eig. Text nach: https://www.schule-bw.de/themen-und-impulse/medienbildung/lernmaterial/fakenews/beispiele-fakenews/aidsluege.html

Stadt bezahlt Asylsuchenden Taxifahrten kreuz und quer durch die Gegend

Quelle: Stadt bezahlt Asylsuchenden Taxifahrten kreuz und quer durch die Gegend, Aus der Gerüchteküche, 15. 04. 2016, https://hoaxmap.org/hoaxmapdata.html

Papst unterstützt Donald Trump

Quelle: Stephan Weichert: Papst unterstützt Donald Trump, Schweriner Volkszeitung vom 31. 01. 2017, https://www.svz.de/ratgeber/digital/papst-unterstuetzt-donald-trump-id15977661.html

Der Klimawandel ist eine Erfindung der Chinesen.

Quelle: Der Klimawandel ist eine Erfindung der Chinesen, Fake News: Warum lassen wir uns belügen?, NDR vom 01. 04. 2019, https://www.ndr.de/ratgeber/Fake-News-Warum-lassen-wir-uns-beluegen,luegen144.html

M 2 Sonja Kolonko: „Fake News" – die Macht der Falschmeldungen

Fake News sind erfolgreich. Gerade weil sie an niedere Instinkte appellieren[1] und emotionale Reizthemen behandeln, über die sich jeder sofort empören kann, verbreiten sie sich rasant: bis zu sechsmal schneller als wahre Nachrichten, wie die US-Universität Massachusetts Institute of Technology (MIT) in einer Studie herausfand. Durch häufiges Teilen erreichen die Fake News erstens immer mehr Nutzer, was zweitens wiederum ihre Glaubwürdigkeit erhöht. Denn wenn ein Beitrag schon hunderttausendfach weitergeleitet wurde, muss er ja stimmen – so die Annahme. Wie viel Wahrheitsgehalt dabei tatsächlich in der Meldung steckt, ist zweitrangig.

Besonders brisant: Die Verfasser solcher bewusst falschen Nachrichten sind oft gar keine Menschen, sondern Computerprogramme namens „Social Bots[2]", die Stimmung für oder gegen politische Ansichten machen und die öffentliche Meinung gezielt beeinflussen. Gezielt gestreute Desinformationen können also die politische Meinungsbildung steuern und sogar das Vertrauen der Bevölkerung in bestimmte Institutionen oder die Demokratie selbst zerstören.

Quelle: Sonja Kolonko: „Fake News" – die Macht der Falschmeldungen, Planet Wissen vom 08. 11. 2018, https://www.planet-wissen.de/kultur/medien/fake_news/index.html (Text gekürzt und geringfügig verändert)

1 an niedere Instinkte appellieren: hier: Gefühle und Verhaltensmuster ansprechen, die gesellschaftlich nicht akzeptiert werden, zum Beispiel Neid oder Schadenfreude

2 Social Bot: ein Computerprogramm, das in den sozialen Medien automatisch Nachrichten und Meinungen verbreitet und dabei den Eindruck erweckt, dass diese Nachrichten von realen Menschen stammen

M 3 Fake News: Warum lassen wir uns belügen? [unbekannter Verfasser]

Falschmeldungen haben durch Internet und soziale Medien rasant zugenommen. Meistens stecken politische oder wirtschaftliche Absichten dahinter.

Sind sie einmal im Umlauf, sind Falschmeldungen nur schwer wieder aus der Welt zu schaffen. Eine australische Studie zeigte, dass Menschen dazu neigen, manche Lügen zu glauben, selbst wenn sie durch Fakten widerlegt werden. Eine gefälschte Nachricht erscheint vielleicht vertraut, weil sie gut zur Weltanschauung passt. Diese Lüge weiter zu glauben ist daher einfacher, als andere, neue Informationen zu verarbeiten. Dazu kommt: Wer beim Versuch, eine Lüge zu widerlegen, die Lüge wiederholt, macht sie durch die Wiederholung vertrauter und sie verfestigt sich weiter.

Quelle: Warum lassen wir und belügen?, Fake News: Warum lassen wir uns belügen?, NDR vom 01. 04. 2019, https://www.ndr.de/ratgeber/Fake-News-Warum-lassen-wir-uns-beluegen,luegen144.html (Text gekürzt und geringfügig verändert)

Hinweis zur Quelle: Der Text wurde ohne namentliche Nennung eines Verfassers veröffentlicht.

M 4 Warum Fake News so erfolgreich sind. Ingrid Brodnig im Gespräch mit Christian Rabhansl

In ihrem neuen Buch „Lügen im Netz" analysiert Ingrid Brodnig, wie Menschen durch Fake News im Internet manipuliert werden. Besonders wirkungsvoll sind dabei Meldungen, die Wut auslösen, sagt die Journalistin und Netzexpertin.

Allein mit Fakten lässt sich Fake News im Netz nicht beikommen – das ist eine der Lehren der Journalistin. Ein Erklärungsansatz, warum sich auch offensichtliche und weniger offensichtliche Falschmeldungen so erfolgreich im Internet verbreiten, ist für Brodnig, dass es sich dabei immer um sehr emotionalisierende Berichte handelt. „Ich glaube, wir Menschen waren schon immer so, dass wir einfach auf Wut sehr stark einsteigen, dass Wut eine extrem infektiöse[1] Emotion ist", betont sie. „Wenn Sie sich die erfolgreichsten Falschmeldungen ansehen, dann werden die in der Regel Wut auslösen."

Dass mit solchen Emotionen im Netz viele Clicks geerntet werden könnten, lasse sich auch in Zahlen messen, sagt Brodnig. Sie rät dazu, es als Warnsignal zu begreifen, wenn man merkt, dass man auf eine Nachricht stark emotional reagiert: „Wenn eine Meldung mich total aufrüttelt, wenn ich mir denke, das habe ich mir schon immer gedacht, oder wenn die mich total emotionalisiert, dann ist das der erste Moment, in dem man vorsichtig werden sollte, weil gerade Falschmeldungen darauf ausgerichtet sind, dass sie uns so wachrütteln, dass wir gar nicht nachdenken."

Quelle: Ingrid Brodnig im Gespräch mit Christian Rabhansl: Warum Fake News so erfolgreich sind „Wut ist eine extrem infektiöse Emotion", 19. 08. 2017, https://www.deutschlandfunkkultur.de/warum-fake-news-so-erfolgreich-sind-wut-ist-eine-extrem.1270.de.html?dram:article_id=393862 (Text gekürzt und geringfügig verändert)

1 *infektiös: ansteckend, hier im übertragenen Sinne*

M 5 Bernd Oswald: Wie Faktenchecks auf Facebook und Twitter funktionieren

Krisenzeiten sind immer auch Zeiten, in denen viele Falschmeldungen verbreitet werden. Die großen Player[1] sind sich dieses Problems bewusst und gehen gegen die Verbreitung von falschen Nachrichten beziehungsweise Behauptungen vor.

Facebook überprüft Falschmeldungen, die auf seiner Plattform verbreitet werden, nicht selbst, sondern hat diesen Job bereits vor knapp dreieinhalb Jahren an unabhängige Fact-Checker aus aller Welt ausgelagert. Inzwischen sind es laut Facebook mehr als 60 Organisationen, die Inhalte in mehr als 50 Sprachen überprüfen. Kommen Faktenchecker zu dem Schluss, dass der Inhalt ganz oder teilweise falsch ist, zeigt Facebook den entsprechenden Hinweis direkt unter dem Link zu dem fraglichen Inhalt an. Teilt der Nutzer ihn trotzdem, wird der Inhalt im News Feed nur noch eingeschränkt verbreitet. Laut Facebook reduziert sich die Reichweite solcher Posts um 80 Prozent.

Auch Twitter ist daran interessiert, die Verbreitung von falschen oder irreführenden Inhalten einzudämmen, und hat dazu seine Nutzungsbedingungen aktualisiert. Ob ein Tweet und die darin verwendeten Medien gegen diese Bedingungen verstoßen, hängt von drei Kriterien ab:

1. Technische Manipulation: Hier geht es unter anderem um die Frage, ob Zusammensetzung, Ablauf, zeitliche Abfolge oder Gestaltung eines Inhalts grundlegend verändert wurden, ob visuelle oder akustische Informationen hinzugefügt oder entfernt wurden.
2. Irreführende Verbreitung: Twitter prüft, ob der Kontext, in dem Medien geteilt werden, zu Verwirrung oder Missverständnissen führen könnte oder darauf schließen lässt, dass Nutzer absichtlich über die Art oder Herkunft des Inhalts getäuscht werden sollen.

1 *großer Player: hier: umgangssprachliche Bezeichnung für ein marktbeherrschendes Unternehmen*

3. Schädliche Auswirkung: Hier wird bewertet, ob Tweets die körperliche Sicherheit einer Person oder Gruppe gefährden, Massengewalt oder Unruhen schüren könnten oder die Meinungsfreiheit einer Person oder Gruppe bedrohen.

Im Gegensatz zu Facebook nimmt Twitter die Bewertung, ob ein Inhalt, der auf der Plattform geteilt wird, falsch oder irreführend ist, selbst vor. Je nachdem, wie diese Prüfung ausfällt, wird ein Tweet als irreführend oder falsch gekennzeichnet und mit Links zu weiterführenden Erklärungen versehen.

Quelle: Bernd Oswald: Wie Faktenchecks auf Facebook und Twitter funktionieren, #Faktenfuchs: Die Wahrheit ist nicht immer einfach, BR24 vom 13. 04. 2021, https://www.br.de/nachrichten/deutschland-welt/faktenfuchs-die-wahrheit-ist-nicht-immer-einfach,RUxjgce (Text gekürzt und geringfügig verändert)

M 6a Teri Schultz: Der Kampf gegen Fake News im Klassenzimmer

Ein Screenshot eines Textes auf Instagram umgeht automatisierte „Fact-Checking"-Funktionen, die eine hetzerische Sprache erkennen, wenn sie auf Facebook oder Twitter gebraucht wird. Diese Erfahrung war ein Wendepunkt für die Journalistin Juliane von Reppert-Bismarck. Sie gab ihren Job auf und entwickelte ein neues Programm mit dem Namen „Lie Detector", auf Deutsch „Lügendetektor[1]". Es bildet Journalisten aus und schickt sie in Schulen, damit sie Schülerinnen und Schülern ab zehn Jahren beibringen, wie sie Informationen überprüfen und vertrauenswürdige Quellen erkennen können.

Wer nicht an seiner Schule an einem Kurs teilnehmen kann, für den gibt es andere Wege. Die Internetseite „getbadnews.com" klingt zwar nach einem schlechten Rat, ist aber ein Spiel. Die Nutzer von „getbadnews.com" schlüpfen in die Rolle von Journalisten, die versuchen, gefälschte Geschichten zu verbreiten, so viele Leser wie möglich zu gewinnen und gleichzeitig als glaubwürdig dazustehen. „Dabei müssen sie eigene mentale Grenzen[2] überwinden, und das löst einen Denkprozess aus, der ihnen hilft, Widerstand aufzubauen", erklärt Marije Arentze, die überzeugt ist, dass ihr Spiel funktioniere. „Die ersten Ergebnisse deuten darauf hin, dass Leute besser darin werden, gefälschte Nachrichten zu erkennen, nachdem sie unser Spiel gespielt haben, und gleichzeitig vertrauen sie echten Nachrichten nicht weniger."

Quelle: Teri Schultz: Der Kampf gegen Fake News im Klassenzimmer, Deutsche Welle vom 21. 06. 2019, https://www.dw.com/de/der-kampf-gegen-fake-news-im-klassenzimmer/a-49293454 (Text gekürzt und geringfügig verändert)

1 *Lügendetektor: umgangssprachliche Bezeichnung für ein technisches Gerät, das dazu dient, während einer Befragung Falschaussagen aufzudecken, indem körperlich auffällige Reaktionen aufgezeichnet werden, z. B. Veränderungen von Atmung, Puls und Blutdruck*

2 *mentale Grenzen: hier: Grenzen des (bisherigen) Denkens*

M 6b Onlinespiel „Get Bad News"

(Spielerische Simulation der Verbreitung von Nachrichten – vereinfachte Darstellung des Spielverlaufs)

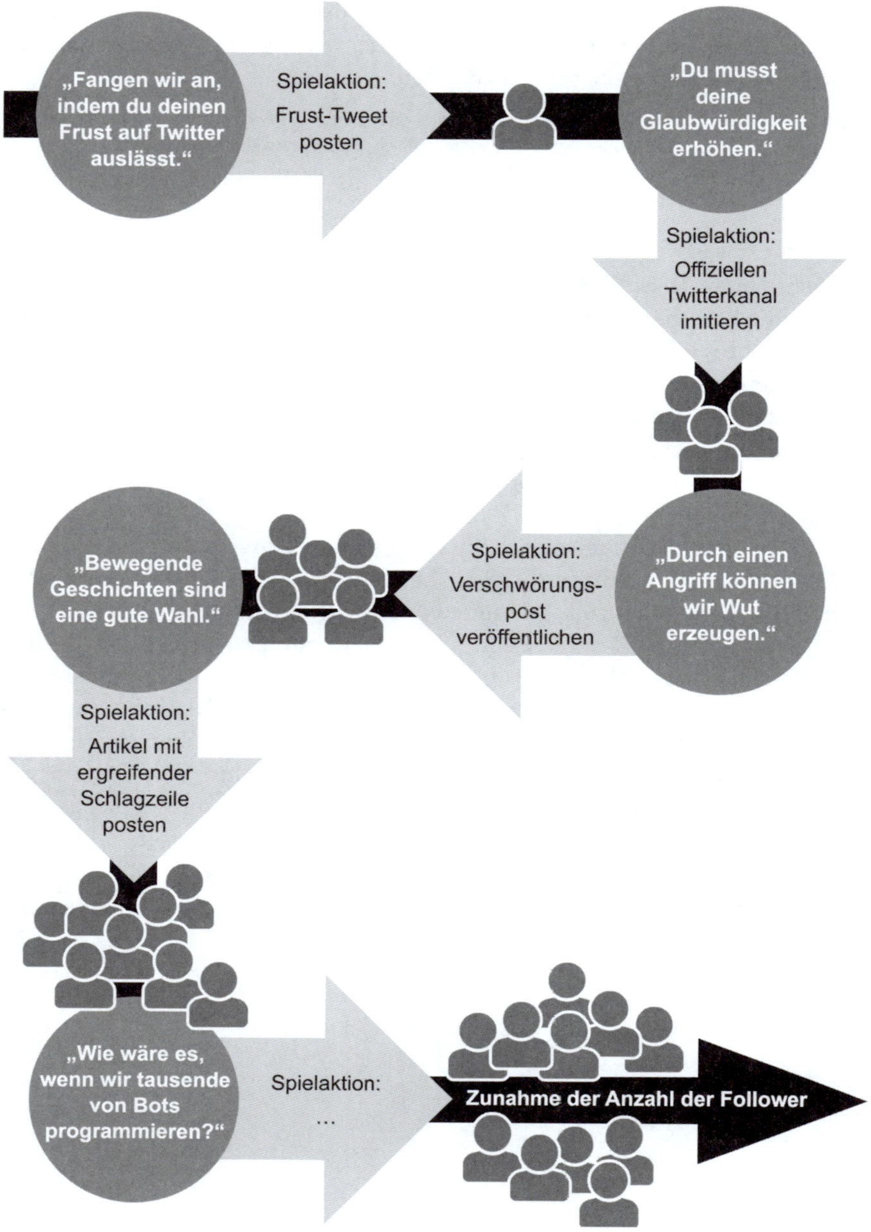

Quelle: eig. Darstellung nach: https://www.getbadnews.de/#play (Zugriff: 25. 02. 2021)

Hinweis zur Abbildung: Mit den Figuren innerhalb der Grafik werden Follower dargestellt.

Zentrale Prüfung am Ende der Klasse 10 – NRW
Mittlerer Schulabschluss (MSA)
Deutsch 2022

Erster Prüfungsteil: Leseverstehen

Boris Herrmann: Die Gewissenhaften

Die in der Mitte bemerkt man nicht – aber sie bekommen alles mit: Über die Stenografen[1] und ihre Arbeit im Bundestag

(1) Henning van de Loo, 51, wird gleich seinen Arbeitsplatz in der ersten Reihe des Deutschen Bundestags einnehmen – dort also, wo in Deutschland zum Beispiel neue Gesetze diskutiert und beschlossen werden. Zu seinem Job als Stenograf gehört es, stets so unscheinbar wie möglich dabei zu sein. Er darf den Sitzungsverlauf des Parlaments in keiner Weise beeinflussen, er soll ihn protokollieren. Und zwar lückenlos. Kein gesprochenes Wort, kein Klatscher, kein Zuruf, keine Ironie am Rande, keine atmosphärische Störung darf ihm entgehen. Und spätestens am nächsten Morgen um neun Uhr muss das Protokoll der Öffentlichkeit in „maschinengeschriebener Form" zur Verfügung stehen.

(2) Jemand hat die Stenografie einmal als die verkannte Schönheit des geistigen Leistungssports bezeichnet. Das passt auch deshalb, weil die gut 30 Mitarbeiterinnen und Mitarbeiter des Stenografischen Dienstes im Bundestag wie Staffelläufer arbeiten. Im Fünf-Minuten-Takt wechseln sie sich beim Protokollieren im Plenarsaal[2] ab. Mit Spitzengeschwindigkeiten von mehr als 400 Silben pro Minute bringen sie das Geschehen zu Papier, fünf bis acht Mal schneller als mit einer üblichen Handschrift. Sie hören dem Hauptredner zu und versuchen gleichzeitig, bis zu 709 Abgeordnete im Blick zu haben. Natürlich sind längst nicht immer alle da, aber dafür sitzen die, die da sind, stets woanders. Das macht es nicht einfacher, den Zwischenrufen in Sekundenbruchteilen einen Namen zuzuordnen. „Stopp, bitte nicht so schnell", kann van de Loo nicht sagen.

(3) Henning van de Loo bewegt den Kopf wie ein Tennis-Schiedsrichter, während er stenografiert. Als der Bundestagspräsident den nächsten Tagesordnungspunkt aufruft, sind van de Loos fünf Minuten Protokollzeit schon wieder um. Er hat in dieser Zeit eine Rede, den Verlauf einer Abstimmung sowie 15 Zwischenrufe und Zwischenbemerkungen notiert. All das passt bei ihm auf zwei DIN-A5-Zettel. Damit eilt er zurück in sein Büro, wo bereits eine Schreibkraft auf ihn wartet. Die beiden haben jetzt etwa eine Stunde Zeit, um aus der stenografischen Kurzschrift eine lesbare Langschriftversion zu machen. Dabei redigiert[3] van de Loo bereits im Kopf. Das gesprochene Deutsch enthält fast immer Füllwörter, Versprecher und Halbsätze, die ins Nichts führen. Zu den Aufgaben des Stenografen gehört es daher, den Text während des Diktats an die Schreibkraft in eine druckreife Fassung zu verwandeln. Dabei dürfen aber weder der Inhalt noch der Duktus[4] der Rede verändert werden. Das ist die eigentliche Kunst der Parlamentsstenografie.

(4) All das geschieht unter enormem Zeitdruck. „Punkt, Diktat Ende." Kurze Pause. Dann muss van de Loo wieder in den Plenarsaal für seine nächsten fünf Minuten. Sechs solcher Einsätze haben er und jeder seiner Kollegen an diesem Arbeitstag. „An einem Parlamentsprotokoll arbeiten 30 Leute, es soll am Ende aber wie aus einem Guss klingen", sagt van de Loo. Durch diesen ständigen Wechsel von der Mitschrift im Plenarsaal und dem Diktat im Schreibbüro ist es möglich, dass jede Rede bereits eine Stunde, nachdem sie gehalten wurde,

1 Stenografen beherrschen eine besondere Schrift (Stenografie), die einzelne Buchstaben oder Gruppen von Buchstaben durch verkürzte Schriftzeichen wiedergibt. Deshalb wird Stenografie auch Kurzschrift genannt.

3 redigieren: einen Text fehlerfrei gestalten

4 Duktus: hier: sehr persönliche und charakteristische Art zu sprechen

2 Plenarsaal hier: Raum, in dem das Parlament die regelmäßigen Sitzungen abhält

schriftlich vorliegt. Wenn der Text fertig ist, haben die Redner noch zwei Stunden Zeit für kosmetische Korrekturen, inhaltlich dürfen sie nichts mehr verändern. Der Stenografische Dienst des Bundestags ist stolz darauf, zu den schnellsten der Welt zu gehören.

(5) Der Beruf des Stenografen existiert praktisch nur noch im Bundestag und in den Landtagen. Selbstverständlich wird auch dort alles von Kameras und Mikrofonen aufgezeichnet. Aber keine Kamera kann den Namen eines Zwischenrufers erfassen. Und wenn mehrere Abgeordnete gleichzeitig reden, fängt ein Mikrofon meist nur unverständlichen Brei ein. Es gibt nicht mehr viele Orte, an denen die Maschinen den Menschen unterlegen sind, aber das unübersichtliche, mitunter auch chaotische Treiben im Parlament gehört offenbar dazu. Sechs Fraktionen[5], sieben Parteien, eine Rekordzahl von 709 Abgeordneten. Es liegt auf der Hand, dass da auch die Zahl der Zwischenrufe deutlich zugenommen hat. Umso wichtiger ist, dass die Stenografen ihr Handwerkszeug beherrschen: schnell schreiben und Gesichter kennen.

(6) Über eine Stellenanzeige gelangte Petra Augustin, 54, in den Stenografischen Dienst des niedersächsischen Landtages und stieg später in den Bundestag auf. Van de Loo und Augustin gehören heute zu einer Gruppe von vielleicht 200 Eingeweihten in Deutschland, die die sogenannte Redeschrift beherrschen. Das ist die schnellste und höchste Form der Stenografie. Augustin sagt: „Bei der Redeschrift gibt es nicht mehr für jedes Wort ein festgelegtes Zeichen.“ Vieles ist so reduziert, dass es sich später nur im Textzusammenhang wieder entziffern lässt. Jeder findet seine eigenen Wege, um zu kürzen. Was Augustin aufschreibt, kann sogar van de Loo nicht ohne Weiteres lesen.

(7) Was die Stenografen im Bundestag machen, ist an geistiger Komplexität mit Hochleistungsschach oder Free-Jazz[6] vergleichbar. Tatsächlich rekrutiert[7] der Stenografische Dienst auch aus diesen Bereichen seinen Nachwuchs. „Wer ein Instrument spielt, der hat es im Kopf und in der Hand. Das sind bei uns gute Einstellungsvoraussetzungen, und da gibt es immer mehr Quereinsteiger“, sagt Augustin. Inzwischen ist ihre Abteilung jedoch auch zunehmend auf den immer kleiner und älter werdenden Kreis von Sportstenografen angewiesen, die in ihrer Freizeit um die Wette kürzeln.

Quelle: Die Gewissenhaften, Boris Herrmann, SZ vom 21./22. 12. 2019

5 *Fraktion: eine Gruppe von Abgeordneten einer Partei im Parlament*

6 *Free-Jazz: hochkonzentriertes und zugleich freies Zusammenspiel von Musikern, bei dem sich diese auf ihren jeweiligen Instrumenten sowohl musikalisch entfalten als auch spontan aufeinander reagieren*

7 *rekrutieren: hier: beziehen, gewinnen*

Aufgaben zum Leseverstehen

1. Kreuze die richtige Antwort an.

   Als Stenograf muss Henning van de Loo (Abschnitt 1) …

   a) ☐ insbesondere Texte von neuen Abgeordneten überarbeiten.

   b) ☐ unter anderem Reden im Bundestag genau mitschreiben.

   c) ☐ Bundestagssitzungen öffentlich zusammenfassen.

   d) ☐ Sitzungsverläufe im Bundestag koordinieren.

2. Kreuze die richtige Antwort an.

   Das Besondere an der Stenografie ist, dass (Abschnitt 2) …

   a) ☐ sie Schön- und Kurzschrift miteinander verbindet.
   b) ☐ man beim Schreiben nicht auf das Blatt schauen muss.
   c) ☐ sie sich von der üblichen Langschrift kaum unterscheidet.
   d) ☐ durch ihre Anwendung ein hohes Schreibtempo erreicht wird.

3. Kreuze die richtige Antwort an.

   Über die Stenografie wurde gesagt, sie sei *„die verkannte Schönheit des geistigen Leistungssports"* (Z. 21 f.). Damit ist gemeint (Abschnitt 2), dass Stenografie eine …

   a) ☐ von vielen unterschätzte Disziplin des Leistungssports ist.
   b) ☐ besonders anspruchsvolle Variante des Schönschreibens ist.
   c) ☐ Kunst ist, bei der Gehörtes unter extremen Bedingungen verschriftlicht wird.
   d) ☐ Art Wettkampf ist, bei dem sich mehrere Protokollanten im Schnellschreiben messen.

4. Erläutere im Textzusammenhang (Abschnitte 2 und 3) die Aussage *„Henning van de Loo bewegt den Kopf wie ein Tennis-Schiedsrichter, während er stenografiert."* (Z. 43–45)

5. Kreuze die richtige Antwort an.

   Nach einer 5-minütigen Protokollzeit im Plenarsaal muss van de Loo seine Mitschrift im Schreibbüro (Abschnitt 3) …

   a) ☐ einem bereits auf ihn wartenden Stenografen überreichen.
   b) ☐ inhaltlich kürzen und anschließend in den Druck geben.
   c) ☐ einer Schreibkraft zur grammatischen Korrektur vorlegen.
   d) ☐ einer Schreibkraft diktieren und dabei druckreif machen.

6. Erläutere die Aussage *„[Das Protokoll] soll am Ende aber wie aus einem Guss klingen“* (Z. 78 f.) im Textzusammenhang (Abschnitt 4).

____

____

____

____

7. Kreuze die richtige Antwort an.

   Nachdem die Rede eines Abgeordneten protokolliert wurde (Abschnitt 4), …

   a) ☐ wird sie dem Redner zur Überprüfung vorgelegt.
   b) ☐ ist die Arbeit des Stenografen abgeschlossen.
   c) ☐ korrigiert das Schreibbüro inhaltliche Fehler.
   d) ☐ bringt der Stenograf sie schnell zum Druck.

8. Kreuze die richtige Antwort an.

   Der Einsatz beruflicher Stenografen (Abschnitt 5) …

   a) ☐ setzt ein rücksichtsvolles Verhalten aller Abgeordneten voraus.
   b) ☐ wird bei einer neuen Rekordzahl von Abgeordneten verdoppelt.
   c) ☐ verringert in den meisten Fällen das chaotische Treiben im Parlament.
   d) ☐ ist im Wesentlichen auf Sitzungen im Bundestag und Landtag begrenzt.

9. Kreuze die richtige Antwort an.

   Bild- und Tonaufnahmen im Bundestag und im Landtag können Stenografen nicht ersetzen, weil diese (Abschnitt 5) …

   a) ☐ eingreifen können, wenn mehrere Abgeordnete gleichzeitig reden.
   b) ☐ die einzelnen Zwischenrufer voneinander unterscheiden können.
   c) ☐ entscheiden dürfen, welche Zwischenrufe protokolliert werden.
   d) ☐ die Wortbeiträge der Abgeordneten kommentieren dürfen.

10. Kreuze die richtige Antwort an.

    Petra Augustin und Henning van de Loo (Abschnitt 6) …

    a) ☐ lernten sich über eine Stellenanzeige kennen.
    b) ☐ arbeiteten beide für den niedersächsischen Landtag.
    c) ☐ beherrschen beide eine besondere Form der Stenografie.
    d) ☐ können stenografierte Texte des jeweils anderen ohne Probleme lesen.

11. Kreuze die richtige Antwort an.

Anders als die übliche Kurzschrift ist die sogenannte Redeschrift (Abschnitt 6) …

a) ☐ die für ausgewählte Stenografen verbindliche Protokollform.
b) ☐ ein längerer Text auf der Grundlage festgelegter Zeichen.
c) ☐ eine für wenige Eingeweihte entwickelte Geheimschrift.
d) ☐ die individuell abgeänderte Kurzschrift eines Stenografen.

12. Erläutere im Textzusammenhang (Abschnitte 6 und 7), weshalb das Beherrschen eines Instruments laut Petra Augustin eine gute Einstellungsvoraussetzung für eine Tätigkeit beim Stenografischen Dienst darstellt.

____

____

____

____

____

____

13. Kreuze die richtige Antwort an.

Heutzutage wird die Kunst der Stenografie (Abschnitt 7) …

a) ☐ überwiegend von Nachwuchsmusikern ausgeübt.
b) ☐ von Quereinsteigern zeitgemäß weiterentwickelt.
c) ☐ oft als Freizeitbeschäftigung für Ältere abgewertet.
d) ☐ nicht nur von ausgebildeten Stenografen beherrscht.

14. Ein Schüler sagt nach dem Lesen des Textes:

„Stenografen im Bundestag sind Einzelkämpfer.“

Schreibe eine kurze Stellungnahme zu dieser Aussage.
Du kannst der Auffassung zustimmen oder nicht. Wichtig ist, dass du deine Meinung begründest. Beziehe dich dabei auf den Text.

____

____

____

____

____

____

Zweiter Prüfungsteil: Schreiben

Der zweite Prüfungsteil enthält **zwei Wahlthemen**, aus denen **eines** von dir ausgewählt und bearbeitet werden muss.

Wahlthema 1

Lies bitte zunächst den Text, bevor du die Aufgabe bearbeitest.
Schreibe einen zusammenhängenden Text.

Aufgabe

Analysiere den Textauszug aus dem Roman „Blackbird" von Matthias Brandt.

Gehe dabei so vor:

- Schreibe eine Einleitung, in der du Textsorte, Titel, Autor und Erscheinungsjahr benennst sowie das Thema formulierst.
- Fasse den Text zusammen.
- Stelle Mortens Einstellung und Verhalten gegenüber seiner Mutter dar.
- Erläutere, welche Art von Erinnerungen Morten an Steffi hat und wie er sie bei der Begegnung bei ihm zu Hause wahrnimmt.
- Untersuche, wie durch sprachliche Mittel zum Ausdruck kommt, dass Morten in der Situation mit Steffi stark von ihr beeindruckt ist *(mögliche Aspekte: Wortwahl, Satzbau, stilistische Mittel).*
- Verfasse einen kurzen Text aus der Sicht Steffis nach dem Ende der Begegnung:
  - Welche Gedanken hat Steffi, als sie noch einmal über ihre Begegnung mit Morten nachdenkt?
  - Was denkt sie darüber, wie Morten sich seit der gemeinsamen Grundschulzeit entwickelt hat?

  Schreibe in der Ich-Form und berücksichtige die Informationen, die der Textauszug gibt.

Matthias Brandt: Blackbird (Textauszug)

Der Roman spielt in den 1970er-Jahren. Der 15-jährige Ich-Erzähler Morten geht zur Schule und lebt mit seiner Mutter zusammen.

Als ich zu Hause ankam, sah ich auf dem Dach des Hauses zwei schwarze Gestalten rumturnen. Eine ziemlich große und eine nur halb so große. Die Schornsteinfeger waren da. Ich schaute kurz zu, wie sie sich mit den an Ketten befestigten Metallkugeln, die so aussehen wie aus irgendwelchen Mittelaltercomics, da oben zu schaffen machten.

Immer wieder das gleiche Spiel, ich schlich durch die Küche rein und versuchte, unbemerkt am Wohnzimmer vorbeizukommen. Aber diesmal war meine Mutter schneller als ich und erwartete mich schon im Treppenhaus. Sie wollte mich in den Arm nehmen, ich konnte mich gerade noch herauswinden, weil hinter uns jemand die Treppe runterkam. Der Schornsteinfeger, den ich eben auf dem Dach gesehen hatte.

„So, wir wären dann fertig, Frau Schumacher."

Meine Mutter verschwand in der Küche, wahrscheinlich um Trinkgeld zu holen.

„Danke schön!", flötete sie und, zack, hatte der Mann einen Zehner in der Hand. Zehn Mark[1]! Ohne Scheiß jetzt.

Da hätte man ja auch mal drüber diskutieren können. Das war mein Taschengeld für zwei Wochen. Das bekam der, weil er das machte, was er sowieso machte, zu seiner Schornsteinfegerknete noch dazu. „Kaffeekasse", sagte meine Mutter noch, und der Typ murmelte irgendwas von „Firma dankt." „Motte, willst du den Herrn Schornsteinfeger nicht mal anfassen? Das bringt Glück", sagte meine Mutter.

Ich dachte, ich höre nicht richtig.

Außerdem mochte ich es nicht, wenn ich vor fremden Leuten Motte genannt wurde. Die dachten dann, das wäre mein Name, und sie könnten mich auch so nennen. Ich suchte mir das aber ganz gerne aus, wer das durfte und, was wichtiger war, wer nicht.

Mir reichte das hier jetzt auch mit der Rumsteherei. Gerade wollte ich mich verkrümeln, als der halbe Schornsteinfeger, der etwas später runtergekommen war, auch was sagte:

„Hi, Motte."

Ich war so baff[2], dass ich diese seltsame Gestalt erst mal nur anguckte, die schwarzen Klamotten, die komische Mütze auf dem Kopf und vor allem das schwarze Gesicht.

„Kennst du mich nicht mehr? Ich bin die Steffi."

Meine Mutter und der große Schornsteinfeger lächelten, als ob wir zwei Pudel wären, die sich beschnüffelten, oder was weiß ich.

Wer zum Teufel war Steffi?

„Wir waren in einer Klasse in der Grundschule. Steffi Fuchs", sagte der kleine Schornsteinfeger. Steffi Fuchs, Steffi Fuchs …

Ach so, ja, klar, Stefanie, die Kleine mit den schiefen Zähnen. Die mal vom Apfelbaum in einen großen Laubhaufen gesprungen war, in dem noch die Heugabel gelegen hatte. Hinterher hieß es in der Schule, sie hätte lange operiert werden müssen, weil die Heugabel sie gefährlich verletzt hatte. Aber wieso stand die jetzt hier als Schornsteinfeger verkleidet? Jedenfalls schien sie trotzdem noch gerne zu klettern.

„Die Steffi ist mein Lehrling. Seit dem Sommer", sagte der Zehn-Mark-Mann.

„Du bist die mit der Heugabel, oder?", fragte ich.

Jetzt grinste sie, und das sah ziemlich lustig aus mit ihrem schwarzen Gesicht, sodass ich mich ein bisschen entspannte.

„Ja, genau. Das weißt du noch?"

„Was denkst du denn?" Pause.

Mutter glotzte. Schornsteinfeger glotzte.

Alles, was sie einem beigebracht hatten, das man garantiert und hundertprozentig nicht machen sollte, zum

2 *baff:* zutiefst überrascht

1 Deutsche Mark: Währung in der Bundesrepublik Deutschland bis zum Jahr 2001. Zehn Mark entsprachen zum Zeitpunkt der Einführung des Euro ca. fünf Euro.

3 *David Bowie: berühmter britischer Pop- und Rockstar (1947–2016), der 1977 ein Album mit dem Titel „Low" herausbrachte*

Beispiel andere Leute einfach so anzustieren, machten die hemmungslos selbst, dauernd.

„Und du bist hier jetzt …, äh, du machst jetzt …"

„Schornsteinfegerlehre, genau", sagte sie.

„Ah, okay, ja, klar. Cool."

Komisch war das, dass die wirklich schon arbeitete.

Ich kam mir auf einmal ziemlich kindisch vor, als Steffi hier in ihren Arbeitsklamotten vor mir stand. Steffi brachte ganze Sätze heraus. Bessere als ich, wenn ich ehrlich war.

Sie war wirklich ziemlich klein. Ihre Unterlippe stand ein bisschen vor, und sie hatte Grübchen, weil sie dauernd grinste. Ihre Schneidezähne waren das Gegenteil von Hasenzähnen, falls es das gibt, sie standen ein wenig nach hinten. Und leuchteten im rußigen Gesicht. Sie hatte ihre Mütze abgenommen, und ihre Frisur war so ähnlich wie die von Bowie[3] auf dem Cover von „Low". Ziemlich genial eigentlich, weil bei dem ja sicher mindestens vierzehn Friseure damit beschäftigt gewesen waren und Steffi einfach ihre Schornsteinfegermütze aufgehabt hatte, und trotzdem war das Gleiche dabei herausgekommen.

„Ja, dann, Steffi, wir sind ja noch nicht fertig für heute", sagte der Schornsteinchef.

Die beiden zogen weiter zum Nachbarhaus. Ich guckte ihnen nach. Dem Schornsteinfeger und Stefanie Fuchs, die damals in die Heugabel gesprungen war.

Quelle: Matthias Brandt: Blackbird. Köln: Kiepenheuer & Witsch 2019, S. 61–66 (Text gekürzt und geringfügig verändert)

Wahlthema 2

Lies bitte zunächst die Aufgabe und dann die Materialien aufmerksam, bevor du mit dem Schreiben beginnst.

Situation

Eine Sonderausgabe der Schülerzeitung, die Schülerinnen und Schüler, Lehrkräfte und Eltern lesen, befasst sich mit den verschiedenen Möglichkeiten der Recherche.
Du bist gebeten worden, für diese Ausgabe einen informierenden Text über das Online-Lexikon Wikipedia zu verfassen. Zu diesem Zweck wird dir eine Materialsammlung (M 1–M 6) zur Verfügung gestellt.

Schreibauftrag

Verfasse auf der Grundlage der Materialien M 1–M 6 einen informierenden Text zum Thema „Wikipedia als Quelle zur Informationsbeschaffung“. Schreibe nicht einfach aus den Materialien ab, sondern achte auf eine eigenständige Darstellung in einem zusammenhängenden Text.

Gehe dabei so vor:

- Formuliere für deinen Text eine passende, zum Lesen anregende Überschrift.
- Erkläre einleitend, welche Ideen die Gründer des Online-Nachschlagewerks Nupedia verfolgten und mit welchem Ergebnis dieses zu Wikipedia weiterentwickelt wurde.
- Erläutere, worin heute die Stärken der Wikipedia liegen.
- Stelle dar, wie sich die Autorenschaft der Wikipedia zusammensetzt, und erkläre, welche möglichen Probleme durch diese Zusammensetzung entstehen können, insbesondere mit Blick auf die Qualität und Glaubwürdigkeit der Artikel.
- Beurteile anhand der Materialien und eigener Überlegungen, inwiefern die Nutzung der Wikipedia zur Informationsbeschaffung sinnvoll sein kann.

M 1 a Denis Gießler: Die Geschichte der Wikipedia

Das eigentliche Projekt der Wikipedia-Gründer Jimmy Wales und Larry Sanger war die Online-Enzyklopädie[1] Nupedia, die sie 2000 gründeten. Weil Fachartikel auf Nupedia erst zwischen mehreren Gutachterinnen und Gutachtern mehrfach hin und her geschickt werden mussten, wie es auch in der Wissenschaft üblich ist, entwickelte sich die Plattform nur sehr langsam: In drei Jahren entstanden 27 Artikel.

Sanger und Wales überlegten sich also etwas Neues, Schnelleres. Zwar sollten Artikel auf Nupedia künftig immer noch aufwendig zwischen mehreren Gutachterinnen und Gutachtern ausgetauscht werden, als Vorstufe bauten sie aber auf das sogenannte Wiki-Prinzip. Der Begriff ist aus dem Hawaiianischen entlehnt, „wikiwiki" steht dort für „sehr schnell" und findet sich etwa auf Expressbussen am Flughafen Honolulu. Im Web bezeichnet er Seiten, die kollaborativ[2] von Userinnen und Usern bearbeitet werden können, die oft anonym[3] agieren.

Der Grundgedanke von Sanger und Wales, dass nämlich auf Wikipedia künftig nicht nur einige wenige Personen Beiträge schreiben können, sondern alle, war die Demokratisierung von Wissen im Netz; ein freies und nichtkommerzielles[4] Angebot, das für alle verfügbar sein sollte. Wikipedia ist eines der wenigen Webprojekte, die nichtkommerziell geblieben sind. Mehr noch: Die niedrige Einstiegsschwelle und das kollaborative Schreiben machen das Nachschlagewerk zu einem einmaligen Gemeinschaftsprojekt im Netz.

Wikipedia überholte Nupedia innerhalb weniger Monate. 2003 wurde Nupedia eingestellt. Zu diesem Zeitpunkt hatte Wikipedia schon eine Million Beiträge. Bis heute ist es eine der weltweit meistbesuchten Webseiten.

Quelle: Denis Gießler: Wikipedia wird 20 Jahre alt – Ungleich verteiltes Wissen, TAZ vom 15. 01. 2021, https://taz.de/Wikipedia-wird-20-Jahre-alt/!5739248/ (Text gekürzt und geringfügig verändert; Überschrift geändert)

1 Enzyklopädie: ein sehr umfassendes Nachschlagewerk ohne thematische Eingrenzung

2 kollaborativ: gemeinsam, in Zusammenarbeit

3 anonym: ohne Nennung des eigenen (richtigen) Namens

4 nichtkommerziell: kein geschäftliches Interesse verfolgend, nicht auf Gewinn bedacht

M 1 b Torsten Kleinz: Der schnelle Weg zum Weltwissen

Kurt Jansson, zur Zeit der Gründung der Wikipedia Soziologie-Student an der Freien Universität Berlin, stieß schnell auf das Projekt: „Ich war begeistert: Man musste nur auf ‚Bearbeiten' klicken und das Ergebnis stand sofort online", sagt Jansson. Die Idee, das Web nicht nur zu konsumieren, sondern an der Erstellung einer neuen Art von Enzyklopädie teilzunehmen, faszinierte ihn und viele andere. Wie die Wikipedia in den ersten Monaten aussah, hat Jansson für die Allgemeinheit festgehalten: Auf seiner Webseite veröffentlichte er eine Momentaufnahme der deutschen Wikipedia in ihrem ersten Jahr. Noch musste das Projekt fast ganz ohne Grafiken auskommen – alleine das Logo der Nupedia prangte[5] auf der Wikipedia-Startseite. Auch die Qualität der Texte war noch eher schlicht: Ein halbes Jahr nach Gründung umfasste der Eintrag zu Deutschland ganze fünf Zeilen und enthielt im Wesentlichen nur eine Aufzählung der Bundesländer, wichtiger Städte und angrenzender Staaten. Zum Vergleich: Der heutige Artikel ist 75 Druckseiten lang und deckt die Geschichte Deutschlands genauso ab wie Kultur und Politik.

Quelle: Torsten Kleinz: Der schnelle Weg zum Weltwissen – Die Geschichte der Wikipedia, bpb vom 10. 10. 2012, https://www.bpb.de/themen/bildung/wikipedia/145807/der-schnelle-weg-zum-weltwissen/ (Text gekürzt und geringfügig verändert)

5 prangen: in auffälliger Weise sichtbar sein

M 2 Birger Menke: Lexikonmacher auf Schultournee

Hausaufgabe, Referat, Klausurvorbereitung? Schlag nach bei Wikipedia. Lehrer sehen das Online-Lexikon als gewaltigen Spickzettel, weil viele Jugendliche es blind und kritiklos plündern. Bei Aktionstagen zeigen Wikipedianer[1] Schülern, wie tückisch[2] Wissen aus dem Internet ist.

Der Auftritt von Denis Barthel hat etwas von einer Werbeveranstaltung, doch seine Mission ist anders: Er will warnen, nicht werben. Ein Freitagmorgen, acht Uhr, erste Stunde in der Carl-von-Ossietzky-Gesamtschule in Berlin-Kreuzberg. In grauem Anzug spricht Barthel mit 21 Schülerinnen und Schülern der 10. Klasse. Der Projektmanager und Administrator[3] von Wikipedia zeigt in einer PowerPoint-Präsentation verschiedene Einträge aus dem Online-Lexikon. Was die gemeinsam haben: Alle sind schlecht.

„Hier, das sind alles technische Spezialausdrücke, das versteht kein Mensch", sagt er und zeigt den Eintrag zu FREDFET, einem speziellen Transistor[4]. „Noch ein Beispiel: Weihnachtsmarkt Naumburg, da heißt es: ‚festlich geschmückt, gemütliche und stimmungsvolle Atmosphäre', das ist nicht neutral."

Der Aktionstag an der Kreuzberger Schule ist Teil eines Projekts, an dem der Trägerverein Wikimedia bereits seit 2006 feilt und das nun in die Testphase geht. „Wir wollen Schülerinnen und Schüler zum bewussteren Lesen und Mitdenken animieren", sagt Wikimedia[5]-Sprecherin Catrin Schoneville. Lesekompetenz und kritisches Denken, das sind die klassischen Kernziele einer jeden Schule.

Quelle: Birger Menke: „Für Lehrer ist Wikipedia ein rotes Tuch", SPIEGEL vom 24. 03. 2009, https://www.spiegel.de/lebenundlernen/schule/lexikonmacher-auf-schultournee-fuer-lehrer-ist-wikipedia-ein-rotes-tuch-a-615029.html (Text gekürzt und geringfügig verändert)

1 Wikipedianer: die Autorinnen und Autoren der Wikipedia (selbst gewählter Name)

2 tückisch: hier: mit vielen verborgenen Problemen verbunden

3 Administrator: hier jemand, der erweiterte Zugriffs- und Änderungsrechte für Websites besitzt, etwa bestimmte Inhalte freischalten oder auch löschen kann

4 Transistor: elektronisches Bauteil

5 Wikimedia: weltweit tätige, gemeinnützige Organisation, die sich für die freie Verfügbarmachung von Wissen einsetzt

M 3 Nutzung von Wikipedia und Bewertung der Verlässlichkeit dort angebotener Inhalte

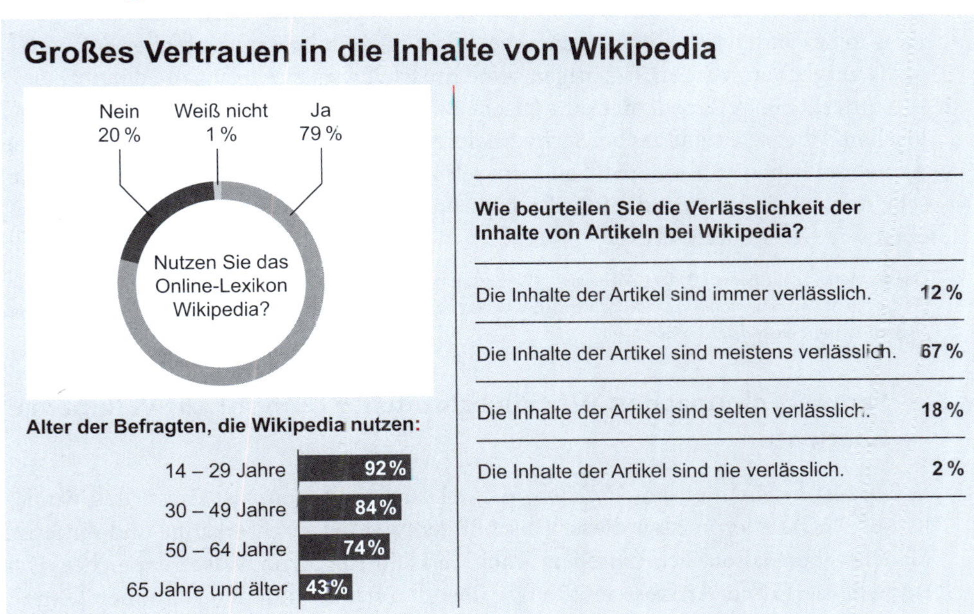

Quelle: Bitkom Services

Hinweis zur Grafik: Befragt wurden 1 007 Bundesbürger ab 14 Jahren, darunter 808 Internetnutzer und 637 Wikipedia-Nutzer.

M 4 Maren Schürmann: Im Netz der Wikipedianer

1 Akademiker: jemand, der eine Universitäts- oder Hochschulausbildung hat

Gereon Kalkuhl suchte den vom Erdboden verschwundenen Geburtsort seiner Uroma und fand ihn bei Wikipedia. Seine Neugier auf das Projekt Wikipedia war geweckt: „Ich habe gesehen, jeder kann da Artikel schreiben." Wirklich jeder? Und über jedes Thema?

Das Besondere: Nicht nur Akademiker[1] schreiben die Texte. Ob ein Professor oder ein Schüler, ein Handwerker oder ein Millionär – jeder kann ein Wikipedianer werden, wie sich die Autoren auch nennen. Zumindest theoretisch. Denn ein paar Regeln gibt es schon. Und was relevant ist, das schreibt die Wikipedia-Gemeinde vor. Kontrolliert von so genannten Administratoren.

Gereon Kalkuhl selbst hat inzwischen 1 740 Artikel für Wikipedia geschrieben. Der erste, Anfang 2007, handelte von dem Dänen Curt Hansen. „Er war zu dem Zeitpunkt der beste Schachspieler. Mich hat es gewundert, dass es keinen Artikel über ihn gab." Also schrieb er – und der Beitrag verschwand. Denn Kalkuhl hatte nicht alles richtig gemacht, wie ihm sogleich ein erfahrener Wikipedianer mitteilte. Übel nahm er es ihm nicht, im Gegenteil. Von nun an wusste Kalkuhl, dass er zum Beispiel die Position der Weltrangliste eines Schachspielers nicht tagesaktuell ohne zeitliche Einordnung benennen sollte.

„Wenn ich einen Artikel schreibe, muss ich eigentlich alles lesen, was je über das Thema geschrieben wurde." Im Netz oder aber auch in den guten alten Büchern, die er sich über Fernleihe bestellt. „Ich gucke, woher die Information stammt, und vergleiche die Quellen." Die sind wichtig, betont Kalkuhl. Denn nur Sachverhalte, die sich belegen lassen und auf die er in den Fußnoten verweist, dürfe er verwenden. Für die vielen Texte erhält er keinen Cent, alle Wiki-Autoren arbeiten ehrenamtlich.

Er ist davon überzeugt, dass die Fehlerquote bei Wikipedia gering ist, und zwar aufgrund der Schwarmintelligenz: „Wenn bei Wikipedia ein Fehler auftaucht, dann sehen das 100 000 Leute, 10 000 davon fällt der Fehler vielleicht auf, 1 000 denken sich, da müsste man etwas tun, 100 wissen, wie es geht, und 10 korrigieren es – und zwar in Sekundenschnelle." Studien, bei denen klassische Enzyklopädien mit Wikipedia verglichen wurden, bestätigen seine Einschätzung zur geringen Fehlerquote.

Entdeckt ein Wikipedianer eine falsche Behauptung, dann wird er sie in der Regel löschen. Aber wie sieht das bei Sachverhalten aus, bei denen Menschen verschiedene Ansichten haben? Bei einem Streit kann schon mal ein erfahrener Wikipedianer entscheiden, einer von rund 190 ehrenamtlichen Administratoren in Deutschland, einer wie Gereon Kalkuhl.

Quelle: Maren Schürmann: 20 Jahre Wikipedia – Wer bestimmt, was die Welt wissen muss?, WAZ vom 14. 01. 2021 (Text gekürzt und geringfügig verändert), https://www.waz.de/wochenende/20-jahre-wikipedia-wer-bestimmt-was-die-welt-wissen-muss-id231334826.html

M 5 Samuel Schumacher: Wie ein erfundener Dämon[1] auf Wikipedia überlebte

1 Dämon: böser Geist mit übermenschlichen Kräften

2 Vandalismus: blinde Zerstörungswut

Wikipedia bezeichnet den Versuch, Artikel zu verfälschen, als „Form des Vandalismus[2]". Die allermeisten dieser Fälschungen werden rasch erkannt und entfernt. Manche aber halten sich jahrelang unbemerkt im digitalen Wissensspeicher. Der langlebigste Falsch-Artikel – ein Beitrag über den frei erfundenen Dämonen „Bine", der vor seinem Abstieg ins Dämonenreich ähnlich wie Jesus Christus als Schreiner gearbeitet haben soll – war mehr als zwölf Jahre lang abrufbar.

Dass die Wikipedia-Vandalen mit ihren Spaßeinträgen zuweilen ganz reale Probleme schaffen, zeigte 2005 der Fall des amerikanischen Journalisten John Seigenthaler. Ein Wikipedianer schrieb in einem Artikel, Seigenthaler gelte als Verdächtiger im Fall der bis heute nicht restlos aufgeklärten Ermordung von US-Präsident John F. Kennedy. Seigenthaler wurde daraufhin massiv bedroht. Wikipedia reagierte auf den Fall und erlaubt es seither nur noch registrierten Nutzern, neue Artikel zu erstellen.

Wikipedia ermutigt seine Nutzer, verfälschte Beiträge zu melden. In manchen Fällen werden diese umgehend gelöscht. Häufig aber folgen auf solche Meldungen lange Debatten unter den Wikipedia-Nutzern.

Quelle: Samuel Schumacher / St. Galler Tagblatt

M 6 a Wikipedia – aktuelle Herausforderungen. Lukas Mezger im Gespräch mit Jens Tönnesmann von ZEIT ONLINE

Lukas Mezger ist Wikipedia-Autor und ehrenamtlich Vorsitzender von Wikimedia Deutschland.

ZEIT ONLINE: Warum fällt es Wikipedia so schwer, jüngere Autorinnen und Autoren anzulocken?

MEZGER: Es stimmt schon, dass die meisten Wikipedianer ältere, weiße Männer sind – und das meine ich nicht negativ, das sind ja leidenschaftlich engagierte Menschen. Aber die Gruppe der Jung-Wikipedianer setzt sich gezielt dafür ein, mehr jüngere Menschen für die Wikipedia zu begeistern – auch wenn die ihre Zeit vielleicht lieber in anderen sozialen Netzwerken verbringen. Wir sind froh, dass es bei uns nicht um schnelle Likes[1] geht; aber wir müssen auch überlegen, was Wikipedia zum Beispiel von Instagram lernen kann.

ZEIT ONLINE: Ein anderes Problem ist, dass es viel weniger Wikipedianerinnen gibt als Wikipedianer. Nimmt Wikipedia eine zu männliche Sicht auf die Welt ein?

MEZGER: Das Ungleichgewicht ist ein ernstes Thema. Und der bekannte Fall von Donna Strickland zeigt, dass es sich auf die Inhalte auswirkt. Die Physikerin wurde zuerst für zu irrelevant[2] für die englischsprachige Ausgabe der Wikipedia befunden und der Eintrag über sie gelöscht – bis sie den Nobelpreis gewonnen hat. Das war natürlich ein Skandal. Aber es gab auch eine weitere Erklärung dafür: Die englischsprachige Wikipedia setzt voraus, dass eine Persönlichkeit auch in den Medien rezipiert[3] wird, damit sie einen Eintrag erhalten kann. Und die Medien berichten mehr über Männer als über Frauen, was sich wiederum auf die Inhalte von Wikipedia auswirkt.

1 Likes: Damit bringen Internetnutzerinnen und Internetnutzer zum Ausdruck, dass ihnen ein Inhalt auf einer Seite gefällt (von engl. to like).

2 irrelevant: bedeutungslos, nicht von allgemeinem Interesse

3 rezipieren: etwas zur Kenntnis nehmen, erfassen, z. B. einen Text, ein Bild oder einen Sachverhalt

Quelle: Jens Tönnesmann & Lukas Mezger: „Wir brauchen dringend mehr Menschen, die sich engagieren", ZEIT Online vom 21. März 2021, https://www.zeit.de/digital/internet/2021-03/wikipedia-enzyklopaedie-autoren-nutzer-google-lukas-mezger/komplettansicht (Text gekürzt und geringfügig verändert; Überschrift geändert)

M 6 b Thomas Urban: Fachkräftemangel

Auf Wikipedia toben sich auch Autoren aus, die Halb- und Unwahrheiten, Beschönigungen und Diffamierungen[1] verbreiten.

Kann man der Wikipedia noch trauen? Auf jeden Fall ist es in den vergangenen Jahren schwieriger geworden. Das Problem der veralteten, überholten Artikel ist das augenscheinlichste – aber es ist nicht das einzige.

Grundsätzlich kann an der Wikipedia jeder mitarbeiten. Wer einen Artikel verändern will, gelangt über einen Reiter[2] am Kopf jedes Textes in den Bearbeitungsmodus. Unter dem Reiter „Versionsgeschichte" kann man sich außerdem ansehen, welche Änderungen an einem Artikel vorgenommen wurden seit seiner Entstehung. Wenn ein neuer Autor etwas ändert, muss ein erfahrener Wikipedianer die Änderungen sichten und freischalten, bevor sie veröffentlicht werden. Jede Aussage muss vom Autor belegt werden. Als weitere Kontrollstufe können schließlich die Administratoren eingreifen.

Wikipedia steht jedem offen – und doch fehlt es dem Projekt an neuen Autoren, an Experten, die ihr Wissen einbringen. Die Folge dieses Fachkräftemangels: Bei

1 Diffamierung: Abwertung, üble Nachrede

2 Reiter: hier: anklickbares Steuerelement im Navigationsbereich einer Internetseite, z. B. zum Aufrufen von Bearbeitungsfunktionen

einem so wichtigen Themenkomplex wie „Nationalsozialismus“ gehören nicht etwa die angesehensten Experten und Historiker, sondern ein arbeitsloser Klavierlehrer und ein aus dem Schuldienst ausgeschiedener Lateinlehrer zu den aktivsten Autoren.

Auch gezielte Manipulation ist in Wikipedia-Artikeln zu finden, durch „Schönschreiber“ etwa, die Artikelinhalte „optimieren“. Ein Beispiel aus der Wirtschaft: Im Artikel über eine Unternehmensgruppe, die im Bereich der Aufstellung von Spielautomaten arbeitet, wurde der Begriff „Spielsucht“ durch die harmlosere Wendung „vorübergehend übertriebenes Spielverhalten“ ersetzt.

Oder: Im Themenbereich Medizin wurde ein Vielschreiber als Angestellter eines Pharmakonzerns enttarnt; ihm konnte nachgewiesen werden, dass er Informationen über Nebenwirkungen von Medikamenten in Wikipedia verharmlost hat. Zudem wird ihm vorgeworfen, das Kapitel über die Geschichte seines Arbeitgebers während der Zeit des Nationalsozialismus geschönt zu haben: Er hat das Thema in einen neuen Artikel ausgelagert, auf den man aber nur bei gezielter Suche stößt. Auf den Artikel über den Konzern wird täglich etwa 350-mal geklickt, auf den ausgelagerten Text über die Geschichte des Konzerns nur 16-mal.

Quelle: Fachkräftemangel, Thomas Urban, SZ.de vom 04. 10. 2019

Zentrale Prüfung am Ende der Klasse 10 – NRW
Mittlerer Schulabschluss (MSA)
Deutsch 2023

Um dir die **Prüfung 2023** schnellstmöglich zur Verfügung stellen zu können, bringen wir sie in digitaler Form heraus.

Sobald die Original-Prüfungsaufgaben 2023 zur Veröffentlichung freigegeben sind, können sie als PDF auf der Online-Plattform **MyStark** heruntergeladen werden (Zugangscode vgl. Umschlaginnenseite).

Aktuelle Prüfung

www.stark-verlag.de/mystark